IM MORDFALL ISERLOHN

KATHRIN HEINRICHS
WALTER WEHNER (HRSG.)

IM MORDFALL ISERLOHN

Kurzkrimis aus dem Sauerland

Mit Beiträgen von

Uli Aechtner, Raoul Biltgen, Katja Bohnet, Christiane
Dieckerhoff, Wulf Dorn, Marlies Ferber, Peter Gerdes,
Brigitte Glaser, Peter Godazgar, Maren Graf,
Kathrin Heinrichs, Carsten Sebastian Henn, Herbert Knorr,
Sandra Lüpkes, Sunil Mann, Rudi Müllenbach, Elke Pistor,
Jutta Profijt, Klaus Stickelbroeck, Walter Wehner

emons:

Bibliografische Information der Deutschen Nationalbibliothek
Die Deutsche Nationalbibliothek verzeichnet diese Publikation
in der Deutschen Nationalbibliografie; detaillierte bibliografische
Daten sind im Internet über http://dnb.d-nb.de abrufbar.

© Emons Verlag GmbH
Alle Rechte vorbehalten
Umschlagmotiv: mauritius images/Blickwinkel/Alamy
Umschlaggestaltung: Nina Schäfer, nach einem Konzept
von Leonardo Magrelli und Nina Schäfer
Umsetzung: Tobias Doetsch
Gestaltung Innenteil: DÜDE Satz und Grafik, Odenthal
Lektorat: Christiane Geldmacher, Textsyndikat, Bremberg
Druck und Bindung: CPI – Clausen & Bosse, Leck
Printed in Germany 2021
ISBN 978-3-7408-1126-6
Kurzkrimis aus dem Sauerland
Originalausgabe

Unser Newsletter informiert Sie
regelmäßig über Neues von emons:
Kostenlos bestellen unter
www.emons-verlag.de

Liebe Leserinnen und Leser,

im Sommer und im Herbst 2020 sind zwanzig Autorinnen und Autoren des SYNDIKATs, der Vereinigung der deutschsprachigen Krimiautorinnen und -autoren, nach Iserlohn gereist, um zu recherchieren und fiktiven Verbrechen auf die Spur zu kommen. Und sie wurden fündig. Die dunklen Geheimnisse, die unsere Kolleginnen und Kollegen in der schönen Waldstadt entdeckt haben, möchten wir Ihnen in dieser Anthologie zur CRIMINALE 2022 präsentieren.

Die CRIMINALE! Seit über dreißig Jahren veranstaltet das SYNDIKAT dieses größte Krimifestival im deutschsprachigen Raum. Im Mai 2022 wird sie in Iserlohn stattfinden. Bis zu zweihundert Krimiautorinnen und -autoren werden für fünf Tage in die Stadt kommen, um Lesungen abzuhalten, Seminare über das kunstvolle Morden zu besuchen oder selbst zu geben, sich auf der Bühne mit professionellen Ermittlern auszutauschen und dem Publikum das ganze Spektrum der deutschsprachigen Kriminalliteratur vorzustellen. Auch die Geschichten dieser Anthologie.

So lassen Sie sich nun verführen in die chaotische, sinnliche und immer kriminelle Welt unserer Mitglieder, der höchst ehrenwerten Gesellschaft des SYNDIKATs.

Mit mörderischem Gruß

Jens J. Kramer
(Vorsitzender des SYNDIKAT e. V.)

Inhalt

Sunil Mann
Candy 9

Klaus Stickelbroeck
Oschis Eleven 25

Christiane Dieckerhoff
Elisabeth 39

Brigitte Glaser
Age-Otori 48

Raoul Biltgen
Der Schatz von Kissing & Möllmann 60

Maren Graf
Mordsgewinn 79

Elke Pistor
Landhausener Ackerfrieden 90

Walter Wehner
Das wird nichts 101

Sandra Lüpkes
Ein Wort mit sieben Buchstaben 109

Jutta Profijt
Die geilste Sache der Welt 122

Kathrin Heinrichs
Freier Fall 132

Peter Godazgar
In der Werkstatt 147

Uli Aechtner
Schmückendes Beiwerk 157

Peter Gerdes
Nazigold in Iserlohn 168

Wulf Dorn
Der letzte Anruf 183

Rudi Müllenbach
Hahnenkampf 193

Marlies Ferber
Kratzer im Lack 204

Carsten Sebastian Henn
Iserlohner Pragmatismus 212

Katja Bohnet
The New Black Power 220

Herbert Knorr
Das Nadelgrab von Iserlohn-
Valley oder der Massenmord
von Barendorf 232

Die Autorinnen und Autoren 249

Sunil Mann

Candy

In rasender Geschwindigkeit öffnet und schließt sich der Mund, die kirschroten Lippen unablässig in Bewegung, sie werden geschürzt, gekräuselt, gedehnt, kurz zusammengepresst, verziehen sich zur einen Seite, dann zur anderen, stülpen sich vor, verschwinden nach innen. Andere trainieren morgens den Beckenboden oder absolvieren Rumpfbeugen, Candy hat sich für Frühgymnastik im Kieferbereich entschieden.

Apathisch starrt Rosamunde auf die spinnwebfeinen Speichelfäden in den Mundwinkeln, in einem Zahnzwischenraum steckt ein Bröckchen brombeerfarbenes Granola fest, derweil sich ein endloser Wortschwall aus Candys Mund ergießt.

Rosamunde wünscht sich, man könnte irgendwie den Ton ausblenden, so wie in diesen Filmszenen, wenn die Schauspielerin komplett aufgewühlt ist und die Alltagsgeräusche allmählich in ein Rauschen übergehen, bevor beruhigende Musik einsetzt. Doch sie ist nicht im Film, und es gibt keinen Regisseur, der sie mit einer neuen Tonspur erlöst, sie ist gezwungen, sich jeden einzelnen Satz anzuhören.

»… und dann er so: Ey. Und ich so: Hallo, du hier? Verstehst du, Schicksal, das war so krass, unglaublich.«

Sie dehnt die Vokale am Wortende, was sie wie eine grenzdebile Tussi klingen lässt. Was sie auf den ersten Blick auch ist, aber dieses Urteil wäre zu oberflächlich, das weiß Rosamunde aus Erfahrung. Candy mag sich wie jemand geben, die ihr Geburtsdatum als Geheimcode für die Kreditkarte auswählt, aber sie weiß ganz genau, was sie will. Wenn sie sich ein Ziel gesetzt hat, wird sie es auch erreichen, ganz egal, wie skrupellos sie dafür ihre Reize einsetzen muss.

»… und dann, dann zeigt er mir die Kleinen, die waren so

schnuckelig, erst vier Wochen alt. Und bei mir gleich so der totale Meltdown, unglaublich ...«

Rosamunde starrt auf die zuckenden Lippen. Kirschrot, die Farbe so glänzend und satt, dass sie an den Chevrolet Bel Air ihres Vaters denken muss, Jahrgang 56, der Wagen und der Mann.

Autolack, denkt sie, aber die Farbe ihrer Lippen ist längst nicht das Einzige, das an Candy künstlich wirkt.

Ihr Name ist es auf jeden Fall, sie heißt eigentlich Cornelia, doch für ihre Instagram-Follower ist sie Candy. Die süße, leicht naive Candy, die mit erstauntem Blick durch die Welt trippelt, die so niedlich das Mündchen aufklappt, wenn sie etwas nicht versteht – und sie versteht vieles nicht –, und dazu ihre blonde Lockenmähne schüttelt.

»... ich würde ja echt gerne mal was Karitatives machen, so nebenbei, weißt du, bevor das mit Insta so richtig losgeht. Kranke pflegen, auf einem Bauernhof mithelfen, Suppe für Obdachlose schöpfen oder so, Gutes tun, etwas zurückgeben, ja.«

Rosamunde schaut aus dem Fenster, der Zug erreicht in wenigen Minuten Iserlohn, und der Regen schreibt zitterige Linien auf die Scheiben, Botschaften, die sie nicht entziffern kann.

»Das kann ich total gut, Leuten zuhören, echt, ich könnte in einem Altersheim ...«

Rosamunde sieht sich unvermittelt hinüberlangen, ein Griff in die blonden Locken, sieht Candys Gesicht gegen das Glas knallen, immer wieder, hört Knorpel knirschen, sieht das Blut aus ihrer Nase spritzen, ein unwilliger Schrei, ehe sie den Kopf der jungen Frau erneut gegen die Scheibe schmettert, so lange, bis es still ist, endlich Ruhe herrscht.

Doch sie tut es nicht, natürlich nicht, sie hat andere Pläne mit Candy.

»Fahrscheine, bitte.« Der Blick des Kontrolleurs schweift über Rosamunde hinweg und bleibt bei Candy hängen, die mit einem zuckersüßen Lächeln ihre Bahncard präsentiert.

Er prüft erst die Karte, danach – weit eingehender – Candys Oberweite und wünscht endlich einen schönen Tag. Rosamunde, die ihren Ausweis immer noch in der Hand hält, hat er schlicht vergessen.

»Du könntest schwarzfahren, dich beachtet eh kein Schwein.« Candy kichert und schlägt sich im nächsten Moment erschrocken die Hände vor den Mund. »Oh mein Gott, sorry. Das habe ich natürlich nicht so gemeint. Ich bin manchmal so schrecklich. Aber es muss schon hart sein für Frauen über vierzig, nicht? Man nimmt euch einfach nicht mehr wahr.«

Noch einmal sieht Rosamunde, wie sie Candys Gesicht, die Finger tief in ihre Lockenpracht gekrallt, gegen die Scheibe rammt, sieht Blut darüberspritzen, hört den dumpfen Laut, der Candy entfährt. Doch sie lächelt bloß müde.

»Der Lauf der Zeit, dagegen kann man nichts tun«, sagt sie nur, greift nach ihrer Tasche und steht auf.

»Kann man sehr wohl«, hört sie Candy hinter sich widersprechen, während sie auf den Ausstieg zusteuert. »Ist nicht ganz billig, aber es lohnt sich. Auf meinem Blog weise ich auf Treatments hin …«

Ablehnend schüttelt Rosamunde den Kopf, während Candy weiterplappert. Sie hat die Gesichter in den Magazinen und Zeitschriften genau studiert. Noch nie hat sie jemanden entdeckt, der nach einer solchen Behandlung tatsächlich jünger aussieht. Man sieht bloß behandelt aus, für jeden unschwer zu erkennen. Wächserne Gesichter, wie in den Abluftstrahl einer Flugzeugturbine geraten, Lippen, so unförmig aufgebläht, als wären sie mit einem heißen Bügeleisen malträtiert worden, Katzenaugen, die bei jeder unachtsamen Kopfbewegung aus den Höhlen zu ploppen drohen. Und dann das Unbehandelbare: faltige Schildkrötenhälse, in die Perlenketten beim Versuch, das Offensichtliche zu verstecken, Jahresringe gestanzt haben, von Altersflecken und Gicht verunstaltete Hände, verzweifelt unter Handschuhen versteckt, Dekolletés, die an knitterige

Zeltblachen erinnern, die bei der Bergtour zuunterst im Rucksack gelegen haben.

Nein, sie wird in Würde altern, dazu hat sich Rosamunde längst entschieden, was auch immer das heißen mag. Dass sie allmählich unsichtbar wird, daran hat sie sich gewöhnt.

Es hat kurz nach ihrem dreiundvierzigsten Geburtstag begonnen. Sie war mit ihrer Mutter in der Konditorei »Spetsmann« verabredet und traf etwas zu früh ein, was seit ein paar Wochen immer häufiger geschah. Dass sie zu früh war. Und während sie auf einer Sitzbank mit bunt gepunktetem Bezug wartete, stellte sie etwas verwirrt fest, dass die Kellnerin sie nicht zur Kenntnis nahm. Weder war sie begrüßt worden, noch hatte man ihr einen Platz zugewiesen. Erst hielt sie es für Unachtsamkeit, so etwas konnte passieren. Aber Rosamunde hatte laut und deutlich gegrüßt, nachdem sie eingetreten war, und das Lokal war am frühen Nachmittag alles andere als voll – abgesehen von einer Gruppe älterer Damen, die so nahtlos in das Café passten, dass man nicht genau feststellen konnte, wo die Einrichtung aufhörte und die Damen anfingen.

Seltsam, dachte sie, verschwendete aber vorerst keinen weiteren Gedanken daran. Rosamunde dachte daran, chinesischen Grüntee und eine Sauerländer Apfeltorte zu bestellen, obschon sie eigentlich die Kalifornische Herrentorte bevorzugte. Aber mit einem einzigen Stück von der könnte man vermutlich den Welthunger für Monate außer Gefecht setzen. Ihr Kalorienzähler auf dem Handy kollabierte auf jeden Fall schon beim Eintippen, ihr Blutzuckerspiegel beschlug vor Entsetzen.

Um deutlich zu machen, dass sie bereit für die Bestellung war, hob sie kurz die Hand, als die Bedienung an ihr vorbeirauschte, doch die Frau schaute nicht einmal in ihre Richtung. Als sie das nächste Mal winkte, reagierte die Kellnerin immer noch nicht. Es war, als wäre Rosamunde gar nicht da. Und dann betrat ihre Mutter die Konditorei und lief einfach an ihrem Tisch vorbei, ohne auch nur einen Blick an sie zu verschwenden.

Mit einem Mal beschlich Rosamunde das unheimliche Gefühl, sie wäre im Begriff, sich aufzulösen, und zwar rasant, als würde sie Stück für Stück mit dem gepunkteten Bezug verschmelzen. Zu einer dieser alten Damen werden, die sich durch nichts mehr vom Hintergrund abhoben und die man erst bei der nächsten Renovierung wiederfinden würde. Erschrocken sprang sie auf, rannte die Treppe hinab zu den Toiletten und überzeugte sich im Spiegel, dass es sie noch gab.

**

Aber eigentlich hätte sie es wissen müssen. Im Büro nimmt sie schon seit Jahren keiner mehr wahr. Nicht nur Norbert. Für Männer hat sie tatsächlich aufgehört zu existieren, als hätte die drohende Menopause auf Kerle dieselbe Wirkung wie Ultraschallgeräte im Garten auf Katzen. Oder Kaiserkronen auf Wühlmäuse. Es kommt Rosamunde vor, als würde ihr Verfallsdatum in Leuchtziffern auf der Stirn blinken, der Stichtag, von dem an sie für den Fortbestand der Gesellschaft nicht mehr von Nutzen sein und auf der Stelle zur Last würde, die man wohl oder übel bis zu ihrem – hoffentlich baldigen – Ende mitzuschleppen hat.

Manchmal ertappt sie sich dabei, wie sie gedankenverloren hinter ihrem Computer sitzt und von dort in Norberts Büro hinüberschaut. Und dann denkt sie, dass sich manche Kreise irgendwann schließen. Als kleines Mädchen hat sie auf ähnliche Weise für Popstars geschwärmt, für Limahl und George Michael, wohl wissend, dass die Herren für sie unerreichbar waren. In vielerlei Hinsicht, wie sie erst Jahre später herausfand.

Nicht, dass Norbert über das Aussehen oder das Charisma eines Popstars verfügt – vielmehr strahlt er solide Gutbürgerlichkeit aus. Womöglich ist er ein bisschen zu bieder, und seinem Kleidungsstil, der sich auf Wildledermokassins und schlecht sitzende Anzüge in Pastellfarben beschränkt, hätte etwas kompromissloser weiblicher Einfluss sicher nicht geschadet. Aber wie damals bei den Popstars hat es sich Rosamunde längst abgeschminkt, jemals eine wichtige Rolle in Norberts Leben zu spielen. Näher als bei der wöchentlichen Teamsitzung, wo sie als Chefsekretärin jeweils direkt neben ihm Platz nimmt, wird sie nie an ihn herankommen, damit hat sie sich abgefunden.

Sie holt sich einen Kaffee am Automaten, den Norbert vor ein paar Jahren gespendet hat, nachdem die Versicherung einen überraschend hohen Umsatz eingefahren hatte. Ein Blick auf die Wermingser Straße, am frühen Morgen ist wenig los in der Fußgängerzone. Die Büros befinden sich in bester Lage, im zweiten Stock eines Wohnhauses, das von Weitem aussieht wie eine üppig mit Sahne dekorierte Torte.

Nach all den Jahren in der Versicherung ist es keine Verliebtheit mehr, die sie Norbert gegenüber empfindet, obwohl es zu Beginn eindeutig eine solche war. Eine im Geheimen glühende Leidenschaft. Immer wieder hat sie sich vorgestellt, wie sie in der Mittagspause hinübergeht und sich lasziv an den Türrahmen lehnt, langsam die Bluse aufknöpft und mit ihrer Zunge die Lippen umspielt. Wie Norbert ihre lustvollen Blicke erwidert, bevor er sich nicht mehr beherrschen kann und kurzerhand aufspringt, sie packt und auf den Schreibtisch wirft, während er ihr gleichzeitig den Rock hochschiebt.

Heute weiß sie, dass er kaum aufblicken würde, selbst wenn sie splitternackt in der Tür stünde. Und falls doch, würde er beschämt erröten und sie fragen, ob es ihr nicht gut ginge, ob sie sich den Nachmittag freinehmen wolle. Sie hat sich im Spiegel überzeugt, wie dämlich es aussieht, wenn man sich mit der Zunge vermeintlich lasziv über die Lippen fährt, überall Speichel und verschmierter Lippenstift, den Wurf auf den Schreibtisch würden weder ihre Bandscheiben noch die Tischplatte verkraften und das Hochschieben des Rocks enthüllte gnadenlos ihre Orangenhaut und die chronisch überforderte figurformende Unterwäsche. Vermutlich würde es Norbert mit seinen dünnen Ärmchen gar nicht erst schaffen, sie überhaupt hochzuheben.

Rosamunde seufzt und nippt an ihrem Kaffee. Nein, es ist kein entfesseltes Begehren, das sie Norbert gegenüber empfindet, nicht mehr. Eher hegt sie mittlerweile mütterliche Gefühle für ihn, aufrichtige Fürsorge, sein Wohlergehen liegt ihr tatsächlich am Herzen.

Ebendieses Wohlergehen ist in letzter Zeit allerdings bedenklich ins Schwanken geraten. Der Grund dafür heißt Candy. Natürlich.

Denn ehrgeizig, wie die kleine Cornelia ist, hat sie sich von der Aushilfskraft Stück für Stück näher ans Chefbüro herangerobbt, Zimmer um Zimmer hat sie abgearbeitet, bis sie endlich Rosamunde gegenüber zu sitzen kam, ein eigener Arbeitsplatz, wo sie die meiste Zeit auf ihrem Handy herumtippt oder Selfies macht. Der arme Norbert hatte nicht den Hauch einer Chance gegen Candy, sie hat alle ihre Reize ausgespielt und dabei schamlos auf das Kindchen-Schema gesetzt: große Augen, großer Mund, große …

Rosamunde entfährt ein unwilliger Laut, sie wirft ihrem Gegenüber einen vernichtenden Blick zu, ehe sie sich wieder setzt. Jetzt ist er ihr verfallen. Der arme Norbert hat ein gebrochenes Herz, denn Candy macht sich selbstverständlich nichts aus ihm, jetzt, da sie hat, was sie wollte.

Rosamunde erträgt es kaum, Norbert so unglücklich zu sehen, das hat er nicht verdient. Aber sie hat einen Plan, einen einfachen, aber effizienten Plan, und wenn alles so läuft, wie sie das vorgesehen hat, wird sie ab Montag nicht nur in absoluter Stille von Hagen nach Iserlohn fahren, auch das Büro wird sie wieder für sich allein haben. Norbert wird noch ein paar Tage oder Wochen trauern, aber er wird darüber hinwegkommen, davon ist sie überzeugt. Allzu sehr kann man ja nicht an etwas hängen, dessen Intelligenzquotient punktemäßig niedriger ist als die Schuhgröße.

»Ey, hast du an die Drinks gedacht?«, will Candy wissen. Sie hat sich einen Kugelschreiber ins Ohr gesteckt und fuhrwerkt damit in ihrem Gehörgang herum.

»Alles unter Kontrolle«, erwidert Rosamunde, obwohl sie viel lieber geantwortet hätte, dass sie selbstverständlich an alles gedacht hat, an jedes Detail, weil das ihr Job ist, weil sie den nicht nur gut macht, sondern auch qualifiziert dazu ist. Anders als andere in diesem Raum. Aber sie sagt nichts.

»Ich wollte nur sichergehen.«

Wieder wallt in Rosamunde der Wunsch auf, aufzuspringen, in Candys blonde Locken zu greifen und den Kopf nach hinten zu reißen, bis es knackt. Doch sie lächelt bloß. Sphinxhaft, wie sie hofft.

✻✻✻

Das jährliche Mitarbeiteressen der Versicherung findet diesmal im Panoramarestaurant des Danzturms statt. Erst hat Rosamunde an einen Spaziergang gedacht, eine gute halbe Stunde durch den herbstlichen Iserlohner Stadtwald bis zum Fröndenberg, man hätte die Route so planen können, dass die Belegschaft am Rupenteich und am Ballotsbrunnen vorbeigekommen wäre. Teambildung findet nicht nur beim traditionellen Besäufnis am Ende des Anlasses statt, sondern bereits vorher, bei gemeinsamen Unternehmungen. Da gilt es, kollektive Erlebnisse zu generieren, auf die man später im Alltag zurückgreifen kann, das hat Rosamunde bei der letzten Kaderschulung gelernt. So etwas sei hilfreich für den Zusammenhalt und bei der Entwicklung einer entspannten Atmosphäre am Arbeitsplatz.

Und wie entspannt die Atmosphäre vor allem an ihrem Arbeitsplatz von einem Tag auf den anderen sein wird, das können sich die anderen gar nicht vorstellen.

Rosamunde lächelt. Wegen des Regens ist eine spontane Umdisponierung nötig gewesen, man fährt jetzt mit privaten

Autos hoch, doch sie selbst ist die Strecke abgelaufen, als sie sich für die Besprechung des Anlasses mit dem Wirt getroffen hat.

Alles kein Problem, hat der gemeint, an demselben Datum würden zwar die »Iserlohner Batikfreunde« ihr fünfzigjähriges Bestehen mit einem Festmenü feiern, doch sie würden oft zwei Gesellschaften am selben Abend bewirten.

Es war ein schöner Nachmittag im Oktober, und die Idee, die sie erst als absurde Phantasie abgetan hatte, hatte sich nach und nach zu einer konkreten Absicht formiert. Noch nie hat sie sich den Wald so genau angesehen wie auf dieser kleinen Wanderung zurück nach Iserlohn, noch nie war sie so aufgeregt gewesen, während sie sich mit dem aufgeschlagenen Büchlein immer tiefer ins Unterholz vorgekämpft hat.

»1908/09 errichtet, wurde der Danzturm nach Ernst Danz benannt, dem wenige Jahre zuvor verstorbenen Ehrenbürger der Stadt Iserlohn. Etwas unüblich finanziert durch einen Basar samt Volksfest, überstand der Turm beide Weltkriege unbeschadet und gilt heute als Wahrzeichen der Stadt.«

Rosamunde sieht von ihren Notizen auf und lässt den Blick über ihre Kolleginnen und Kollegen schweifen, die sie bemüht interessiert anschauen, während sie in Gedanken längst bei Weißwein und Häppchen sind. Aber Hintergrundwissen und manchmal sogar Kultur gehören zu einem solchen Anlass, das hat Rosamunde aus dem Kurs mitgenommen. Weshalb sie für später, nach dem Essen, auch die Volksmusikband Luirlinge engagiert hat, eine Männerformation, die sich selbst als »Die Spatzen aus dem Sauerland« bezeichnet. Sie hat sich die Fotos auf der Website und einige Auftritte auf YouTube angesehen, Spatzen kamen ihr dabei aber nicht unbedingt in den Sinn. Da hätten die Jungs im Naturkundeunterricht echt besser aufpassen müssen.

Wobei sie das Publikum heute wohl nicht mit Gassenhauern wie »Wo bunte Blumen blühen« zum Tanzen animieren werden – oder zum maßlosen Trinken zwingen –, davon ist Rosamunde überzeugt. Dank der mitgebrachten Blasinstrumente sollte aber das spontane Anstimmen eines Trauermarschs kein Problem darstellen.

Rosamundes Blick bleibt kurz am Waldrand hängen, durch die Fensterfront des Restaurants hat man einen beeindruckenden Ausblick auf die Umgebung. Mit einer launigen Floskel beendet sie ihre kurze Rede, nimmt den verhaltenen Applaus entgegen und setzt sich wieder. Die Zehn ist ihre Tischnummer, die sie sich längst gemerkt hat. Die »Iserlohner Batikfreunde« hat man auf der anderen Seite des Restaurants platziert, allesamt tragen sie schreiend bunte T-Shirts, die irgendwie selbst gemacht aussehen, die Reden ziehen sich in die Länge.

Rosamunde versucht, ein paar Worte mit Norbert zu wechseln, der jedoch antwortet einsilbig. Bemitleidenswert sieht er aus, noch blasser als sonst in seinem malvenfarbenen Anzug, er starrt auf sein Gedeck und hebt nur hin und wieder kurz den Kopf, um Candy anzuschauen, die sich den Platz ihm direkt gegenüber geschnappt hat. Der Blick eines auf der Autobahn ausgesetzten Dackels, Rosamunde kann sein Leiden kaum mit ansehen.

»… und er so, echt Wahnsinn, und ich so, krass, dass es so was gibt, ne …« Candy reißt die Kulleraugen auf, wedelt mit den Händen, redet unablässig.

Glücklicherweise taucht jetzt der Kellner auf und nimmt die Bestellungen entgegen.

»Oh mein Gott, ich liebe Pilze«, quietscht Candy. Sie schließt die Augen und greift sich mit dramatischer Geste ans Schlüsselbein.

Ich weiß, denkt Rosamunde. Das morgendliche Gelaber war am Ende doch zu was gut.

»He, Leute, habt ihr das schon gesehen?«, ruft Candy begeistert in die Runde. »Frische Steinpilze aus dem Wald!«

»Woher sollen sie sonst kommen?«, fragt Jan, ein neu eingestellter Mitarbeiter mit rötlichem Haar.

»Was weiß ich?«

»Aus dem Supermarkt vielleicht?«

»Ey echt, Alter, machst du dich etwa lustig über mich?«, fährt sie ihn giftig an. Die anderen grinsen, und Jan schrumpft um ein paar Zentimeter.

»Also ich nehme die frischen Steinpilze auf Nudeln«, teilt Candy dem Kellner mit.

Niemand sonst bestellt vegetarisch, wie Rosamunde mit Erleichterung feststellt, die meisten entscheiden sich für ein Fleischgericht.

Nach der Vorspeise entschuldigt sich Rosamunde und sucht die Toilette auf. Sie setzt sich für ein paar Minuten auf den WC-Deckel, dann holt sie die kleine Papiertüte aus ihrer Tasche, betätigt die Spülung und betritt wieder das Lokal. Für den unwahrscheinlichen Fall, dass sie jemandem auffallen sollte, geht sie zögernd und sieht sich suchend um. Doch kein Mensch spricht sie an, niemand stellt sich ihr in den Weg, als sie die Küche betritt. Im orangefarbenen Licht der Wärmelampen stehen die Teller fertig angerichtet auf der Durchreiche. Rosamunde bleibt stehen und sondiert die Lage.

»Tisch zehn ist bereit!«, ruft einer der Köche, als eine Kellnerin vorbeihuscht.

Die junge Frau nickt, verschwindet im Gastraum, sie hat Rosamunde keine Sekunde lang angesehen, womöglich hat sie sie nicht einmal bemerkt.

Vorsichtig tritt Rosamunde näher, und sobald sie das Pilzgericht ausgemacht hat, streckt sie den Arm aus und schüttet das fein gemahlene Pulver darüber. Das Ganze dauert keine zwei Sekunden, rasch steckt sie die leere Papiertüte wieder ein und verlässt die Küche, ohne dass sie jemandem aufgefallen wäre.

Erwartungsfroh setzt sie sich wieder an ihren Platz. Keiner scheint sie vermisst zu haben. Candy lamentiert über irgendeinen Lippenstift, den sie sich kürzlich gekauft hat, als am Tisch der Batikfreunde plötzlich Stimmen laut werden.

»Da fehlen Essen!«

»Einen Moment …«, sagt die Kellnerin errötend und überprüft ihren Notizblock.

»Bis der Hauptgang serviert wird, weiß normalerweise eh keiner mehr, was er bestellt hat«, meint eine resolute Dame mit nachsichtigem Lächeln und erhebt sich von ihrem Platz. »Da ist Chaos vorprogrammiert. Trotzdem wären wir Ihnen dankbar, wenn Sie die fehlenden Speisen schnellstmöglich …«

Ihr T-Shirt sieht aus, als hätte ein Dreijähriger grüne und braune Farbe auf dem Stoff verschmiert und dabei einen Anfall von Schüttelfrost erlitten, denkt Rosamunde.

»Wie findest du ihn?«

Rosamunde zuckt zusammen, als ihr Candy den Lippenstift unter die Nase streckt.

»Toll, ganz toll, tolle Farbe.«

»Ja, nicht? Echt toll.« Candy legt den Kopf schief, sodass ihre Locken über die linke Schulter fallen.

In solchen Momenten sieht sie beinahe schwachsinnig aus, stellt Rosamunde fest, während Candy unbekümmert weiterplappert.

Irgendwann schaut Rosamunde zum Batiktisch hinüber. Mittlerweile ist dort wieder Ruhe eingekehrt, die Essen sind alle serviert.

»Unglaublich lecker!«, ruft eine Dame mit himmelblauzitronengelb verunstaltetem Oberteil und verdreht genüsslich die Augen. »Frische Steinpilze! Müsst ihr unbedingt probieren!«

Zustimmende Laute sind zu hören, und der Teller der Dame wird herumgereicht.

Es dauert eine Ewigkeit, bis der Kellner endlich mit den Essen auftaucht. Er entschuldigt sich und erklärt, dass es am Nebentisch Unstimmigkeiten bei der Bestellung gegeben habe, weshalb man dort einige der eigentlich für diese Gesellschaft bestimmten Speisen serviert habe. Die Batikfreunde würden noch zu einem anderen Anlass in der Stadt erwartet, in der Eile hätte sich keine andere Lösung gefunden. Er hoffe, man verstehe das. Die Küche habe aber selbstverständlich alles noch einmal frisch zubereitet, erklärt er, während er serviert.

Es dauert ein paar Augenblicke, bis Rosamunde begreift, was der Mann gerade gesagt hat. Sie erstarrt, es fühlt sich an, als würde sich ein Eiszapfen durch ihre Innereien bohren. Im nächsten Moment springt sie mit einem Aufschrei auf, doch ihre Knie geben nach, sie taumelt und stürzt, die Stirn knallt auf die Tischkante, ihr wird schwarz vor Augen.

***

Als Rosamunde wieder zu sich kommt, pocht in ihrem Schädel ein unsäglicher Schmerz. Stöhnend schlägt sie die Lider auf, Gesichter beugen sich über sie, Hände fingern an ihr herum, jemand hat ihr eine zusammengerollte Jacke unter den Nacken gestopft. Mühsam richtet sie sich auf und schaut zum Tisch der Batikfreude, er ist leer. Mit einem Wimmern sinkt sie zurück.

»Leute, sie hat total Blutzucker«, hört sie Candy rufen, verschwommen nimmt sie wahr, wie sich die junge Frau neben sie hinkauert.

»Lass uns ein paar Schritte gehen, ja?«, sagt Candy. »Frische Luft tut echt gut.«

Ächzend richtet sich Rosamunde auf, sie ist zu keinem klaren Gedanken fähig, in ihrem Kopf dreht sich alles. In sechs bis vierundzwanzig Stunden wird sich die Wirkung des getrockneten und gemahlenen Knollenblätterpilzes bemerkbar machen, daran erinnert sie sich dumpf. Dann folgen Durchfall, heftige Bauchschmerzen, Erbrechen, bevor die Symptome für zwölf bis vierundzwanzig Stunden abklingen, doch die Schädigung der Leber schreitet trotzdem voran. Am vierten Tag verfärbt sich die Haut gelb, man leidet unter Schüttelfrost und Bewusstseinsstörungen. Von da an dauert es nicht mehr lange, bis …

Rosamunde wimmert erneut. Noch bleibt ihr etwas Zeit, auch wenn ihr im Moment schleierhaft ist, wie sie die Sache zu einem guten Ende bringen soll. Candy hält sie am Arm fest, und willenlos lässt sie sich zur Ausgangstür steuern, während der Rest der Belegschaft verdattert herumsteht und sich vermutlich fragt, ab wann man nach einem solchen Zwischenfall wieder zum Weinglas greifen darf.

Die Luft hilft tatsächlich, schon nach wenigen Minuten fühlt sich Rosamunde besser, ihre Gedanken gewinnen an Klarheit.

»Lass uns auf den Turm steigen«, schlägt Candy vor.

»Auf den Danzturm?« Rosamunde schüttelt den Kopf. »Auf gar keinen Fall. Dazu bin ich noch viel zu wackelig auf den Beinen.«

»Bitte!« Candy wackelt mit dem Kopf und macht auf quengeliges kleines Mädchen. »Ich war noch nie da oben.«

Nachdenklich blickt Rosamunde zum Danzturm hoch. Achtundzwanzig Meter hoch, hundert Treppenstufen, sie hat nicht all ihr Wissen in die Rede einfließen lassen. Rosamunde gibt sich einen Ruck.

Die Aussicht von der Plattform ist großartig, die Lichter von Iserlohn glitzern weit unter ihnen, in der Ferne wären Dortmund, Unna und Hamm zu entdecken, doch dazu ist das Wetter heute zu diesig.

»Was war denn vorhin los mit dir?«, will Candy wissen. »Das war ja voll krass, ey.«

»Ich …« Rosamunde zögert, Panik erfasst sie plötzlich. Die Zeit läuft, sie muss unbedingt in Erfahrung bringen, wo die Batikfreunde hingegangen sind. Ein anonymer Anruf, so etwas in der Art schwebt ihr vor, die Anweisung, sich sofort ins nächste Spital zu begeben.

»In deinem Alter muss man wohl jederzeit mit so etwas rechnen, ne?« Candy hat den neuen Lippenstift aus der Handtasche geholt und schraubt ihn auf. »Da ist der Tod dein ständiger Begleiter, schon krass.«

»Lass uns wieder runtergehen«, meint Rosamunde kurz angebunden.

Hundert Stufen, sie kann es kaum erwarten. Sie verlassen

die Plattform, Candy voraus, Rosamunde dicht hinter ihr. Der oberste Treppenabsatz. Ein tragischer Unfall, wird man sagen.

Ein leises Klacken ist zu hören.

»Verfluchte –« Abrupt bleibt Candy stehen und lässt ihren Blick suchend über den Boden schweifen.

»Der Lippenstift war ganz neu!«, jammert sie, weicht zur Seite aus und inspiziert die Stelle hinter ihrer Kollegin. Halb dreht sich Rosamunde zu Candy um, während sie gleichzeitig einen Schritt vorwärts macht, sie spürt etwas Rundliches, das unter ihrer Schuhsohle wegrollt. Ein Schrei entfährt ihr, als sie ausrutscht, das rechte Bein wird nach vorn geschleudert. Hektisch rudern ihre Arme durch die Luft, ehe sie das Gleichgewicht verliert.

***

»Und weißt du, was echt krass ist?« Candy macht eine dramatische Pause. »Die sagen, du kannst mich hören. Jedes Wort. Obschon du seit Wochen einfach daliegst. Der Arzt hat gemeint, ich solle unbedingt jeden Tag herkommen und mit dir reden, das würde dir guttun. Der ist ja so süß, echt, du solltest ihn sehen.« Candy hält inne, gluckst. »Das heißt … Na ja, lassen wir das.«

Eine Kamera klickt, Candy tippt auf ihrem Handy herum. »Ich habe eben ein Foto auf Instagram gepostet, ich hoffe, das ist okay.« Wieder dieses Glucksen. »Du glaubst nicht, wie viele Likes ich für Fotos kriege, auf denen ich neben dir am Bett sitze. Ich wollte ja eh schon lange so etwas machen, unbedingt. Gutes tun, etwas zurückgeben, weißt du noch? Hab ich dir doch erzählt. Lustig, dass es jetzt ausgerechnet du bist, die ich betreue. Meine beste Freundin. Ich habe ja sonst nicht so viele …« Sie macht eine Pause. »Du, weißt du, was auch krass ist?« Sie kichert. »Ich frage halt immer, dabei kannst du gar keine Antwort geben, so doof von mir. Auf jeden Fall: Im Restaurant, beim Mitarbeiteressen, nachdem dich der Krankenwagen … Ich musste dringend zur Toilette und bin irrtümlich in der Küche gelandet. Stell dir vor, da stand noch ein Pilzgericht herum, weil sie ja nach diesem Missverständnis mit den Batikfreunden für uns alles frisch gekocht haben. Auf jeden Fall sehe ich diesen Teller mit Steinpilznudeln unter der Wärmelampe und frage, ob der übrig sei, und der Koch sagt voll Ja. Er war so nett und hat mir alles eingepackt. Ich hab es ins Tiefkühlfach gelegt, für einen besonderen Moment. Frische Steinpilze mit einem guten Glas Wein. Das wird so krass, echt.«

Klaus Stickelbroeck

Oschis Eleven

Von allen speckigen Hinterzimmern in der Altstadt war dieses das trostloseste. Eine fette schwarze Stubenfliege stürzte sich trüb-sonor brummend auf den gelben klebrigen Fliegenfänger, der lockig von der Decke taumelte.

Kralle, der Älteste im Raum, fuhr sich mit der linken Hand übers Kinn. Das quietschte immer ein wenig, denn die war nach einem unglücklichen Tresor-und-Sprengstoff-Zwischenfall in Oer-Erkenschwick aus Gummi. »Wir sollen ein Ding drehen? Mensch, Oschmann. Hier in Iserlohn?«

Auch Hotte und Kucki, die anderen beiden Jungs am Tisch, blickten mich skeptisch an. Die Waldstadt Iserlohn mit der berühmten Dechenhöhle, dem beeindruckenden Danzturm und den ausgedehnten Waldflächen war schön, aber nicht Las Vegas.

Ich erhob mich, trat an die Zimmertür und öffnete sie. Ihr schulterlanges Haar glänzte schwärzer als die Neumondnacht, die Augen stachen seegrasgrün. Der dunkelblaue Einteiler war scharf und eng geschnitten und wollte keine Geheimnisse für sich behalten.

»Hallo zusammen. Ich bin Kitty.«

***

Ich wedelte mit der knallbunten Getränkekarte. »Ich hätte gerne einen Cocktail.«

Sie beugte sich über den Tresen. »Da kämen natürlich mehrere in Frage. Kennen wir uns eigentlich?«

Ich musterte die sportliche Frau mit den pechschwarzen Haaren im knappen roten Top. Da hatte der liebe Gott einen verdammt guten Tag gehabt. »Nicht, dass ich wüsste.«

»Du kommst nicht aus Iserlohn?«

»Ich bin nur vorübergehend in der Stadt.«

Ein Mann am anderen Ende des Tresens winkte wild mit seinem leeren Bierglas.

»Dachte ich mir schon. Ich kenne hier in Iserlohn nämlich jeden. Und alles. Ich heiße Kitty.«

So hatten wir uns kennengelernt. In »Richies Bar« auf der Mendener Straße. Jeden und alles? Das klang interessant. Nach dem dritten Bombay Sugar hatte sie mir erzählt, dass sie an den Wochenenden an der Kasse im Filmpalast am Kurt-Schumacher-Ring arbeitete. Und die bevorstehende Premierengala erwähnt.

✳✳✳

»Ich steh nicht auf James Bond«, nölte Kucki und strich sich über den Bauchansatz. »Ist mir zu körperlich.«

Hotte hustete. »Im neuen Streifen gibt Margot Robbie das Bond-Girl.«

»Das ist doch die Freundin vom Joker?«, wunderte sich Kralle.

»Die haben sich vor ›Birds of Prey‹ getrennt«, erklärte Kitty.

»Ach?«

»Im letzten Tarantino hat sie mir gar nicht gefallen«, maulte Kralle.

Von Kralle wusste allerdings jeder, dass Filme mit hohem Dialoganteil ihn immer überforderten. Am besten gefielen ihm solche ohne Dialoge. Tierfilme zum Beispiel. Oder Pornos.

»Der letzte Tarantino wurde ja auch schon in den Sechzigern gedreht«, meinte Hotte zu wissen.

Kucki mahnte. »Bringt jetzt nichts durcheinander.«

Ich seufzte. Unsere Truppe war nicht die hellste. Den einen oder anderen hatte der liebe Gott etwas nachlässig kurz vor Feierabend zusammengeschraubt, aber ich wusste, dass ich mich auf die drei Freunde absolut verlassen konnte.

»›For Diamonds Only‹ heißt der neue Streifen.« Ich entrollte ein Filmplakat, das auf dem Tisch lag. »Und ich sage euch, warum.«

»Hoppla«, freute sich Kralle und hätte vor Freude am liebsten in die Hände geklatscht. »Die beiden Dinger würde ich jetzt aber nicht als Diamanten bezeichnen ...«

Kitty verdrehte die Augen.

Ich deutete auf den Hals der blonden Schauspielerin. »Im neuen Bond trägt Margot Robbie diese Halskette, die auf mindestens zwei Millionen Euro geschätzt wird. Zur Vorpremiere kommt sie nach Iserlohn und wird wie immer als Promotion-Gag genau diese Kette tragen.«

»Die kommt persönlich?«, war Kralle aus eher unprofessionellen Gründen Feuer und Flamme.

Ich fuhr fort. »Ganz so üppig wird unsere Beute nicht, aber ...«

»Wir klauen also ... nicht ... die Kette?«, fragte Hotte.

Ich schüttelte den Kopf. »Die Security-Leute werden die Diamantenkette keine Sekunde aus den Augen lassen. Sicherheitsmäßig wird sich alles um Margot Robbie und ihre Kette drehen. Und alles andere werden sie vernachlässigen.«

»Zur Vorpremiere wird eine große Benefizgala veranstaltet. Dort wird gespendet. Traditionsgemäß in bar. Und traditionsgemäß sehr viel«, verriet Kitty und gab dem Event eine Hausnummer. »Normalerweise kommt ein hoher fünfstelliger Betrag zusammen.«

»Und ...«, fügte ich hinzu, »da habe ich mir gleich ein paar Gedanken gemacht.«

»Das soll aber nicht so eine durchgeplante Nummer werden, wo jeder andauernd auf die Uhr gucken muss, oder?«, befürchtete Kucki Schlimmes.

Ich blickte ihm in die Augen. »Genau so ein Ding wird das. Mit Zeitvergleich und allem.«

»Au Mann.«

»James Bond. Hollywood. Diamanten«, lächelte ich und

schlug in die Hände. »Wir sind beim Film. Alles strikt nach Drehbuch.«

✳✳✳

Zwischen Mesuts weiß glänzenden Kauleisten tanzte ein feuchtfleckiger Zahnstocher. »Die Premierenfeier findet im Foyer des Kinos statt. Erste Etage, direkt vorm Kino 1, wo später der Film gezeigt wird. Dreihundert Personen werden erwartet, es wird rappelvoll. Als Teil des Sicherheitskonzepts dürfen im Parkhaus nebenan nur geladene Personen mit Sonderausweis parken. In der dritten Etage gibt es einen direkten Zugang vom Parkdeck 3 in den Filmpalast.«

»Als geschlossene Fußgängerbrücke?«

»Genau. Mit viel Glas drum rum.«

»Wie viel Security wird eingesetzt?«

»Zwei meiner Männer werden die Kette bewachen, einer im Foyer die Glasbox mit dem Bargeld. Ich stelle einen Fahrer. Den Bodyguard für Margot Robbie mache ich persönlich.«

»Du bist sicher, deine Firma kriegt den Job?«

»Ich habe den Zuschlag schon bekommen, du Honk.«

»Das erleichtert den Job ungemein.«

»Tut es nicht«, knurrte Mesut und wirbelte den Zahnstocher vom linken in den rechten Mundwinkel. »Denn wir beide werden uns über diesen Event nicht noch einmal unterhalten. Du hast mir ein paar Fragen gestellt, und ich habe dir ein paar Antworten gegeben. Bei so einem Ding überprüfen die Bullen als Allererstes immer den Sicherheitsdienst, da steh ich bei denen ganz oben auf der Liste. Meine Jungs sind aber sauber. Und das soll so bleiben. Keine Spur wird von dir zu mir führen. Wenn du an meinen Jungs vorbeiwillst, lass dir was einfallen.«

Ich nickte.

✳✳✳

Und hatte gar nicht lange überlegen müssen. Vor einiger Zeit hatte ich in Düsseldorf an einem mehrteiligen Tankstellen-Projekt gearbeitet und in einer exklusiven Bar auf der Bahnstraße die aparte Linda kennengelernt.

Linda lächelte interessiert. »Eine Premierengala?«

»Benefiz. James Bond.«

»Kommt James auch?«

»Leider nein.«

»Das ist schade.« Linda zog einen Schmollmund. »Benefiz? Du willst die gespendeten Gelder klauen? Das klingt nach ganz, ganz schlechtem Karma.«

»Der Veranstalter wird versichert sein. Es entsteht quasi kein Schaden. Ich brauche dich und eine Freundin. Hast du da was Vertrauenswürdiges?«

»Meine kleine Schwester, Chi Chi. Aber für eine Vorpremiere brauchen wir was Schickes anzuziehen.«

»Ich gehe mit euch shoppen.«

✳✳✳

Pawel Zukovsky führte im Norden Dortmunds einen Schrottplatz. Der Pole konnte fast alles besorgen und besaß darüber hinaus eine Schrottpresse, mit der sich wiederum fast alles beseitigen ließ. »Einen Wagen?«

»Einen Transporter. Unauffällig, ausreichend Pferdchen unter der Motorhaube. Der Wagen soll einem Möbelhaus zugeordnet werden, das neben dem Filmpalast liegt.«

Pawel klemmte beide Daumen hinter die Trägergurte seiner ölfleckigen blauen Latzhose. »Ich könnte was Passendes an den Start bringen. Und lackieren. 'ne Aufschrift. Wann soll das Ding starten, Oschi?«

»Nächsten Samstag. Die Vorpremiere vom neuen James-Bond-Film.«

»Spielt da nicht die Freundin vom Joker mit?«

»Sie ist inzwischen seine Ex-Freundin.«

»Das geht manchmal schnell. Wer soll die Kiste später fahren?«

»Hast du einen Vorschlag?«

Pawel nickte über benzinbunt schimmernde Pfützen hinweg ans andere Ende des unbefestigten Hofes, wo seine Tochter an einem alten rubinroten Ford Mustang schraubte. Ihre langen, zur Farbe des Mustangs passenden Haare steckten unter einer schwarzen Baseballkappe. »Sabrina ist gut und hart am Gaspedal. Ein bisschen Spritgeld kann sie eigentlich immer gebrauchen.«

»Dann sollten wir ein paar Details durchsprechen.«

Pawel schob zwei ölverschmierte Finger in seinen Mund, tat einen Pfiff, der bis nach Gelsenkirchen zu hören war, und winkte seine Tochter heran.

※※※

René Van Damme saß neben mir am Tresen. Mit René und seinem Zwillingsbruder Antoine hatte ich in Belgien und Frankreich ein paar lukrative Bankgeschäfte abgewickelt. René hatte erstklassige Kontakte. Außerdem teilte der Mann aus Malmedy meine Leidenschaft für George Clooney, Brad Pitt, Matt Damon und raffiniert krachige Hollywoodstreifen. Ich erzählte ihm von meinem Iserlohn-Projekt. Über die Gin Tonics hinweg trafen sich unsere Blicke im Spiegel gegenüber.

»Knackiger Plan, keine Schnörkel. Könnte klappen.«

»Wir sind so weit gut aufgestellt.«

René grinste. »Aber du sitzt nicht mit mir an der Bar, um aus dem Nähkästchen zu plaudern.«

Es ist immer ein Vergnügen, mit Profis zusammenzuarbeiten.

Er hob sein Glas. »Dir fehlt noch ein Mitspieler?«

Ich verzog keine Miene.

»Dir ... fehlen noch zwei Mitspieler?«

Ich ergriff meinen Gin.

René lächelte. »Mein Bruder und ich.«

»Oschis Eleven.«

Er zählte durch.

Ich stieß mit ihm an. »Mit dir und Antoine sind wir exakt elf. Denn einen klitzekleinen Schnörkel habe ich doch noch eingeplant.«

»Wir sind dabei. Und ich bin jetzt wirklich, wirklich gespannt.«

***

Einen derartigen Presseauftrieb hatte Iserlohn seit 2016 nicht mehr erlebt, seit die Roosters das Viertelfinale der deutschen Eishockeymeisterschaft erreicht hatten.

19:49 Uhr.

Ich hockte stilecht im schwarzen Anzug mit Fliege im mit weichen roten Teppichen ausgelegten Foyer des Filmpalastes an der Theke des Kinobistros mit freiem Blick auf das Premierentreiben. Kameramänner filmten, Blitzlicht blitzte, Frauke Ludowig berichtete exklusiv.

Margot Robbie hatte im schwarzen Cocktailkleid atemberaubend ausgesehen und sich, begleitet von Mesut, schon in den Kinosaal zurückgezogen. War das da vorne Til Schweiger? Und da ganz hinten, beim Eingang, das war die Katzenberger, ganz sicher. Irgendwo steckte bestimmt auch Roberto Blanco.

Alle Anwesenden waren dem Anlass entsprechend ge- und verkleidet. Gleich mehrmals gaben sich Sean Connery und Roger Moore die Ehre, aber ich erkannte auch Blofeld, einige Bond-Girls, den Beißer und die beiden durchgeknallten schwulen Killer, Mr. Wint und Mr. Kidd, aus »Diamantenfieber«. Ein massiger, breit gebauter Security-Mann stand mit ernster, entschlossener Miene rechts neben einer großen Glasbox, in der sich inzwischen viele bunte Geldscheine dicht aneinanderdrängelten. Aus den Boxen unter der Decke lieferte eine Bond-CD den passenden Hintergrund, gerade gab sich die bezaubernde Sheena Easton die musikalische Ehre.

In meinem Rücken befand sich der Haupteingang des Filmpalastes. Rechts führte ein Durchgang ins Treppenhaus mit einer separaten Außentoilette und der Rampe zum benachbarten Parkhaus. Geradeaus blieben zwei Kassenbereiche heute unbesetzt. Links davon bot das Kino Popcorn, Champagner und Nachos an. Ich erkannte an einem der Counter Kitty, die mich und Teile des Teams hatte einschleusen können. Gegenüber der Snack-Theke lagen die Großraumtoiletten, noch weiter links führten Treppen hoch zu weiteren Kinos.

Ich spürte ein wohliges Kribbeln im Magen, seit Stunden jagte das treibende James-Bond-Thema durch meinen Kopf. 19:51 Uhr.

Im Bereich der Kassen wippte Hotte sich auf den Schuhen abrollend vor und zurück. In seinen Knickerbockern und mit den teuren ledernen Handschuhen sah er aus wie Fröbe in »Goldfinger«. Hotte alias Goldfinger schien sich in genau diesem Moment zu entscheiden, die Außentoilette im Treppenhaus aufsuchen zu wollen. In seiner rechten Hand schaukelte ein zum Outfit passendes hellbraunes Köfferchen.

Linda und Chi Chi sahen in ihren neuen, raffinierten Cocktailkleidern umwerfend aus. Ich seufzte. Sie waren ja auch nicht billig gewesen, die traumhaften Abendkleider. Auf der Igelstraße in Iserlohn waren die beiden Schwestern während unserer Shoppingtour in der exklusiven »Hochzeits-Villa« fündig geworden.

Dass die beiden jungen Frauen – augenscheinlich vom spritzigen Premierenchampagner angeschwipst – jetzt kichernd in ihre Richtung stöckelten, fanden auch die beiden smarten Security-Männer aus Mesuts Sicherheitstruppe spannend, deren Job es war, den Zugang zu einem Nebenraum zu bewachen. Warum auch immer, mochte man sich da fragen.

Antoine, der sich vor einiger Zeit ebenfalls in einen sportlichen dunklen Smoking gezwängt hatte, konnte ich nirgendwo entdecken. Kitty wisperte ihrer Kollegin am Counter etwas ins Ohr und verschwand nach hinten.

Ich war der Libero. Es war angerichtet.

19:52 Uhr.

In diesem Moment trat ein Mann mit Connery-Maske neben den Security-Kerl an der Spendenbox. Unauffällig. Von hier aus war nicht zu erkennen, dass der Mann dem Sicherheitsburschen eine Pistolenmündung in die Seite drückte. Ich hielt die Luft an. Connery flüsterte dem Mann etwas ins Ohr. Zögerlich ergriff der Sicherheitsmann die gläserne Box.

Ich sog Luft. Genau das hatte einen der Veranstalter, der ein paar Schritte entfernt stand, aufmerksam werden lassen. Selbst von hier aus konnte ich sein misstrauisches Stirnrunzeln erkennen. Er stieß einen neben sich stehenden Mann an.

»Mist.«

Das schien nicht glattzugehen, mein Magen krampfte. Locker bleiben! Noch lief alles nach Plan, denn der Security-Mann hob mit verkniffenem Blick die Geldbox in eine beigefarbene Stofftasche, die Connery ihm hinhielt.

Der Veranstalter führte sein Mobiltelefon ans Ohr.

»Scheiße«, murmelte ich.

Das mit dem Handy hatte auch Connery bemerkt. Mensch, wie lange dauerte das denn, bis der bräsige Security-Doof endlich die gläserne Box …

»Verdammt!«

Connery hielt plötzlich einen silbernen Colt in seiner Hand. Der würde doch nicht … Ich sprang auf. Im selben Moment jagte die Doppelnull eine Dublette in die Decke, Beton spritzte. Augenblicklich schrien Frauen spitz auf, warfen sich Männer zu Boden. Auf der anderen Seite des Foyers stießen die beiden Security-Kerle Linda und Chi Chi grob von sich. Der kräftigere der beiden schnellte nach vorne.

Connery rannte los, die Stoffasche mit der Rechten fest an sich gepresst, in der Linken die silberne Pistole.

Der Typ, der womöglich Til Schweiger war, stellte sich ihm breitbeinig in den Weg. Connery rammte ihn zur Seite und stürzte Richtung Treppenhaus.

Ich hinterher. Panisch rempelten Menschen mir entgegen, eine junge Frau stolperte, Popcorn prasselte auf meinen Anzug. Ich reckte mich auf die Zehenspitzen und sah, dass Connery zur Außentoilette hastete, die Tür aufriss und hineinstürzte.

»Er ist in die Toilette!«, brüllte jemand.

Anscheinend hatte Connery bemerkt, dass seine Idee, in die Toilette zu flüchten, keine besonders gute gewesen war, denn Sekundenbruchteile später erschien er wieder im Flur. Die dunkelblaue Stofftasche in den Fingern, peste er nach rechts durch den Zugang ins Treppenhaus. Mit meinen Blicken folgte ich ihm durch die Glastür. Zwei Stufen auf einmal nehmend, sah ich ihn die Marmorstufen nach oben springen.

Verdammt. Der athletische Security-Mann war Connery dicht auf den Fersen. Und holte auf. Der quadratische Kerl war topfit und machte mit jedem Schritt Meter gut.

»Mist!«

Es war nur noch eine Frage der Zeit, bis er Connery eingeholt hatte. Der erste Absatz. Jetzt hatte er ihn erreicht. Fast. Denn in diesem Moment wurde das rennende Viereck von einem älteren Mann angerempelt.

»'tschuldigung«, stammelte der Mann, der den Verfolger zur Seite hebelte, entsetzter Blick.

Der Security-Kerl stürzte krachend zu Boden. Besorgt beugte der unselige Alte sich über den Verfolger und versuchte, ihm aufzuhelfen. Ungelenk, mit einer Hand. Mit seiner rechten Hand. Denn seine linke war aus Gummi.

Mehrere Männer und Frauen redeten jetzt mit lauter Stimme auf die aufgebrachte Menschenmenge ein.

»Keine Panik! Bleiben Sie ruhig!«

»Keine Panik!«, rief auch ich.

Die Toilettentür öffnete sich. Goldfinger trat kopfschüttelnd heraus, das hellbraune Köfferchen an sich gedrückt. Unsere Blicke trafen sich. Goldfinger verzog keine Miene. Ich schloss mich ihm an, und wir verließen das Foyer durch den Haupteingang, bevor einer der Verantwortlichen auf die Idee kam, die Eingänge zum Filmpalast zu sichern. Klar, der Täter war ja ins Treppenhaus geflüchtet.

Raus aus dem Kino, nach rechts.

»Raumideen« hieß das Möbelgeschäft neben dem Filmpalast.

»Raumideen« prangte auch in weißen, geschwungenen Lettern auf der Karosserie des dunklen Lieferwagens, der vor dem Geschäft im eingeschränkten Halteverbot parkte.

Der Mann in der Latzhose mit Zollstock, der neben dem Transporter stand, öffnete die Seitentür des Fahrzeugs und kletterte selbst eilig auf den Beifahrersitz. Goldfinger und ich stiegen ein. So viel Geschmeidigkeit hätte man Goldfinger gar nicht zugetraut. Vorne ging die Fahrerin mit den rubinroten Haaren unter der Baseballkappe gut und hart ins Gaspedal.

»Bullen«, knirschte Pawel auf dem Beifahrersitz und zog den Kopf ein, denn auf der nächsten Kreuzung flog uns ein Streifenwagen mit Blaulicht und Horn entgegen.

Die Cops jaulten an uns vorbei. Vermutlich, um Sean Connery festzunehmen, der mit der Stofftasche samt gefüllter Glasbox im Treppenhaus des Kinos die Stufen hochgeflüchtet war.

19:56 Uhr.

Ich blickte Goldfinger an und zeigte auf den Koffer. »Sind wir glücklich?«

Goldfinger nickte grinsend.

* * *

Den abgelegenen Bauernhof im Honsel hatte Kitty für uns als Treffpunkt aufgetan. Pawels Tochter Sabrina setzte den Wagen schwungvoll rückwärts in eine Hofzufahrt.

Hotte Goldfinger ruckelte mit dem Koffer. »Ich würde ja gerne mal nachgucken, wie viel drin ist.«

Mein warnender Blick geriet zur Ohrfeige.

»Is ja gut, keine Fingerabdrücke«, knurrte Hotte und verdrehte die Augen. »War ja nur ein Gedanke, Superhirn!«

Kitty hatte den Vierkanthof schon vor uns erreicht, trat aus dem Schatten an den Lieferwagen und öffnete die Seitentür. Verdammt. Das taten auch die beiden in Schwarz gekleideten Typen mit den Maschinenpistolen. Die Knarren sahen verflucht echt aus. Der besonders mies dreinblickende der beiden Kerle drückte Pawel durchs geöffnete Seitenfenster die Mündung seiner Peitsche rüde gegen die Schläfe.

»Kleine Änderung im Drehbuch, Süßer«, summte Kitty, seegrasgrünen Triumph in den Augen. Hotte warf mir einen Blick zu, der fast vollständig aus Vorwurf bestand. So viel zum Thema Superhirn. Kitty deutete wortlos auf den Koffer. Hotte seufzte ergeben und reichte ihn ihr.

***

Kucki windmühlte mit beiden Armen Richtung Fernseher. »Mach lauter!«, schrien Hotte und Kralle gleichzeitig. »Eine verdächtige Person wurde nach kurzer Verfolgung in einem angrenzenden Parkhaus festgenommen«, berichtete ein Polizeisprecher mit ernstem Gesicht. »Der Mann trug wie der Täter eine Sean-Connery-Maske, führte aber keine Schusswaffe mit sich. Statt wie bei der Tatausführung eine beigefarbene hatte er eine dunkelblaue Stofftasche bei sich. In dieser befand sich nicht die Tatbeute, sondern eine hochwertige Kamera, mit der die Person den neuen Bond-Film von der Leinwand hatte abfilmen wollen. Nach jetzigem Kenntnisstand handelte es sich um eine unglückliche Verwechslung, die Person hat nichts mit dem Raub zu tun. Sie wurde nach Feststellung der Personalien entlassen.«

Kucki lachte. Auf seinen Knien lag die Connery-Maske. Hotte, der als Goldfinger im Toilettenbereich die Stoffbeutel und den silbernen Colt ausgetauscht und im hellbraunen Koffer rausgeschmuggelt hatte, stieß ihm zufrieden in die Seite.

Das Gesicht des Polizeisprechers wirkte zerknirscht. »Der Täter ist flüchtig, von der Geldbox mit den Spenden fehlt jede Spur.«

Kralle stieß mich an. »Da könnten wir weiterhelfen.«

Ich grinste. »Ich bin sicher, die Cops werden von alleine fündig. Die beiden Gangster mit den Maschinenpistolen haben mich unangenehm überrascht, aber Kitty ist eine Amateurin. Sie wird Fehler machen. Deshalb ja auch keine Fingerabdrücke. Niemand wird sie mit einem von uns in Verbindung bringen können.«

Hotte unkte: »Aber das speckige Hinterzimmer in der Altstadt, in dem wir mit Kitty waren? Da haben wir Fingerabdrücke und DNA-Zeug hinterlassen.«

»Ein schlimmes Feuer. Die Kaschemme ist abgebrannt.«

»Ach. Wann?«

»Morgen Nacht.«

Hotte lächelte verschlagen. »Du bist echt ein Superhirn.«

Der Polizeisprecher fuhr fort. »Wir gehen nach jetzigem Stand der Ermittlungen davon aus, dass der Raub der Spendenbox ohnehin lediglich der Ablenkung diente. Eigentliche Beute und Ziel der Räuber war die wertvolle Diamantenkette aus dem aktuellen James-Bond-Film, die in einem Nebenraum aufbewahrt und während des Tumults und der Verfolgungsjagd durch den Filmpalast entwendet wurde.«

»Der gute Antoine«, flüsterte Sabrina mit echter Bewunderung im Blick.

»Die Kette steht mir übrigens supergut«, summte Linda und strich über die funkelnden Schmucksteine, die ihren Hals zierten.

»Lass mich auch mal«, meckerte ihre kleine Schwester.

»Wir ermitteln in alle Richtungen«, erklärte der Polizeisprecher abschließend.

Kralle wedelte mit der Gummihand. »Was heißt, sie haben keine Ahnung, was Sache ist!«

»Darauf ein Pilschen.« Pawel führte seine Flasche an den Mund.

Die Tür zum Raum wurde geöffnet. René und Antoine Van Damme traten ein.

Antoine setzte sich neben Sabrina, René lächelte. »Mein Kontaktmann in Antwerpen bietet für die Kette eins Komma fünf Millionen Euro.«

»Darauf noch ein Pilschen!«, juchzte Pawel.

In die Begeisterung hinein zog ich René sachte zur Seite. »Gib es zu, du hast gewusst, dass ich Kitty in Verdacht hatte, uns über den Tisch ziehen zu wollen.«

René schüttelte den Kopf. »Nicht speziell die Kitty. Aber unter uns Hardcore-Kinofreunden lag das doch auf der Hand: Oschis Eleven? Elf? Ich habe durchgezählt und bin auf zwölf gekommen. Du hattest von einem klitzekleinen Schnörkel gesprochen. Weil noch ein faules Ei aussortiert werden musste.«

»*For diamonds only.*«

René lächelte und ließ fast liebevoll seinen Blick über die Bande gleiten. »Wir sind ein echt gutes Team.«

»Das finde ich allerdings auch«, nickte ich und zog einen Werbeflyer mit handschriftlichen Notizen aus der Innentasche meines schwarzen Jacketts. »Deshalb habe ich mir zu diesem Spielcasino-Event hier auch gleich folgende Gedanken gemacht ...«

Christiane Dieckerhoff

Elisabeth

Lancaster, Dec 06, 2004

To whom it may concern,
mein Deutsch ist ziemlich eingerostet, weil es viele Jahrzehnte
her ist, dass ich es im Alltag benutzt habe. Mittlerweile bin ich am
Ende meines Lebens angelangt. Mir bleibt nur noch wenig Zeit,
bis ich meinem Schöpfer gegenübertreten werde. Und diese Zeit
möchte ich nutzen, um mein Gewissen zu erleichtern und über
meine Schwester Elisabeth zu berichten. Doch der Reihe nach.
Im Sommer 1944 bin ich mit meiner Mutter und meiner kleinen Schwester aus Dortmund nach Iserlohn gekommen. Wir
waren ausgebombt und kamen bei Verwandten in der Inselstraße
unter. Meine Mutter war gebürtig aus Iserlohn, deshalb war es
nur natürlich, dass sie in der Not bei ihren Eltern Schutz suchte
und ihn auch fand. Außer uns lebten noch meine Tante mit ihren
beiden Töchtern in dem Haus und eine verwitwete Großtante,
die ein wenig tüdelig im Kopf war. Und natürlich meine Großeltern. Mein Großvater hatte das Eiserne Kreuz und ein lahmes
Bein. Er hat immer gesagt, dass wir beide die einzigen Männer
in diesem Hühnerhof seien und dass wir deshalb die Verantwortung hätten, so wie der Führer die Verantwortung fürs Reich
habe. Ich war zwar erst elf Jahre alt und nur ein Pimpf, aber ich
habe mich wirklich bemüht, dieser Verantwortung gerecht zu
werden. Schließlich wusste ich, was Krieg bedeutete und was es
bedeutete, ein Mann zu sein. Mein Großvater war ein strenger
Mann, der mir wenig durchgehen ließ.
Außer zwei Koffern, die Kleidung zum Wechseln, die üblichen Dokumente und die Feldpostbriefe meines Vaters ent-
hielten, besaßen wir nur noch einen Dreibeinhocker.

Er war nichts Besonderes, aber für mich war er nach den Briefen meines Vaters unser wichtigster Besitz. Er hatte in unserem alten Haus im Flur gestanden. Mein Vater hatte sich immer daraufgesetzt, um seine Schuhe zu schnüren. Wie durch ein Wunder war der Hocker das Einzige, was den Bombenangriff überstanden hatte. Er war nahezu unversehrt, hatte nur leichte Brandspuren.

Im Haus meiner Großeltern schliefen wir auf dem Dachboden, im Sommer war es dort sehr heiß und im Winter sehr kalt. Zum Schlafen trugen wir deshalb unsere Mäntel, die Mutter aus einem alten Armeemantel meines Großvaters genäht hatte, sowie Mützen und Handschuhe. Was recht praktisch war, wenn einen ein Alarm aus dem Bett holte. Manchmal rutschte mir allerdings im Schlaf die Mütze über die Nase, und dann bekam ich keine Luft mehr und wachte schreiend auf. Meine Mutter hat mich dann immer in den Arm genommen und mir Lieder vorgesungen, für die ich eigentlich schon zu groß war. Schließlich war ich ja ein deutscher Junge, und die haben keine Angst. Was natürlich nicht stimmte. Wenn die Bomber auftauchten, hatten alle Angst, die Erwachsenen oft mehr als die Kinder. Bei Voralarm drängten die Menschen in den Luftschutzstollen unter der Stadtkirche, obwohl der noch gar nicht fertig war und zu Anfang nicht einmal Türen hatte.

Aber das war immer noch sicherer, als im Kriechkeller darauf zu warten, dass einem eine Bombe auf den Kopf fiel. Zu Anfang standen auch noch Baugeräte drin, und in der Mitte des Ganges verliefen Schienen. Das war gefährlich, weil es nass im Stollen war und man auf den Schienen leicht ausrutschen konnte. Der Eingang zum Stollen lag hinter Häusern versteckt neben der Treppe, die zur Kirche hinaufführte. Zwischen den Häusern, dem Abraum und der Stadtmauer mit der Treppe war nicht viel Platz, und es gab immer viel Gedränge, bis endlich alle im Stollen waren. Und in genau so einem Gedränge ist es dann passiert. Meine Aufgabe war es, den Hocker zu tragen und auf Elisabeth aufzupassen, die damals erst vier Jahre alt war. Ich hielt sie immer fest an der Hand, wenn wir der Mutter folgten, die uns mit den beiden Koffern den Weg bahnte. Irgendwie waren wir immer die Letzten, die das Haus in der Inselstraße verließen. Warum das so war, erinnere ich nicht mehr. Ich erinnere mich auch nicht, wo meine Großeltern und die anderen Verwandten an dem Tag waren. Ich weiß nur noch, dass Schnee lag und alles deshalb sehr rutschig war. Elisabeth stolperte immer wieder. Ihre Schuhe waren zu groß und mit Stroh ausgestopft, deshalb konnte sie nicht so gut laufen. Ich zerrte sie hinter mir her.

Heute denke ich, dass ich einfach den Hocker hätte stehen lassen und meine kleine Schwester tragen sollen. Aber damals wäre mir das nicht im Traum eingefallen. Der Hocker war das Einzige, was uns von meinem Vater geblieben war, und er würde ihn brauchen, wenn er aus dem Krieg zurückkehrte. Ich glaubte fest an die Kraft des Schemels. Er hatte schon einmal einen Bombenangriff überstanden. Mit meinen elf Jahren war ich felsenfest davon überzeugt, dass wir nur dort in Sicherheit wären, wo dieser Schemel stünde. Außerdem konnte meine Mutter darauf sitzen. Wie so viele Anwohner hatten meine Großeltern eine alte Gartenbank in den Stollen geschafft, dort saßen die Großeltern, die Großtante und ganz am Rand meine Tante mit ihren Töchtern, die mal auf ihrem Schoß, mal auf dem Schoß der Großmutter saßen. Mich oder Elisabeth hat sie nie auf den Schoß genommen. Ich glaube, sie und Mutter waren irgendwie über Kreuz. Soweit es den Ausbau nicht störte, hatte niemand was dagegen, dass die Leute Bänke oder sogar ein Sofa in den Stollen schafften, um es bequemer zu haben. Es gab ja nichts im Stollen, nur Licht – aber das auch nicht immer –, Kälte, Feuchtigkeit und schlechte Luft.

Also schleppte ich bei jedem Voralarm den Hocker in den Stollen, damit wir in Sicherheit waren und meine Mutter sitzen konnte. Und auch wenn ich eigentlich schon zu groß war, nahm sie mich auf den Schoß, wenn meine Beine müde wurden. Dann saß ich auf ihrem einen Oberschenkel und Elisabeth auf dem anderen, und Mutter erzählte uns von dem Korallenriff, das hier einmal gewesen war. Ich weiß nicht, ob Mutters Beschreibungen viel mit der Wirklichkeit zu tun hatten, aber damals haben uns ihre Geschichten über Seepferdchen und Riesenschildkröten geholfen, den Lärm der Flugzeuge, das Rattern der Flakgeschütze und die Dunkelheit auszuhalten. Irgendwann sind wir dann immer eingeschlafen. Egal, ob wir tagsüber oder nachts Schutz im Stollen suchten. Heute weiß ich, dass es der Sauerstoffmangel gewesen sein muss, aber damals habe ich gedacht, es wären ihre Geschichten. Sie sehen, ich konnte den Hocker also nicht einfach zurücklassen.

Mit einem Ruck ließ der Zug an meinem Arm nach. Ich spürte, dass ich nur noch Elisabeths Handschuh in der Hand hielt. Ich blieb stehen, stemmte mich gegen die Menschen, rief nach meiner Mutter, doch die hörte mich nicht. Menschen schoben sich zwischen uns. Ich konnte sie nicht mehr sehen. Ich war ganz allein. So allein wie noch nie in meinem Leben. Ein Schluchzen stieg mir in die Kehle. Aber ein deutscher Junge weint nicht. Die ersten Bomben fielen, noch weit weg zwar, aber es lag dieses Pfeifen in der Luft. Über dieses Pfeifen hinweg hörte ich Elisabeth meinen Namen rufen. Ich versuchte mich umzudrehen, es gelang mir nicht. Nur einen Blick über die Schulter konnte ich werfen. Wieder rief Elisabeth meinen Namen. Zuerst sah ich sie nicht, weil ich nach unten schaute. Schließlich war sie ja noch klein. Erst als ich den Blick hob, entdeckte ich sie. Ein Mann in schwarzer Uniform trug sie, Elisabeth streckte die Arme nach mir aus. Der Mann hatte einen Schmiss auf der Wange, wie ihn Offiziere oft haben. Heute klingt das vielleicht merkwürdig, doch irgendwie hat mich das beruhigt. Ich war ein Pimpf damals. Ich glaubte an den Führer und an Männer in Uniform.

Für einen Moment sahen der Offizier und ich uns in die Augen, dann wurde das Pfeifen lauter, die Menschen drängten zum Stolleneingang, ich stolperte mehr in den Stollen hinein, als dass ich lief. Nur der Hocker verhinderte, dass ich der Länge nach auf die Gleise fiel. Mit Mühe schaffte ich es, mich zur Stollenwand durchzukämpfen. Dort wartete ich auf den Offizier, doch er kam nicht. Vielleicht hatte ich ihn übersehen, oder er hatte es nicht geschafft. Die Angriffe kamen näher, und obwohl immer noch mehr Menschen in den Stollen drängten, wurden Türen geschlossen. Ich weiß nicht, wie lange ich da gestanden habe, den Hocker gegen die Brust gepresst. Ich hörte Detonationen, so laut wie Schüsse. Ich hielt mir die Ohren zu, wollte bei meiner Mutter sein, und schließlich bin ich losgelaufen, zu dem Platz, an dem die Bank meiner Großeltern stand. Der Boden vibrierte unter den Einschlägen, das Licht fiel aus. Ich tastete mich weiter, berührte Mäntel und Jacken, manchmal Hände. Vereinzelt flackerten Bunkerlichter auf. Das war zwar verboten, aber niemand kümmerte sich darum. Ich stolperte über einen Koffer, das Licht ging flackernd wieder an. Ich war zu weit gelaufen, musste umkehren, um zu dem Gang unter der Kirche zu gelangen. Hier war es trockener als im Rest des Stollens. Ein Baby schrie, eine Frau rief Gott zu Hilfe. Eine Hand griff nach mir. Es war Mutter. Wo wir gewesen seien, schrie sie. Ich sah die Erleichterung in ihrem Blick und dann die Panik.

»Wo ist Elisabeth?« Ihre Fingernägel bohrten sich in meine Schultern. Sie schüttelte mich. »Wo ist deine Schwester?«

Noch heute höre ich ihre Stimme in meinen Träumen und ducke mich unter ihren Schlägen. Erst als Großvater dazwischenging, ließ sie ab von mir. Er ohrfeigte sie. Ihr Kopf flog erst nach rechts und dann nach links, dann ist sie auf die Gartenbank gesunken, wie ein Baum, den man fällt. Ich hab dann alles der Reihe nach erzählt, und Großvater meinte, dass wir uns keine Sorgen machen müssten, weil doch ein Offizier Elisabeth geholfen habe. Mutter wollte das nicht glauben und nach Elisabeth suchen, aber Großvater hat das nicht zugelassen. Sie solle sich hinsetzen, hat er gesagt. Die Bomberstaffeln und Christbäume seien schon schlimm genug. Aber Mutter hat sich nicht hingesetzt. Während des gesamten Angriffs hat sie gestanden, und auch ich habe mich nicht getraut, mich zu setzen. Irgendwann habe ich den Hocker abgestellt, aber niemand hat sich draufgesetzt, so etwas tat man damals nicht. Der Hocker gehörte ja uns. Schließlich entfernten sich die Einschläge, und das Pfeifen war nur noch in unseren Ohren. Die Lichter flackerten nicht mehr, und dann kam die Entwarnung. Meine Mutter ist sofort losgerannt, hat sich an allen vorbeigedrängt, um nur ja frühzeitig am Stollenausgang zu sein. Ich wollte hinter ihr herlaufen. Aber Großvater hat mich zurückgehalten. Ich solle den verdammten Hocker und die Koffer nehmen, hat er gesagt, und daran habe ich gemerkt, dass er mir die Schuld an Elisabeths Verschwinden gegeben hat. Großvater hat nämlich nie geflucht, und wenn eins von uns Kindern das mal getan hat, hat er gedroht, uns den Mund mit Seife auszuwaschen. Ein Volksgenosse flucht nicht, hat er gesagt.

Als wir am Ausgang ankamen, habe ich Mutter gesehen. Sie war allein. Mir ist das Herz zersprungen. Ich war so davon überzeugt gewesen, dass Elisabeth bei ihr wäre, und nun war sie es nicht. Der Gedanke hatte keinen Platz in meinem Kopf. Mutter stand auf der Treppe, das Gesicht trotz der Kälte ganz bleich, die Augen blank und starr, wie die einer Puppe. Ohne auch nur zu blinzeln, starrte sie auf den Eingang. Menschen drängten sich an ihr vorbei, schimpften mit ihr, dass sie im Weg sei. Sie hörte sie nicht.

Mutter ist dann mit mir zur Polizeidienststelle im Rathaus am Adolf-Hitler-Platz gegangen. Dort musste ich alles erzählen, und der Polizeihauptmeister hat es aufgeschrieben und uns dann nach Hause geschickt. Elisabeth würde schon auftauchen, hat er gesagt, und dass ich besser auf meine Schwester hätte aufpassen sollen.

Aber Elisabeth tauchte nicht auf. Die ganze Nacht haben wir gewartet. Irgendwann bin ich eingeschlafen. Ich war ja noch ein Kind. Als ich aufwachte, war es früher Morgen und Mutter verschwunden. Großvater wusste auch nicht, wo sie war. Irgendwann haben Nachbarn sie zurückgebracht. Sie ist durch die Stadt gelaufen und hat nach Elisabeth gerufen. Mutter war ganz durchgefroren und hat gezittert. Die Tante hat sich um sie gekümmert, und Großvater hat sich das Eiserne Kreuz an die Brust geheftet und mir gesagt, ich solle mir die Haare kämmen. Wir sind dann zur elften Schutzstaffel, weil der Offizier ja eine SS-Uniform getragen hatte. Mit Uniformen kannte ich mich aus. Das musste man als Pimpf.

Im Büro in der Weststraße war es so warm, dass ich geschwitzt habe. Auch Großvater hat geschwitzt. Immer wieder hat er sich mit dem Taschentuch den Nacken abgewischt. Wir mussten lange warten, und wenn Großvater sich nicht den Nacken abgewischt hat, knetete er seinen Hut in den Händen und hielt den Blick gesenkt. Dann wurden wir aufgerufen. Wir sind dann in ein Büro gegangen, wo es nach Zigarren gerochen hat. Opa hat erklärt, warum wir gekommen waren. Seine Stimme war ganz leise. Dann musste ich wieder alles erzählen. Als ich den Schmiss erwähnt habe, ist einer der SS-Männer rausgegangen und mit dem Offizier zurückgekehrt, der Elisabeth auf dem Arm gehabt hat. Ich hab ihn sofort erkannt und war erleichtert. Schließlich war er ja ein Offizier. Aber er hat uns nur so von oben herab gemustert, wie Hundedreck, der einem am Stiefel klebt, und dann hat er uns zusammengestaucht. Sein Gesicht ist dabei ganz rot geworden, und auch wenn er sehr von Ehre geredet hat, habe ich gewusst, dass er lügt, und als er einmal Luft holen musste, wollte ich ihm das sagen, aber Großvater hat mir ganz schnell die Hand vor den Mund gelegt und sich entschuldigt.

Nach Elisabeths Verschwinden war nichts mehr wie vorher. Nicht einmal den Hocker haben wir mehr in den Stollen mitgenommen, und ich habe auch nie wieder auf dem Schoß meiner Mutter gesessen. Sie hat nichts gesagt, aber ich habe schon gespürt, dass sie mir die Schuld gegeben hat. Im Frühjahr fünfundvierzig ist sie gestorben. Es gab ja keine Toiletten im Stollen, also ist sie raus zu den drei Plumpsklos am Eingang. Sie war sofort tot. Den Hocker hat es bei einem der letzten Angriffe erwischt, als eine Brandbombe in den Dachstuhl von Großvaters Haus gefallen ist. Weil es geregnet hat, ist nicht allzu viel passiert. Nur den Hocker hat es zerlegt.

Dann war der Krieg zu Ende. Bevor die Amis kamen, hat Großvater seine alte Armeepistole vergraben. Ich musste ihm dabei helfen, weil er mit seinem schlimmen Bein nicht so gut graben konnte. In der Nacht bin ich zurück und hab sie heimlich wieder ausgebuddelt. Wie man damit umgeht, wusste ich. Ich hab sie immer bei mir getragen. Ich weiß nicht einmal mehr, was ich mit der Pistole vorhatte, hatte wohl so eine vage Vorstellung von »Verteidigung bis zum letzten Tropfen Blut«. All der Mist eben, den sie uns eingetrichtert hatten. Angst, erwischt zu werden, hatte ich keine. Ich war ja erst zwölf und klein für mein Alter. Die Waffe war geladen und einsatzbereit und ich bereit für den Augenblick. Ich sah mich als Helden, der die Stadt verteidigt, doch dann kam alles ganz anders. Die Stadt wurde übergeben und ich zu einem der zahllosen Kinder, die auf der Suche nach Kippen oder einem mitleidigen Ami, der Schokolade verschenkte, durch die Stadt streunten.

Und dann hab ich den Offizier mit dem Schmiss wiedergesehen. Nur trug er nicht mehr die schwarze Uniform, sondern ausgeleierte Hosen und eine zerschlissene Jacke. Außerdem hatte er sich einen Bart stehen lassen. Trotzdem habe ich ihn erkannt und bin ihm durch die Kirchstraße gefolgt. Er ist dann in die Straße der SA abgebogen und ich hinterher. Ich hab gedacht, vielleicht bringt er mich zu Elisabeth. Ich hatte auf einmal wieder die gleiche Hoffnung wie damals, als ich aus dem Bunker kam und fest davon überzeugt gewesen war, dass Elisabeth bei Mutter wäre.

Als ich in die Straße der SA eingebogen bin, war er verschwunden. Ich bin schneller gelaufen, und auf einmal hat er mich gepackt und in einen Hauseingang gezerrt. Er hat gewusst, wer ich war und was ich von ihm wollte, und er hatte Angst, das habe ich an seinen Augen gesehen. Er hat etwas gesagt, was ich nicht verstanden habe, und mir den Hals zugedrückt, ganz fest. Vor Luftnot habe ich gezappelt und um mich getreten. Ich muss ihn mit meinen klobigen Schuhen an einer empfindlichen Stelle erwischt haben, auf jeden Fall hat er losgelassen, und ich konnte wegrennen. Ich bin aber nicht weit gekommen, da hatte er mich wieder am Schlafittchen. Irgendwie habe ich es geschafft, die Pistole zu ziehen. Ich konnte nicht einmal zielen. Ich hab einfach abgedrückt. Der Knall war entsetzlich, und eine Blutfontäne spritzte aus seinem Bein. Es war überall.

Hilf mir, hat er gesagt, aber ich bin vor ihm zurückgewichen. Überall war Blut, wie beim Schlachten, wenn der Großvater dem Schwein die Halsschlagader aufgeschlitzt hat. Der Offizier ist dann in sich zusammengesackt, hat an der Hauswand gesessen und gezuckt, und dann ist er zur Seite weggekippt. Ganz still lag er da, und ich wusste: Er ist tot. Ich bin weggelaufen. Einfach fortgelaufen bin ich. Für den Rest meines Lebens bin ich weggelaufen: vor der Erinnerung, meinen Träumen und meiner Schuld. Bis nach Amerika bin ich gelaufen. Nicht sofort. Erst war ich im Waisenhaus. Es gab viele Kinder ohne Eltern, und nicht wenige trugen blutige Kleidung. Ein Jahr habe ich kein Wort gesprochen, aus Angst, mich zu verraten. Danach habe ich mich sicherer gefühlt, und irgendwann ist die Erinnerung verblasst.

Doch je älter ich werde, umso mehr hadere ich damit, dass ich nicht weiß, was aus meinem Vater und meiner Familie geworden ist. Ich denke, das ist die gerechte Strafe für meine Schuld. Ich muss damit leben, dass ich einen Menschen getötet habe. Das ist meine Geschichte, und Gott wird über mich richten. Aber ich wollte nicht abtreten, ohne vom Schicksal meiner Schwester zu berichten. Sie hat es nicht verdient, dass niemand sich an sie erinnert. Elisabeth war ein wunderbares Mädchen, immer fröhlich, und klug war sie auch. Viel klüger als ich. Sie fehlt mir jeden Tag. Und jeden Tag bereue ich, dass ich sie nicht fester gehalten habe.

Sincerely
Alf (vormals Adolf) Smith (vormals Schmidt)

Brigitte Glaser

Age-Otori

Mittwoch, Markttag, da ist bei mir im Salon nachmittags immer die Hölle los. Nach getaner Arbeit wollen 'ne ganze Reihe von Marktfrauen sich bei mir aufhübschen lassen, Haare, Nägel, Make-up, das ganze Programm, aber eben nicht nur die. Wie es der Teufel will, passt der Mittwochnachmittag auch vielen anderen Kundinnen bestens. Bewohnerinnen des Altenheims Sankt Pankratius mogeln sich am Mittwoch genauso auf meinen Terminkalender wie Mitarbeiterinnen der Stadtverwaltung, da kann ich mir den Mund noch so fusselig reden. Ich muss allerdings zugeben, wer Mittwochnachmittag zu mir kommt, der wird natürlich über alles, was Iserlohn betrifft, bestens informiert. Über das Neueste aus dem Rathaus, über die Iserlohn Roosters, über den Schützenverein, über den Schinken von Metzger Radtke, über die Nudelpuppen von Eier-Hank und tausend andere Kleinigkeiten. Es gibt ja nichts, worüber man im Friseursalon nicht spricht.

Heute wollen natürlich alle alles über den plötzlichen Tod der Stockauer wissen. Jede Kundin löchert mich mit Fragen – schließlich war ich ja bei ihrem Tod dabei –, aber ich rede mich mit Schock, Blackout, Gedächtnislücken heraus, denn sonst müsste ich über Age-Otori berichten, und ich frage Sie, wer ruiniert sich schon gerne selbst?

Sie wissen nicht, was Age-Otori ist? Das ist gut so, denn in unserer Branche hofft man inständig, dass sich dieses Wort niemals in der deutschen Sprache durchsetzt, dass es Insiderwissen bleibt. Aber Ihnen muss ich es nun mal erklären, weil Sie sonst die Geschichte nicht verstehen. Also: Age-Otori hat nichts mit Alter, *age*, *anti-aging* oder so zu tun, Age-Otori ist Japanisch und heißt: nach einem Friseurbesuch schlechter aussehen als davor. – Geschäftsschädigend? Natürlich ist Age-Otori geschäftsschädigend! Ich meine, da muss man sich schon fragen, wie unsere japanischen Kolleginnen arbeiten, wenn es dafür extra ein Wort gibt.

Zum ersten Mal davon gehört habe ich bei einer Fortbildung der Innung zu Echthaar-Extensions in Düsseldorf – Düsseldorf, größte japanische Gemeinde Deutschlands, wissen Sie ja. Psychologisch betrachtet, so sagten sie bei der Fortbildung, leiden Frauen unter Age-Otori – bei Männern kommt das Phänomen noch nicht vor –, die mit der Erwartung zum Friseur kommen, man könnte sie binnen zwei Stunden von einer hässlichen Sechzig-plus-Ente in einen schönen jugendlichen Schwan verwandeln. Die entsetzt sind, wenn bestenfalls ein Fünfzig-plus-Schwan herauskommt, und die dann behaupten, sie seien vorher ein jugendlicher Schwan gewesen.

Gut, jeder hält sich gerne für ein bisschen schöner, als er bei Licht besehen ist. Aber Age-Otori resultiert aus einer sehr, sehr falschen Selbsteinschätzung, der Offenbarungseid beim Blick in den Spiegel wird als tiefe Kränkung erlebt und sorgt für sehr, sehr schlechte Laune. Dass Age-Otori auch tödlich sein kann, darüber haben sie damals in Düsseldorf kein Wort verloren. Das weiß ich erst, seit die Sanitäter die Stockauer aus meinem Salon getragen haben. Natürlich kam die Polizei, sogar mit Blaulicht. Ja, ihre Haare hatten eine sehr ungewöhnliche Farbe … Das war vielleicht eine Aufregung, kann ich Ihnen sagen. Ich meine, damit hat doch keiner gerechnet. Weder die Ayshe noch die Elfie und ich schon gar nicht. Aber ich greife vor. Sie müssen erst mal was über Wally Stockauer erfahren.

Ursprünglich stammt sie aus Oelkinghausen, also Ennepetal. Ist Anfang der 1980er Jahre als Volontärin der Kreiszeitung in unsere schöne Stadt gekommen. – Ja, natürlich, da haben Sie völlig recht, auch die Leute vom Dorf sollen eine Chance in der Stadt kriegen. – Dorf hin oder her, zu der Zeit soll sie ein ganz heißer Feger gewesen sein und hatte was mit einem Hockeyspieler des ECD Iserlohn. Nur kurz, aber immerhin.

Das Techtelmechtel war vor der Gaddafi-Geschichte, stimmt. Die war erst 1987, genau.

Gaddafi – Iserlohn, da klingelt es bei Ihnen nicht? Ein riesiger Skandal, überregional … Was sage ich? Weltweit! Berichte selbst in der New York Times, der Iserlohner ECD in aller Munde. Wochenlang das große Thema bei uns im Salon. Vor allem Elfie wusste Bescheid, weil die doch bei den Weifenbachs Fenster putzte. Es ging natürlich um Geld, Eishockey ist ein teurer Sport, wenn man sich in der Ersten Liga halten will, und das wollten die Iserlohner unbedingt. Geplagt von Steuerschulden seines Clubs, hat der damalige Präsident Weifenbach einen Sponsoring-Coup mit Libyen eingefädelt. Wie der ausgerechnet auf Libyen kam, wusste Elfie leider nicht. Auf alle Fälle starteten die Iserlohner mit einer Gruppenreise ins Land von Diktator Gaddafi: handverlesene Journalisten – nein, da war die Stockauer nicht dabei, die war immer nur Lokalredaktion –, Feiern im Beduinenzelt, Bauchtänzerinnen, Alkohol, Männerfreundschaft, Wüstenglut, beste Stimmung. Nein, Menschenrechte waren bei der Reise kein Thema. »Das geht uns einen Scheißdreck an, was die hier machen«, soll Weifenbach gesagt haben. Erinnern Sie sich an die WM 1978 in Argentinien? Damals Militärdiktatur, stimmt. O-Ton Nationalspieler Manni Kaltz: »Ich fahr dahin, um Fußball zu spielen, nichts sonst. Belasten tut mich das nicht, dass dort gefoltert wird. Ich habe andere Probleme.« Ein begnadeter Fußballer, der Manni Kaltz, sagen Sie? Nun gut, was man in den Beinen hat, muss man nicht im Kopf haben. Wie auch immer, der Weifenbach wurde in Libyen mit einem Millionenvertrag für Trikotwerbung belohnt. Und dann hat der ECD auf seinen Trikots für Gaddafis Revolutionsfibel »Das Grüne Buch« geworben. Was sich der Weifenbach dabei gedacht hat? Nun, möglicherweise: Grün, das passt zu Iserlohn, bei all den grünen Bergen des Sauerlands … Da hagelte es vielleicht Kritik, frag nicht nach Sonnenschein: politischer Missbrauch von Sport, keine Unterstützung von Terrorismus und kriminellen Elementen, Lizenzentzug bei Beibehaltung der Trikots durch den Deutschen Eishockey-Bund und so weiter. Weifenbachs schöner Coup verwandelte sich in Rekordzeit zum Rohrkrepierer. Eine Woche später war der ECD am Ende, und zwei Wochen später hatte Elfie einen Job weniger. Hat sie aber, im Gegensatz zum ECD, nicht in den Konkurs getrieben.

Nein, mit diesem Skandal hatte die Stockauer nichts zu tun, aber wo Sie doch nichts davon wussten, hab ich gedacht, ich erzähle Ihnen schnell davon. – Ob beim Tod der Stockauer Blut floss, wollen Sie wissen? Natürlich nicht. Ein Friseursalon ist ein friedlicher Ort. Blut fließt in Friseursalons nur, wenn das Rasiermesser mal nicht für die Bartstoppeln, sondern für das Aufschlitzen von Kehlen benutzt wird. Stimmt, da haben Sie recht, kommt eher in Mafiafilmen als im wirklichen Leben vor und bei uns schon gar nicht. Wir sind ja ein reiner Damensalon und behandeln überhaupt keine Herren.

Zurück zur Stockauer. Das Erste, woran ich mich erinnere, ist ihre Hochzeit Ende der 1980er Jahre. Damals kannte ich sie nur aus der Zeitung, sie kam ja noch nicht in meinen Salon. Foto und Bericht im Kreisanzeiger: »Bekannte Lokalredakteurin heiratet in Iserlohner Traditionsunternehmen ein«. »Sieh einer an«, sagte Elfie. »Nach dem Eishockeyspieler hat sie sich nun einen Industriellensohn geangelt.« Wen, wollen Sie wissen? Einen Sudhaus, Schlösserspezialist seit 1844. Die Firma gibt es bis heute, ja, genau. Die haben vor ein paar Jahren ein Mülltonnenschloss entwickelt und auf den Markt gebracht, damit kein Fremder seinen Dreck in deine Tonne kloppen kann. Nein, bei Sudhaus putzt Elfie nicht die Fenster, deshalb leider kein Blick hinter die Kulissen. Aber zurück zur Hochzeit: Einen weißen Hosenanzug und so einen wilden Stufenschnitt à la Nena trug die Stockauer. Löwenmähnen waren damals sehr modern. Bei der Frisur konnte ich als Fachfrau sofort sehen, dass ihr Haar eigentlich zu dünn dafür war. Ich weiß nicht, wie viel Haarspray und Schaumfestiger die Kollegin gebraucht hat, damit es einigermaßen aussah.

Nicht schlecht, dachte ich. Da schafft es eine aus Oelkinghausen mittenmang in die gute Iserlohner Gesellschaft. Ich freu mich immer, wenn es 'ne Frau zu was bringt. Und es hat mir imponiert, dass sie sich im Hause Sudhaus nicht ausgeruht hat, sondern weiter im Beruf geblieben ist. War damals keineswegs selbstverständlich, und finanziell hätte sie es auch nicht nötig gehabt. Ihren Namen hat sie übrigens behalten. Zumindest ihre Artikel hat sie weiter als Wally Stockauer geschrieben. Aber seit der Eheschließung, das konnte man schon merken, hat sie weniger über Müllverschmutzung am Seilersee oder Krawall im Städtischen Jugendzentrum berichtet, sondern eher über Gastspiele im Parktheater oder Ausstellungen in der Städtischen Galerie und wer hinterher beim Sektempfang in der Tapasbar dabei war. Sprich: bunte Seite, Gesellschaftsklatsch und -tratsch. Da war sie ganz in ihrem Element. Für alles Halbgare, Schmierige, Despektierliche hatte sie ein feines Näschen. Sicher kennen Sie diesen Typ: eine, die nach den Fettnäpfchen anderer Leute giert, eine, die aufblüht, wenn sie andere schlechtmachen kann. Dabei niemals direkt, immer von hinten durch die Brust ins Auge. Holla, hab ich gedacht, da sticht aber eine gern mit spitzer Feder in Wespennester.

Bei so einer Veranlagung ist anzunehmen, dass sie auch privat gerne in Wespennester gestochen hat, aber Genaueres weiß man nicht, nur, dass sie irgendwann nicht mehr mit dem Sudhaus verheiratet war. – Bleibt berufstätig, macht euch nicht abhängig von den Mannsbildern, das predige ich meinen Kundinnen immer. Keine Liebe hält ewig. – Nach der Scheidung bekam die Stockauer beim Kreisanzeiger einen neuen Aufgabenbereich: klein- und mittelständische Betriebe in Iserlohn. Porträts der Inhaber, Aufgabenbereich und so weiter. Konnte man sich bei der Zeitung für bewerben. Hat Elfie getan. Sie putzt ja schon lange nicht mehr allein Fenster, hat inzwischen zehn Angestellte. »Elfies Fensterputzservice – Mit Liebe und ohne Streifen«. Am Tag bevor die Stockauer in ihrer Firma vorbeikommen wollte, war Elfie bei mir. Das volle Programm, Färben, Strähnchen, Maniküre, Pediküre, ich hab mein Bestes gegeben, Elfie sah atemberaubend aus. Aber dann hat die Stockauer anstelle von Elfie ihren jüngsten Fensterputzer abgelichtet und ihrer Firma grade mal sechs Spalten rechts unten auf der letzten Seite Lokalteil gewidmet, dem Autohaus Westfalenstraße am Tag davor aber eine ganze Seite. Ich sag mal: So macht man sich Feinde. Die Elfie war am Toben über die Ungerechtigkeit, und dafür der ganze Aufwand.

Ein, zwei Wochen vor der Geschichte mit Elfies Zeitungsartikel ist die Stockauer zum ersten Mal in meinem Salon aufgetaucht, was mich total gewundert hat. Wissen Sie, ich habe den Salon ja 1980 von meiner Mutter übernommen, die mit Waschen, Schneiden, Legen ihr Geld verdient hat. Anfang der neunziger Jahre habe ich mal gründlich renoviert, seither lasse ich alle paar Jahre die Wände streichen und ansonsten alles beim Alten. Wenn was kaputtgeht, kaufe ich es neu, aber es leuchtet mir nicht ein, mein Geld in eine schicke Innenausstattung zu stecken. Zufriedene Kundinnen, darauf kommt es mir an. Ich halt auch nichts davon, dass man beim Friseur wie auf einem Präsentierteller sitzt und einen die Leute durch riesige Glasfronten von der Straße aus mit Lockenwicklern im Haar sehen können. Nee, bei mir gibt es noch Gardinen, alles ganz traditionell. Auch noch ganz ohne Internet. Keine Sternchen für Strähnchen oder so. Wenn man einen Termin will, muss man anrufen. Meine Kundinnen sind mit mir gealtert und haben es gern so wie immer. Nicht Tapas, eher Schnittchen, wenn Sie mir den kulinarischen Vergleich gestatten.

Ob der Age-Otori-Tod der Stockauer Mord war, wollen Sie wissen? Nun seien Sie doch nicht so ungeduldig! Sie müssen sich schon die ganze Geschichte anhören.

Vom Alter her passt die Stockauer natürlich gut in meinen Salon, sie ist ja auch schon über sechzig. Sicher geht die in einen von den modernen, schicken Salons in Iserlohn, hab ich mir gedacht. Sie gehört oder gehörte – man weiß ja nicht, was die Scheidung da bewirkt hat – schließlich zur Hautevolee, zur High Society der Stadt. Deshalb hab ich mich gewundert, als sie plötzlich in meinem Wald-und-Wiesen-Laden stand. Hab erst gedacht, sie will was für die Zeitung. »Wie beurteilen Sie die Sauberkeit in der Fußgängerzone?«, »Strahlt der Brunnen am Schillerplatz wirklich Lebensfreude aus?« oder: »Soll das Glockenspiel in der Unnaer Straße mal was anderes spielen als das Westfalenlied?« So was in der Art, aber nein, sie wollte sich die Haare schneiden lassen. Hier darfste dich nicht lumpen lassen, hab ich mir gesagt, weil ich ja ihre spitze Feder und ihr dünnes Haar kannte. Und dann hab ich ihr ein Frisürchen gezaubert, vom Feinsten, sag ich Ihnen. Und Sie werden es nicht glauben: In den höchsten Tönen gelobt hat sie mich. Da fühlte ich mich richtig gebauchpinselt, fünf Sternchen Minimum für meinen kleinen Salon! Die Ernüchterung folgte auf dem Fuß, als mir zu Ohren kam, was die Stockauer über meinen Laden herumgetratscht hat. Gibt ja nichts, was man in einem Friseursalon nicht erfährt. Dass mein Kaffee nach eingeschlafenen Füßen schmeckt, dass die ordinäre Lache von Elfie, einer meiner ältesten und liebsten Stammkundinnen, die an dem Tag – Mittwochnachmittag natürlich – auch da war, Lärmbelästigung ist, dass ich doch die Fischfrau vom Markt nach Feierabend bedienen soll, weil die stinkt.

Soll sie doch bleiben, wo der Pfeffer wächst, habe ich gedacht, aber die Stockauer ist wiedergekommen. Wollte die gleiche Frisur wie beim ersten Mal. Hab ich gemacht. Aber dann Age-Otori auf ganzer Linie: »Nein, so war das nicht, das war ganz anders, ich sehe schlechter aus als je zuvor.« Schnappatmung, roter Kopf, sie hatte es ja mit dem Herzen. Ich säusele mit meiner sanftesten Stimme: »Überhaupt nicht, die Frisur sieht großartig aus. Aber natürlich gibt es immer kleine Abweichungen, Wetter, Biorhythmus, psychische Verfassung, alles kann in die Haare gehen.« Darauf sie, puterrot: »Preisnachlass!« Da ist mir die Spucke weggeblieben. Wenn eine Dauerwelle misslingt, wenn ein Farbton nicht stimmt, verzichte ich selbstverständlich auf mein Geld. Aber bei einer Frisur, die exakt so aussieht wie beim letzten Mal? Wieso soll ich da einen Preisnachlass gewähren? Darauf hat sie mir die Hälfte des Geldes auf die Theke geblättert und gesagt, ich soll den Rest einklagen. Das hat mir dann wirklich die Sprache verschlagen.

Hab dann mal bei den Kollegen nachgefragt – ist ja nicht so, dass wir Iserlohner Friseurinnen uns nicht kennen – und erfahren, dass sie schon überall war: bei »Haargenau«, bei »ViKa hair & make-up«, bei »Friseur Martina«, bei »Hair & Port« – ja, das ist der Salon, von dem aus man so schön auf die alte Dachreklame für das Enneper Reformhaus sieht –, bei »Maestro Figaro«. Sogar in der »Notaufnahme, die trendige Rettung für dein Haar« ist sie gewesen. Und alle, wirklich alle, sind heilfroh, dass die Stockauer nicht mehr zu ihnen kommt. Mein Salon war also der letzte, zu dem sie überhaupt noch gehen konnte! Nach dem Age-Otori-Theater bin ich natürlich davon ausgegangen, dass mir ein weiterer Besuch von ihr zukünftig erspart bleibt. Dass sie nun nach Ennepetal oder Hagen wechselt.

Pustekuchen. Sechs Wochen später stand sie wieder auf der Matte. Die Freundlichkeit in Person, schmierte mir zuckersüß Honig um den Mund: Niemand mache ihre Haare so gut wie ich, mit meinen Feenhänden könne ich mit der Schere zaubern und so weiter. Kein Wort über den Zwischenfall beim letzten Mal, diesmal wollte sie die Haare sogar gefärbt haben. Eine Chance kriegt sie noch, hat vielleicht einen schlechten Tag gehabt, hab ich gedacht. Bin ja der gutmütige Typ. Und sieh einer an, diesmal kein Age-Otori, diesmal nur Lob. Aber dabei, das können Sie sich bestimmt denken, ist es nicht geblieben. Ein Wechselbad der Gefühle, sage ich Ihnen.

Dass ich jetzt nicht alle Friseurbesuche der Stockauer breittreten soll? Na, hören Sie mal, ich will doch nur wahrheitsgetreu erzählen, wie es zu der Age-Otori-Attacke gekommen ist. Kurzfassung? Also Ihnen erzähle ich noch mal was! Nein, ich bin nicht beleidigt. Aber die Geschichte mit Ayshe müssen

Sie sich noch anhören, die hat nämlich bei mir das Fass zum Überlaufen gebracht.

Ayshe hat bei mir die Lehre gemacht. Hab sofort einen Narren an ihr gefressen, Seelenverwandtschaft, fast so was wie ein eigenes Kind. Flink, zuverlässig, freundlich zu den Kunden. Nur Färben, das kriegte sie lange nicht richtig anständig hin. Immer in die Vollen, das ist ihr südländisches Temperament. So hat sie der Stockauer die Haare einmal nicht haselnussbraun, sondern Schokolade zartbitter ... Sah fast noch besser aus, ehrlich, aber die Stockauer hatte mal wieder ein gewaltiges Age-Otori, inklusive kleinen Ohnmachtsanfalls. Ihr Herz, stöhnt sie dann immer. Ihr Herz. Lässt seither kein gutes Haar an Ayshe.

Ich hätte die Ayshe gern behalten, aber sie wollte unbedingt ihren eigenen Friseursalon. Ist ja ein begabtes Mädchen, hat den Meister mit Bravour gemacht. Einen Kellerladen neben dem Kiosk Bosporus am Marktplatz hat sie gekriegt und sich sehr schick eingerichtet. Damen und Herren, mit Barbershop, hat extra noch eine Fortbildung für modische Bartschnitte gemacht. Rauschende Eröffnung im Februar, ich war natürlich eingeladen. Doch kaum war der Laden offen, kam Corona. Hat uns ja alle getroffen, der Lockdown, aber es ist ein Unterschied, ob du wie ich nur Kurzarbeitergeld für die Mitarbeiterinnen beantragen musst, weil das Haus, in dem der Salon ist, ja Eigentum und längst abbezahlt ist, oder ob du wie Ayshe gerade angefangen hast und neben der Miete und den laufenden Kosten noch einen fetten Kredit abbezahlen musst. Da sind auch die achttausend Euro vom Land nur ein Tropfen auf dem heißen Stein.

In ihrer Not hat die Ayshe den Laden heimlich aufgemacht. Hat sich nicht anders zu helfen gewusst. Ein illegaler Friseursalon, so wie damals die Flüsterkneipen in Amerika während der Prohibition. Hat sich wie ein Lauffeuer unter den Iserlohnern herumgesprochen, der Laden lief wie geschnitten Brot. Eine Frisur braucht spätestens alle sechs Wochen einen neuen

Schnitt, das war ja wegen Corona nicht möglich. Da haben viele gelitten, das weiß ich von meinen Kundinnen. Sie wissen ja, was los ist, wenn Frauen feststellen, dass es Zeit für den Friseur ist. Der Besuch kann dann nicht warten, da ist Gefahr in Verzug, das muss sofort erledigt werden. Ayshe war die Adresse für Rettung aus höchster Not.

War natürlich nicht richtig, sicher, Pandemie, wenn das alle gemacht hätten und so weiter, aber da sage ich nur: Wer ohne Fehler ist, der werfe den ersten Stein. Und dann: Gesundheit ist wichtig, muss geschützt werden, auch die der anderen, keine Frage. Aber was ist mit der Psyche? Denken Sie an die verzweifelten Frauen, denken Sie an die jungen Männer mit ihren komplizierten Bärten! Die können sich die feinen Ecken nicht selbst schneiden, die müssen hilflos zusehen, wie da in ihren Gesichtern Wildwuchs sprießt. Die kriegen doch Aggressionen! Prügeln sich mit dem Nächstbesten, schlagen Scheiben ein oder fackeln Autos ab. Denken Sie an Stuttgart. Das hat Ayshe in Iserlohn mit ihrem illegalen Salon verhindert, dafür hat sich der teure Barberkurs rentiert.

Ja, man hat sie denunziert, stand auch im Kreisanzeiger-Bericht von der Stockauer. Razzia am frühen Abend, habe ich zufällig mitgekriegt. Zu der Zeit saß ich immer an einem der verwaisten Tische des Eiscafés San Reno 2 auf dem Marktplatz und drehte Däumchen, weil ich ja nichts anderes zu tun hatte, als in die Sonne zu blinzeln. War doch lange so schönes Wetter während des Lockdowns, das wissen Sie sicher noch. Von den Außentischen des San Reno 2 hat man den Kiosk Bosporus gut im Blick. Ordnungsamt, Polizei, Blaulicht, Menschenauflauf mit mehr oder weniger Abstand, Ayshe musste mit auf die Wache.

Danach kam sie bei mir vorbei, heulte mir bei einem Meter fünfzig Abstand die Hucke voll. Laden dicht, rote Karte vom Gewerbeamt, Schulden, wollte raus zum Seilersee, sich ertränken. »Ayshe«, habe ich gesagt, »hast hoch gepokert und verloren. Das ist nicht schön, kommt aber in den besten Familien vor und ist kein Weltuntergang. Wenn wir wieder aufmachen dürfen, kommste zu mir zurück.«

Hat sie dann gemacht, und natürlich haben wir darüber spekuliert, wer die Ayshe verraten hat, ob vielleicht eine der Kolleginnen oder eine unzufriedene Kundin … Ist nicht von der Hand zu weisen, oder? Als wir dann wieder aufmachen durften, war die Kathie Weller vom Ordnungsamt eine unserer ersten Kundinnen. Deren Haare sahen aus! Bitter nötig hatte die den Friseurbesuch, das sage ich Ihnen! Die ersten Wochen nach Ende des Lockdowns mussten wir schuften wie die Berserker, um die Iserlohnerinnen wieder halbwegs passabel zu machen. Die Kathie Weller war so dankbar, dass ich sie dazwischengeschoben habe, dass sie mir bei der Dauerwelle gesteckt hat, wer die Ayshe denunziert hat. Sie erraten es sicher. Genau, die Stockauer.

Age-Otori, giftige Stänkereien, das nervt, das ist ärgerlich, okay, Schwamm drüber. Aber einer jungen Frau die Existenzgrundlage entziehen, weil sie einen Fehler macht? Da war bei mir das Ende der Fahnenstange erreicht. Da war ich kurz vor Mukamuka, um noch so ein japanisches Wort aus der Düsseldorfer Fortbildung zu gebrauchen. Das heißt: so wütend sein, dass man kotzen muss.

Soll sie mal ein echtes Age-Otori kriegen, soll sie wirklich mal viel schlechter aussehen als vor ihrem Friseurtermin, habe ich mir gesagt, als sich die Stockauer wieder einen Mittwochnachmittag-Termin gesichert hat: das volle Programm, inklusive Färben. Und da habe ich ihr die Haare nicht haselnussbraun, sondern türkisgrün gefärbt. Genau, der Farbton von unseren Schützenuniformen und in der Mitte noch ein roter Streifen wie bei den Uniformmützen. Beim Färben sieht man ja nie, was hinterher dabei herauskommt. Aber als die Stockauer das gesehen hat, hat sie im wahrsten Sinn des Wortes der Schlag getroffen. Ihr schwaches Herz, Tod im Friseursessel.

»Merkwürdige Haarfarbe«, hat der Polizist misstrauisch festgestellt. »Und die Tote wollte sie genau so?« – »Sie glauben gar nicht, was für seltsame Wünsche manche Kunden haben«, habe ich geflunkert. »Der Kunde ist König, was?«, hat er gefragt. Ich habe eifrig genickt, und der Mann war zufrieden. Ich konnte ihm ja nichts von Age-Otori erzählen. Dass das eine so durchschlagende Wirkung haben kann, darauf wäre ich im Leben nic gekommen.

Raoul Biltgen

Der Schatz von Kissing & Möllmann

»Pass doch auf.«
»Pass du doch auf.«
»Pass du doch auf.«
»Da ist alles voller Müll.«
»Deswegen sollst du ja aufpassen.«
»*Du* sollst aufpassen.«
»Ich pass auf.«
Zwei finstere Gestalten schleichen zum Tor. Wobei … das mit dem Schleichen, das könnte man durchaus in Frage stellen. Nicht nur, weil sie die ganze Zeit reden, auch wenn sie das in einem lauten Flüsterton tun, sondern weil sie über dem Reden offensichtlich nicht mitbekommen, dass auch ihre Schritte auf dem unebenen Boden nicht zu überhören sein dürften.
Trotzdem sagt die eine Gestalt auf einmal: »Pscht.«
»Was?«, fragt die andere Gestalt zurück.
»Du sollst ruhig sein.«
»Ich hab ja nichts gesagt.«
»Die ganze Zeit quatschst du.«
»Du quatschst.«
»Pscht jetzt.«
»Warum denn jetzt ›Pscht jetzt‹?«
»Du bist wohl noch nie wo eingebrochen, oder?«
»Nein.«
»Wie ›nein‹?«
»Nein, ich bin noch nie wo eingebrochen.«
»Das hättest du ja sagen können.«
»Was?«
»Dass du noch nie wo eingebrochen bist.«
»Du hättest mich ja fragen können.«

»Ich dachte, du wärst schon wo eingebrochen.«

»Du denkst zu viel und fragst zu wenig.«

»Mist.«

Die eine der beiden Gestalten bleibt stehen.

»Was ist denn jetzt?«

»Ich muss nachdenken.«

»Das bringt doch nichts.«

Die zweite der beiden Gestalten bleibt ebenfalls stehen, stellt eine Spitzhacke, die sie bisher über die Schulter getragen hat, gegen eine Wand, zieht aus einer Tasche eine Taschenlampe und knipst sie an. Ab jetzt sind die beiden finsteren Gestalten höchstens noch als relativ finster zu bezeichnen. Der Begriff, der möglicherweise am gar nichtesten auf eine der beiden Gestalten passt, wäre »groß gewachsen«. Klein und gedrungen ist sie, Danny DeVito lässt grüßen, ein Mann jenseits des besten Alters, wann auch immer dieses hätte gewesen sein können. Und hätte Danny DeVito mit der anderen Gestalt als ungleiches Paar auftreten müssen, hätte man ihm natürlich Arnold Schwarzenegger zur Seite stellen können – oder aber diese andere Gestalt, eine Frau, tatsächlich sehr groß gewachsen, zudem nicht schlank, nein, spindeldürr, man könnte sich durchaus Gedanken ob ihres körperlichen Gesundheitszustands machen. Olivia vielleicht. Die von Popeye. Olivia also leuchtet mit der Taschenlampe rum und macht laut: »Ha.«

»Was?«, macht Danny DeVito.

»Hab ich mich jetzt erschreckt.«

»Mach das Licht aus.«

»Warte.«

»Mach das Licht aus.«

»Wow.«

»Was?«

»Die ganzen Wände sind bemalt.«

»Ich weiß.«

»Wow.«

»Ich weiß.«

»Das ist Kunst.«

»Jetzt mach endlich das blöde Licht aus.«

»Aber dann seh ich doch nichts.«

»Dann sieht auch niemand dich.«

»Wer soll mich denn da jetzt sehen?«

»Das weiß ich doch nicht, Herrgott.«

»Und schrei mich nicht an.«

»Und mach das scheißdrecken Licht aus.«

»Warum musste ich es denn dann mitnehmen, wenn ich es nicht anmachen darf?«

»Doch erst, wenn wir drin sind, Herrgott.«

»Und warum schlepp ich die ganze Zeit diese Zacke, die ist schwer.«

»Hacke.«

»Sag ich doch.«

»Sagst du nicht.«

»Sag ich wohl.«

»Hacke. H-h-h-hacke.«

»Und warum hab ich die jetzt dabei?«

»Das hab ich dir doch schon erklärt.«

»Du hast mir gar nichts erklärt.«

»Das erklär ich dir, wenn wir vom Weg weg sind und uns niemand sieht.«

»Und dann darf ich auch das Licht anmachen.«

»Dann darfst du auch das Licht anmachen.«

»Weil es ist dunkel und ich seh nichts.«

»Das hat die Nacht so an sich.«

»Mach dich nicht lustig über mich.«

Danny DeVito nimmt die Spitzhacke und drückt sie Olivia in die Arme, die daraufhin die Taschenlampe fallen lässt, deren Licht wieder angeht und, während sie über den Kies rollt, einen langen Schein über den Weg wirft, den die beiden gekommen sind.

»Licht aus!«, schreit Danny.

»Jaja«, meint Olivia, schmeißt die Spitzhacke zu Boden,

trifft dabei fast Danny DeVitos Füße, der erschrocken zur Seite springt, sie geht zur Taschenlampe, hebt sie auf und knipst sie aus. »Zufrieden?«

»Mach schon.«

»Aua.«

»Was?«

»Ich bin gegen die Zacke getreten.«

»Pass doch auf.«

»Wie soll ich aufpassen, wenn ich nichts sehen darf?«

»Herrgott.«

»Da ist ein Tor.«

»Ich weiß.«

»Und jetzt?«

»Du bist wirklich noch nie wo eingebrochen.«

»Neien.«

DeVito hockt sich vor das Schloss und stochert mit einem Häkchen, das er aus einem Taschenmesser geklappt hat, darin herum. Es klackt.

»Und klack«, sagt er.

»Magie«, meint Olivia anerkennend.

»Bitte sehr, Madame.«

Danny öffnet das Tor, das Tor quietscht.

Madame geht rein. »Da ist es aber finster.«

»Das ist ein Tunnel.«

»Das ist kein Tunnel.«

»Das heißt aber Tunnel.«

»Aber es ist keiner.«

Danny geht ein paar Schritte weiter.

Madame Olivia bleibt stehen. »Warum muss eigentlich ich die Zacke tragen?«

»Weil es deine ist.«

»Die ist voll schwer. Und ich bin eine Frau, und du bist ein Mann.«

»Und?«

»Und der starke Mann muss das schwere Ding tragen.«

»Ich bin ein emanzipierter Mann, ich kümmere mich um das Denken.«

»Was soll das jetzt wieder heißen?«

»Wo wir hinmüssen.«

»Weil Frauen nicht denken können, oder was?«

»Weil ich die Karte hab.«

»Und ich kann was tragen, auch wenn ich eine Frau bin, aber die blöde Zacke ist schwer, und ich weiß nicht einmal, wozu wir die brauchen.«

»Das sag ich dir dann.«

»Weil ich will die nicht umsonst rumgeschleppt haben.«

»Nein.«

»So wie die blöde Lampe.«

»Mach die mal an.«

»Ach, jetzt auf einmal.«

»Ich will die Karte lesen, also mach jetzt bitte mal ein wenig Licht.«

»Es gibt nicht ›ein wenig‹, die Lampe ist an oder aus, aus.«

»Dann mach sie an.«

Madame legt die Hacke auf den Boden und knipst die Taschenlampe an.

»Hierher leuchten.«

»Wohin?«

»Zu mir, damit ich die Karte lesen kann.«

»Das ist ja eine Schatzkarte.«

»Ja.«

»Und die sagt, wo der Schatz ist?«

»Ja.«

»Hast du die gemacht?«

»Warum sollte ich eine Schatzkarte machen?«

»Damit du weißt, wo der Schatz ist.«

»Wenn ich wüsste, wo der Schatz ist, müsste ich keine Schatzkarte machen, weil ich wüsste ja, wo der Schatz ist.«

»Warum hast du dann eine Schatzkarte?«

»Weil ich nicht weiß, wo der Schatz ist.«

»Woher hast du dann die Schatzkarte?«

»Von Long John Silver.«

»Long Dong Silver?«

»John.«

»Da gibt es so einen alten Film mit dem.«

»Long John, nicht Dong.«

»Der war super, so ein böser Pirat.«

»Das ist nicht der.«

»Doch, ganz sicher, mit so einem dreckigen Hut.«

»Dreieckig.«

»Wer?«

»Das ist nicht der, von dem ich die Karte hab. Der, von dem ich die Karte hab, heißt nicht wirklich Long John Silver, der wird nur so genannt, weil er ein Holzbein hat.«

»Long Dong Silver hat ein Holzbein?«

»Long John Silver hat ein Holzbein.«

»Wow. – Und wo hat er das her?«

»Hat sich den Stoff zu oft mit dreckigen Nadeln zwischen die Zehen gedrückt.«

»Das tut weh.«

»Wenn das Bein mal ab ist, nicht mehr.«

»Stimmt.«

»Das hab ich doch alles schon erzählt.«

»Du hast mir gar nichts erzählt.«

»Von Long John Silver.«

»Neien.«

»Den hab ich aus der ›Werkstatt im Hinterhof‹ gekannt.«

»Weiß ich.«

»Siehst du?«

»Nein. Nicht das. Aber dass du in die ›Werkstatt‹ gekommen bist. Weil dir die geholfen haben, hast du gesagt, wegzukommen.«

»Und da habe ich den Long John Silver kennengelernt. Da hatte er noch beide Beine. Da hieß er auch noch nicht Long John Silver. Ich weiß gar nicht, wie der richtig hieß. Er hat mir vom Schatz von Kissing & Möllmann erzählt, und die Karte hat er gemalt. Hier. Auf ein Bettlaken.«

»Das ist ein kleines Bettlaken.«

»Das ist ausgeschnitten aus einem Bettlaken.«

»Hatte der noch eins?«

»Johannes, so hieß er. Johannes war im Krankenhaus. Da haben sie ihm das Bein abgenommen. Da hab ich gesagt: Bist ein Pirat, hoho. Da hat er so schief gelächelt. ›Ich bin Long John Silver‹, hat er gesagt. Und er hat erzählt, dass sein Vater ihm das erzählt hat vom Schatz von Kissing & Möllmann, weil der hat hier gearbeitet. Mit dem hat der Johannes nämlich als Kind auch Pirat gespielt, da hat ihm der Vater die Schatzkarte gegeben.«

»Golddublaten.«

»Was sind Golddublaten?«

»Die Golddublaten. Die Goldmünzen. Von den Piraten.«

»Dublonen.«

»Von mir aus.«

»Oder Dukaten.«

»Oder Perlenketten.«

»Das weiß ich nicht.«

»Was weißt du nicht?«

»Was es für ein Schatz ist.«

»Was?«

»Long John Silver hat gesagt, sein Vater hat gesagt, es ist das Wertvollste, was es jemals in der Fabrik gegeben hat.«

»Wow.«

»Und er hat es versteckt. In der Fabrik. Ehe die Fabrik dichtgemacht hat. 1980.«

»So lang?«

»So lang.«

»Wow. Eine echte jahrhundertealte Schatzkarte.«

»Die ist doch nicht jahrhundertealt.«

»1980, das war im letzten Jahrtausend.«

»Er hat die Karte letztes Weihnachten gemacht.«

»Warum?«

»Herrgott, 1980 wurde der Schatz versteckt. Johannes' Vater erzählt ihm das, da war der noch klein. So. Vater stirbt, Klein Long John vergisst, dass es den Schatz gibt, wird erwachsen, stürzt ein wenig ab, nimmt Drogen und so, landet in der ›Werkstatt im Hinterhof‹, erinnert sich wieder, dass es den Schatz gibt, kramt die alte Schatzkarte aus der Spieltruhe hervor, vergleicht sie mit der Realität, merkt, dass er da nicht hinkommt, weil das jetzt Wohnungen sind, hängt also die ganze Zeit hier in der Anlage ab, um sich mit den richtigen Leuten zu befreunden, ich glaub, der hat sogar in einer Autowerkstatt hier gearbeitet, oder Motorräder, egal, tut so auf ›ich bin voll rehabilitiert, alles coolio, resozialisiert‹, aber der ist immer noch drauf und drückt sich heimlich das Heroin zwischen die Zehen. Die Jahre vergehen, sein Fuß fault ab, er liegt im Sterben, er verrät es mir, malt auf das Krankenhauslaken die Karte seines Vaters nach, weil er sich die voll eingeprägt hat, wird von der Krankenschwester geschimpft, und nun sind wir hier.«

»Aha.«

»Und nun gehen wir. – Hier entlang.«

»Ha«, macht Madame erneut.

»Was?«, macht Danny DeVito erneut.

»Da war ein Licht.«

»Da war kein Licht.«

»Da war ein Licht.«

»Wo soll denn da ein Licht gewesen sein?«

»Da oben im Fenster.«

»Das war nur die Taschenlampe, die sich gespiegelt hat. Da ist niemand.«

»Das sagst du so.«

»Da kann niemand sein.«

»Wir sind auch da.«

»Wir sind eingebrochen.«

»Siehst du?«

»Liest du keine Zeitung? Das ganze Gebäude ist geräumt.«

»Ich schau nur die Bilder.«

»Die mussten die Fabrik räumen.«

»Weil es so unordentlich war.«

»Aus Sicherheitsgründen.«

»Weil es so unordentlich war, fällt man ständig über alles drüber, haben wir ja schon gesehen.«

»Die schreiben seit Wochen über nichts anderes, die Zeitungen. Weil es brennen kann, und weil die ganzen Brandschutzmaßnahmen fehlen, deswegen mussten alle Bewohner ausziehen, jetzt, letzte Woche.«

»Da wohnt wer?«

»Da wohnen Menschen seit dreißig Jahren oder so. Da gibt es die ›Werkstatt im Hinterhof‹ ...«

»Das weiß ich, die sich um die Junkies kümmert.«

»Und eine Ärztin und ...«

»Und die sind alle weg.«

»Die nicht. Nur die Bewohner. Die anderen sind noch da.«

»Ich denk, da ist niemand?«

»Tagsüber. Nachts nicht. Darum geht es ja die ganze Zeit.«

»Dann ist das ja voll gefährlich, was wir hier tun, wenn das jeden Moment hier alles abbrennen kann, wenn die ganzen Brandschutzmaßnahmen fehlen.«

»Das brennt doch nicht. Das Gebäude steht zum Teil seit fast zweihundert Jahren, und es ist nie abgebrannt.«

»Warum mussten die dann weg?«

»Weil ich das veranlasst hab.«

»Du?«

»Ja.«

»Quatsch.«

»Doch.«

»Hast du nicht.«

»Hab ich wohl.«

»Wie sollst du das gemacht haben? Bist du die Pilozei?«

»Poli... Egal. Warum glaubst du, dass die auf einmal, nachdem das hier jahrzehntelang alles gut gegangen ist, dass die auf einmal von der Stadt gesagt haben: ›Uh, ja, da stimmen aber die Brandschutzbestimmungen nicht‹?«

Madame Olivia überlegt zu lang. Danny antwortet selbst: »Weil ich es ihnen gesteckt hab. Ich musste die ja da rausbekommen. Ich muss ja in die Wohnungen kommen. Kann ja wohl kaum die Wände einschlagen, wenn da daneben einer auf der Couch liegt und sich grad ›Deutschland sucht den Suppenkasper‹ reinzieht.«

»Deswegen die Zacke. Um die Wand einzuschlagen.«

»Genau.«

»Warum müssen wir die Wand einschlagen?«

»Weil der Schatz in der Wand ist, hat Long John gesagt.«

»Wow.«

»Komm jetzt, hier nach links«, sagt Danny DeVito, »hier durch.« Und dann reden sie mal ausnahmsweise nichts. Selbst, als er eine weitere Tür aufschließt. Na ja, für eine Weile reden sie nicht, dann sagt er: »Lass mich zuerst.« Er geht vor und späht um die Ecke. Und dann: »Die Luft ist rein.«

»Wo müssen wir denn hin?«

»Hier entlang durch den Hof.«

Danny DeVito und Madame Olivia gehen durch einen engen Hof, an den Wänden Graffiti, am hinteren Ende ein Glasdach, an dem nicht mehr viel Glas ist, einige Türen links, rechts und direkt vor ihnen.

»Hey, ist da ein Lift?«, fragt Madame.

»Hier durch.«

Mittels Magie öffnet er eine Tür hinten links.

»Und wo ist jetzt die ›Werkstatt‹, in der du Long Dong Silver getroffen hast?«

»Auf der anderen Seite. Leucht noch mal her«, sagt er. Sie tut's.

»Nicht, dass wir die falsche Treppe erwischen.«

Er vergleicht die Schatzkarte mit seiner Umgebung und trifft eine Entscheidung: »Hier geht's weiter.«

»Da ist eine Tür.«

Er kniet sich hin und vollführt seinen Zaubertrick erneut.

»Wart, nicht die«, sagt er. Sie gehen an einer Treppe entlang in eine Art Vorraum. Geradeaus geht eine Treppe hinunter.

»Rauf«, sagt er und deutet nach rechts.

»Mann, die ist mir nicht geheuer, die Treppe.«

»Nicht so laut.«

»Hättest denen auch sagen können, die müssen raus, weil ihre Treppen so ungeheuer sind.« Olivia lacht. »Weil die Treppen Ungeheuer sind, verstehst du? Monster-Treppen. Da gibt es doch auch so einen Film, wo die Treppe sich auftut und –«

»Wo ist die Hacke?«

»Die ist … Die hab ich nicht mehr.«

»Wie, du hast die nicht mehr?«

»Die hab ich nicht mehr.«

»Du kannst die doch nicht verloren haben.«

»Doch.«

»Man verliert nicht einfach so eine Hacke.«

»Ich glaube, ich habe sie verloren, als wir im unheimlichen Tunnel waren, weil ich dir auf die Schatzkarte leuchten musste.«

»Ich geh.«

»Was?«

»Du bleibst.«

»Nein.«

»Ich hol die Hacke.«

»Ich will nicht allein hierbleiben.«

»Du rührst dich nicht vom Fleck.«

»Hier ist es unheimlich.«

»Du bleibst hier, ich komm zurück.«

»Das will ich dir aber auch geraten haben.«

Danny hoppelt die Treppe wieder hinunter. Oder darf man das so nicht sagen, dass er hoppelt, weil er so kurze Beinchen hat? Danny geht die Treppe hinunter. Madame Olivia wartet.

Wartet sie?

Natürlich wartet sie nicht. Hätte irgendwer erwartet, dass sie wartet? Eben. Kaum ist DeVito weg, schaut sie sich um. Da es dunkel ist, knipst sie das Licht an. Sie geht nach links, sie geht weiter, noch mal nach links, nach rechts. Sie ist keine drei Minuten unterwegs, da würde sie schon nicht mehr zurückfinden. Ist ihr aber egal. Weil sie nicht dran denkt. Sie stolpert in einen größeren Raum hinein, der Boden ist uneben, sie leuchtet hin, alte Holzdielen, Zeug, das rumliegt. Sie geht weiter, fasziniert. Sie sieht in den Hof hinab. Aha, denkt sie sich, das muss der Hof sein, durch den wir gekommen sind. Oder ist das ein anderer? Als sie auf ihrem weiteren Weg durch das Gebäude durch die eine oder andere Tür späht, entdeckt sie auf einmal etwas, womit sie nicht gerechnet hätte.

»Hui«, sagt sie. Und: »Ich hab's, ich hab's.«

Zwei große Tresorschränke.

»Der Schatz, ich hab den Schatz.«

Sie rüttelt an der Tür des einen, sie bleibt zu.

Sie rüttelt an der Tür des anderen, auch zu.

»Ob der das aufzaubern kann?«, fragt sie sich. »Und wo bleibt denn der?« Immer muss man sich um alles kümmern. Also macht sie sich wieder auf den Weg, um ihn zu suchen.

Was er in der Zwischenzeit gemacht hat?

Er hat die Spitzhacke geholt.

Da er keine Taschenlampe dabeihatte, war das kein leichtes Unterfangen. Er hat sich an Wänden entlanggetastet, mit den Schuhen über den Boden schabend, wenn der Boden uneben war, und das war er meistens. Doch er hat die Hacke gefunden und ist nun auf dem Weg zurück, tastend und schabend, aber auch die Spitzhacke verkehrt herum wie einen Blindenstock vor sich herhaltend.

Und plomp, stößt er gegen etwas an.

Eine Wand hätte vielleicht eher »klack« gemacht. Oder »tock«? Aber »plomp« ist nicht einmal der richtige onomatopoetische Ausdruck für das, was er gerade gehört hat. Das denkt sich Danny DeVito, stolz darauf, endlich einmal in einer Situation zu sein, in der der Ausdruck »onomatopoetisch« tatsächlich passt. Und dann denkt er sich: Was könnte dieses nicht durch »plomp« beschriebene Geräusch verursacht haben? Es ist finster. Er sieht nichts. Er sagt: »Hallo?« Ehrlich gesagt sagt er »Hallo?« in der Hoffnung, keine Antwort darauf zu erhalten.

Die Antwort leuchtet ihm in die Augen.

»Jetzt mach das scheißdrecken Licht aus«, sagt er.

»Warum?«, antwortet es. Das ist nicht Olivias Stimme, die das antwortet. Die antwortende Stimme ist nicht einmal die einer Frau, eher die eines Bären. »Wer bist du?«, brummt der Bär.

»Das geht dich nichts an«, sagt Danny.

»Was machst du hier?«

»Ich suche wen.«

»Wen?«

»Wen.«

»Hier ist niemand.«

»Doch.«

»Wer?«

»Wer.«

»So kommen wir da nicht weiter.«

»Nein.«

»Also machst du jetzt am Absatz kehrt und ziehst Leine, sonst ruf ich die Polizei.«

»Aber –«, sagt Danny.

»Nix«, sagt die Bärenstimme.

Blöd jetzt.

Da ruft es »Härri«.

Wer Härri ist? Danny ist Härri.

Härri ruft: »Gerlinde?«

Richtig, Madame Olivia ist Gerlinde.

»Ich hab den Schatz gefunden«, ruft Madame Olivia Gerlinde. Härri sieht sie nicht, nach wie vor geblendet durch die ihm ins Gesicht scheinende Lampe. »Wer ist denn das da?«, fragt sie.

»Und wer ist das?«, fragt der Bär.

»Die hab ich in den Büros entdeckt«, antwortet eine vierte Stimme. So langsam wird's kompliziert. »Die wollte gerade in einen Tresor klettern, als ich vorbeigekommen bin.«

»Da ist alles voller Tresore, alles voll, einmal zwei so große wie ein Schrank und dann hab ich noch einen anderen gefunden, einen kleineren, der war offen, aber da waren nur Flaschen drin. Und da hab ich was gehört und habe gefragt: ›Bist du das, Härri?‹, aber du hast nicht geantwortet, Härri, da hab ich mir gedacht, lieber mal verstecken, vielleicht ist das ein Pirat, der sich den Schatz holt, oder ein Geist oder der Geist von einem Piraten oder …«

»Quatscht die immer so viel?«, fragt die neue Stimme.

»Ja«, sagt Härri.

»Und was ist das mit dem Schatz?«, fragt die Neue.

»Nur so eine alte Piratengeschichte«, sagt Härri.

»Nein, ich habe den Schatz hier gemeint«, meint Gerlinde, »nicht den aus der Geschichte, das ist doch nur eine Geschichte.«

»Was für ein Schatz?«, fragt der Bär.

Härri: »Kein Schatz.«

Gerlinde: »Der Schatz von Long Dong Silver. Aber dem echten. Dem fehlt ein Bein, weil er den Schatz seines Vaters vor den Leuten der ›Werkstatt im Hinterhof‹ geheim halten wollte.«

»Ich versteh nur Bahnhof«, brummt der Bär.

»Und ich nur Spanisch«, sagt die Neue.

»Und mehr ist es auch nicht«, meint Härri.

Doch Gerlinde sagt: »Das Wertvollste, was es in der Fabrik jemals gegeben hat. Nur keine Dublaten.«

»Aha.« Das sagen der Bär und die Neue unisono, als wenn sie es einstudiert hätten.

Es gibt jene Momente im Leben, da weiß man, jetzt geht nur mehr Flucht nach vorn. Als einen solchen Moment identifiziert Härri genau diesen Moment. Seine Flucht nach vorn lautet: »Und was habt ihr hier zu suchen?«

Na gut, das war jetzt nicht besonders originell. Aber wer erwartet Originalität in einem solchen Moment?

Zu seinem Erstaunen erhält er sogar eine Antwort. Abermals unisono erklären der Bär und die Neue:»Wir sind die Brandwache.«

»Und welchen Brand bewacht ihr?« Das kam von Gerlinde. Härri spürt förmlich, wie sich der Bär und die Neue Blicke zuwerfen, die entweder vielsagend oder sprachlos sind.

»Wir passen auf, dass es nicht brennt«, sagt die Neue.

»Das ist doch mal eine sinnvolle Sache«, sagt Gerlinde.

Und der Bär sagt:»Zurück zu diesem Schatz.«

Es gibt Momente im Leben, da weiß man, jetzt geht nur mehr Flucht nach vorn. Manchmal gibt es zwei solcher Momente hintereinander. Als einen zweiten solchen Moment identifiziert Härri genau diesen. Seine Flucht nach vorn lautet:»Wir könnten ja teilen.«

Da senkt der Bär seine Lampe, und Härri erzählt die Geschichte mit dem abben Bein.

Danach schauen sich der Bär, der mit einem dichten Bart und seinen mindestens zwei Metern tatsächlich ausschaut wie ein Bär, und die Neue an, die etwas Religionslehrerinnenhaftes an sich hat, auch wenn wahrscheinlich niemand der Anwesenden hätte sagen können, was das hätte sein sollen, und die Neue sagt:»Zeig mal her, deine Schatzkarte.«

Härri macht:»Ah, ah, ah, ihr dürft nur mit.«

»Wir können immer noch die Polizei holen«, sagt der Bär.

»Dann kriegt niemand den Schatz«, antwortet Härri.

Der Bär und die Neue überlegen kurz, dann nicken sie.»Na gut. Geh vor. Aber keine fiesen Tricks.«

Härri führt die kleine Gruppe durch das Gebäude, und weder er noch der Bär noch die Neue lassen sich davon irritieren, dass Gerlinde immer wieder»Aber der Panzerschrank ist da lang« ruft.

Als sie vor einer Wohnungstür stehen bleiben, zaubert Härri mal wieder, sie treten ein.

Gerlinde staunt, als sie die Wohnung sieht. Deswegen sagt sie auch: »Wow, ist das schön.« Und dann fragt sie: »Wem gehört das hier?«

Die Neue zuckt mit den Schultern.

Harri stockt. »Ich denke, ihr seid die Brandwache?«

»Ja und?«, fragt die Neue.

»Dann müsst ihr doch wissen, wer hier wohnt.«

»Tun wir auch«, wirft der Bär ein, »da wohnt die –«

»Su…«

»Sophie.«

»…sanna.«

»Sophie, Susanna-Sophie, die wohnt hier, genau.« Und der Bär bekräftigt dies mit einem heftigen Kopfnicken, sodass sein mächtiger Bart auf und ab wippt.

»Aha«, meint Härri. Nach einem kurzen Zögern entscheidet er sich, lieber mal bei der Sache zu bleiben, und er geht weiter bis zu einem Schrank. »Der muss weg«, stellt er fest.

Der Bär schiebt. Härri klopft dahinter gegen die Wand. Die klinkt hohl.

»Zacke?«, fragt Gerlinde.

»Moment«, sagt Härri. Er kratzt mit den Fingernägeln an der Farbe. Es erscheint ein Schlitz. Mit seinem Taschenmesser vergrößert er ihn, und es erscheint eine kleine Metalltür, die er mit einem kurzen Ruck öffnet.

Und dahinter liegt der Schatz.

Johannes' Vater lachte laut »Hohoho« und schwang seinen mit einem Kleiderhaken bewehrten rechten Arm durch die Luft. »Und drei Buddeln voll Rum.«

Johannes hatte keine Ahnung, was drei Buddeln voll Rum sein könnten. Aber das war ihm egal. Seit einiger Zeit verbrachte sein Vater viel Zeit zu Hause, was ihm recht war, und sein Vater spielte jeden Tag Pirat mit ihm, was das Beste überhaupt war. Sie banden sich Augenklappen um den Kopf und malten sich Schnurrbärte unter die Nase, und sie humpelten durch das Haus, als ob sie jeweils gleich zwei Holzbeine hätten. Und eines Tages kramte Johannes' Vater ein altes Geschirrtuch aus der untersten Schublade in der Küchenzeile und sagte:»Sag Mama nichts«, und malte einen seltsamen Plan darauf.

»Schau«, sagte er zu seinem Sohn, »das hier ist die Fabrik, in der ich mein Leben lang gearbeitet habe. Siehst du das hier?« Er malte ein Viereck.»Das ist die Schleiferei. Und siehst du das?« Er malte ein weiteres Viereck.»Das ist die Gießerei. Und hier ist ein Schlot.« Er malte einen kleinen Kreis.»Und hier ist das große Fabrikgebäude, da gibt es große Räume und kleine, da gibt es Büros, da gibt es große Tresore, in denen die Chefs das ganze Geld eingesperrt haben.« Er malte ein großes Quadrat mit vielen kleinen darin.»Aber das Geld, das ist alles futsch«, sagte er weiter, »das ging alles hier durch.« Er zeigte auf den Schlot.»Und sonst wohin. Aber der allergrößte Schatz, Johannes, hör gut zu, der liegt hier.« Johannes' Vater malte ein Kreuz.»Im zweiten Stock. In diesem Zimmer hier. Da habe ich gearbeitet. Jeden Tag. Seit ich so alt war wie du.« Kurz zögerte er.»Na ja, etwas älter schon«, setzte er nach und strubbelte Johannes durch das sowieso schon strubbelige Haar, »und als man uns gesagt hat, dass wir gehen müssen, dass die Fabrik dichtmacht, dass es Kissing & Möllmann nach über hundertfünfzig Jahren nicht mehr geben wird, da habe ich mir gedacht: Mich können sie zwar rausschmeißen, aber mein Herz, Johannes, mein Herz wird immer hier drinnen bleiben. Und da hab ich es genommen, mein Herz, der Grund, weswegen ich so lange dort geschuftet habe, ich habe es mir aus dem Leib gerissen und in eine Kiste getan, eine Schatzkiste, verstehst du? Und die habe ich in einer Wand in einem alten Sicherungskasten versteckt und ein wenig Farbe genommen und über die Tür gepinselt, damit man sie nicht sieht. Weil ich habe mir gedacht: Wenn sie dann mal die ganze Fabrik abreißen, um hässliche Neubauten hinzuklotzen, ja, dann können sie auch mein Herz mit zum Bauschutt geben.«

Das hatte Johannes' Vater seinem Sohn gesagt und ein Feuerzeug genommen und die Ränder des Geschirrtuchs angekokelt, damit es aussah wie eine echte Piratenschatzkarte. »Und jetzt geh«, hat er ihm gesagt.

Und Johannes ist mit seiner Schatzkarte gegangen. Und sein Vater hat nicht mehr mit ihm Pirat gespielt. Nie mehr. Denn als sein Vater am nächsten Tag nicht nach Hause gekommen war und auch nicht am übernächsten, weinte seine Mutter sehr. Und noch ein paar Tage später standen sie im Regen auf einem Friedhof, und die Mutter weinte nicht mehr.

Sie sagte: »Nicht einmal zu seinem Begräbnis sind sie gekommen.«

Und Johannes wunderte sich, weil als er beim Begräbnis seiner Oma war, vor nicht ganz zwei Jahren, da hatte es einen Priester gegeben, der mit einer Klobürste Wasser auf den Sarg gespritzt hatte, doch diesmal nicht.

Ehrfürchtig greift Härri nach der Zigarrenkiste, die hinter der Metalltür zum Vorschein gekommen ist. Doch als er sie hochheben will, zerfällt sie in seinen Fingern. Er streicht die morschen Holzreste beiseite und kramt ein Stück Papier hervor. Es scheint ein Foto zu sein. Es ist ein Foto. Darauf ist ein Mann zu sehen. Und eine Frau. Und ein Kind. Das Kind kommt Härri irgendwie bekannt vor. Es trägt eine Augenklappe.

»Zeig mal her«, flüstert Gerlinde.

Härri reicht ihr wortlos das Bild.

»Ist das der Schatz?«, fragt sie.

Härri sagt nichts.

Die Neue sagt zum Bären: »Wir sollten los, die Brandwache macht sicher bald ihre Runde.«

»Welche Brandwache?«, fragt Gerlinde.

»Die echte«, brummt der Bär, schiebt den Schrank wieder vor das Loch in der Wand, und die beiden gehen.

»Das war nicht die echte Brandwache?«, fragt Gerlinde.

»Offensichtlich nicht.«

»Sondern?«

»Einbrecher?«

»So richtig echte?«

Härri sagt nichts.

»Und jetzt?«

»Jetzt geh ich und reiße Long John Silver auch noch das zweite Bein aus«, antwortet er.

»Cool«, sagt Gerlinde, »ich komm mit.«

Da seufzt Härri schwer. Oder ist es Danny DeVito, der seufzt? Beide seufzen und sagen: »Vergiss deine Zacke nicht.«

»Brauchen wir die denn?«, fragt Madame Olivia Gerlinde voller Hoffnung.

»Wer weiß?«

Maren Graf

Mordsgewinn

Gewinnen Sie einen Mord!

Sie wollten schon immer mal jemanden ermorden? Es jemandem so richtig heimzahlen? Oder einfach nur den ultimativen Kick des Tötens erleben?
Dann senden Sie uns einfach das Lösungswort »Mordsglück« und nutzen Sie Ihre Chance auf eines von drei exklusiven Mord-Kits.
Einsendeschluss ist der 18. März 2021.
Mail an: mordsglueck@wirgehenueberleichen.de

Heiner Hentsch machte es sich in seinem neuen Korbsessel auf der Terrasse bequem. Zufrieden strich er über die geflochtene Armlehne. Hochwertiges Natur-Rattan. Handgearbeitet, in deutscher Herstellung. Neupreis dreihundertfünfundvierzig Euro. Pro Stück! Und er hatte gleich die ganze Garnitur gewonnen. Zwei Stühle inklusive Tisch.

Das Sicherheitsglas war zwar nicht einwandfrei verankert, und die Farbe passte laut Inge nicht hundertprozentig zum Beige des Ampelschirmes. Aber wie sagte man doch so schön: Einem geschenkten Gaul schaut man nicht ins Maul.

Heiner griff nach der neuen »Rentner-Revue – Sommerspezial«. Das Titelblatt versprach vierunddreißig neue Rätsel und zweihundertfünfzehn Preise. Unter anderem einen Haartrockner, Präsentkörbe und zehnmal Bargeld. In der letzten Woche hatte er die Glücksfee gleich mehrmals auf seiner Seite gehabt. Erst das Olivenöl-Set, dann die Gartengarnitur und am Freitag der Hauptgewinn: eine Wochenendreise in die Uckermark. Drei Tage Luxushotel mit Frühstück. Mein lieber Herr

Gesangsverein. Da hatte selbst Inge die Neuigkeiten um Helene Fischer und das dänische Königshaus links liegen lassen.

Wer weiß, vielleicht war seine Glückssträhne ja noch nicht vorbei. Verträumt sah er über den Horizont seiner frisch geschnittenen Gartenhecke. Der Rasensprenger seines neuen Nachbarn zischelte in gleichmäßigem Bogen daran vorbei. Womöglich würde er endlich einmal die ersehnte Fahrradtasche gewinnen. Eines dieser Modelle mit dem modernen Quick-Lock-System.

»Na, dann wollen wir doch mal sehen.« Heiner schlug die Zeitschrift auf.

Im selben Moment klingelte das Telefon. Den Apparat hatte Inge vor ihn auf den Tisch gelegt.

Nur falls was ist.

Als wenn was wäre.

»Heiner Hentsch«, meldete er sich gut verständlich.

»Herr Hentsch!«, drang eine junge männliche Stimme in sein Hörgerät. »Sie sind ein Glückspilz!«

Donnerwetter. Er hatte also recht. Heiner setzte sich in seinem Sessel auf. Gespannt lauschte er in den Hörer.

»Sie sind einer der beneidenswerten Gewinner unserer exklusiven Mord-Kits«, verkündete der Mann am anderen Ende der Leitung. »Congratulations!«

»Ja, das freut mich natürlich.« Heiner reckte die Brust vor. »Und … äh …« Er wollte nicht unvorbereitet wirken. Schließlich nahm er jede Woche an etlichen Preisausschreiben teil und hielt alle Einsendungen mit Datum, Anbieter und Ergebnis in einer Tabelle fest. Aber die hatte er gerade nicht zur Hand, und deshalb musste er improvisieren. »Was genau … umfasst dieses Mord-Kit?«

»Sie haben tausend Fragen, Herr Hentsch, das ist klar. Aber keine Angst, Sie haben ein Rundum-sorglos-Paket gewonnen!«

Heiner lehnte sich zurück.

»Ihr gewonnenes Mord-Kit bietet Ihnen alles, was Sie für einen richtig guten Mord brauchen. Von der Mordwaffe bis zum

Alibi ist alles dabei. Sie bekommen Kartenmaterial, Zeitpläne, Recherchefotos, falsche Pässe, Tarnkleidung … Sie bestimmen, wie Ihr Kit aussieht. Sie entscheiden, was Ihnen Spaß macht.«

Heiner staunte über die Fülle an Informationen, die ihm präsentiert wurde.

»Ja, das ist ja mal ein reichhaltiges Angebot. Und wie genau … wird das gemacht?«

»Wir begleiten Sie natürlich vom Anfang bis zum Ende, Herr Hentsch«, versicherte der Mann. »In der Planungsphase steht Ihnen unsere Service-Hotline rund um die Uhr zur Verfügung. Während der Tat erreichen Sie außerdem den Mord-Support. Unsere Mitarbeiter sind jederzeit einsatzbereit. Wenn es hart auf hart kommt, holen wir Sie da raus. Denn Sie, Herr Hentsch, werden am Ende für nichts belangt. Das garantieren wir.«

Die Stimme des Mannes hallte nach wie der Werbesprecher von Heiners Schuppenshampoo. In seinem Kopf entstand ein Bild aus grellweißen Zähnen, Föhnfrisur und einem offenen oberen Hemdknopf über einer haarlosen Männerbrust. Die Ähnlichkeit zu seinem Nachbarn war frappierend. Fehlte nur noch der lässig über die Schultern gelegte Pullover.

»Wenn Sie keine Fragen mehr haben, würde ich sagen –«

»Doch. Eine Frage hätte ich schon. Sagen Sie, ist das denn so erlaubt?«

»Herr Hentsch.«

Heiner konnte förmlich hören, wie der Mann ihm tief in die Augen blicken wollte.

»Essen Sie Fleisch? Kaufen Sie preisgünstige Waren aus China und Indien? Fahren Sie Auto? Sehen Sie. Es gibt viele Ketten, an deren Ende jemand stirbt. Unsere Morde sind allerdings sehr viel klimafreundlicher. Wenn das ein Thema für Sie ist – wir bieten sogar komplett vegane Pakete an. Das Wichtigste ist doch, dass es Ihnen Freude macht.«

»Nee, nee, nee«, unterbrach ihn Heiner. »So was brauch ich nicht.«

Immer diese jungen Leute, dachte Heiner. Die meinten, sie müssten noch wieder was Neues erfinden. Outdoor-Trampoline, E-Mountainbikes, Rennstrecken mitten im Stadtwald, surrende Roller, die deutsche Städte unsicher machten – Hauptsache, rasant und wild. Am besten noch, ohne selbst einen Finger zu krümmen.

Und nun mussten sie offenbar schon Leute umbringen, um was zu erleben.

Passend dazu wehte aus dem Heidebad lautes Geschrei herüber. Irgendwelche Jugendlichen, die schon frühmorgens Radau machten. Während andere Leute in Ruhe ihre Bahnen schwimmen wollten. Immer dieses Gekreische.

Sechs Wochen im Jahr kam der Lärm nicht vom Schulhof, sondern aus dem Freibad. Und auch wenn Heiner gern auf seiner Terrasse frühstückte und mit Inge Wander- oder Radtouren machte, in dieser Zeit wünschte er sich Dauerregen und zwanzig Grad.

»Herr Hentsch«, holte ihn der Mordstyp wieder in seinen sonnigen Korbstuhl zurück, »ich würde sagen, Sie gehen jetzt direkt mal auf unsere Homepage oder in unsere App und lassen sich inspirieren. Sie klicken sich ein wenig durch unseren Mord-Konfigurator, und vielleicht ist ja ein passendes Setting für Sie dabei …«

»So eine Homepage habe ich nicht.«

»Haben Sie denn einen Computer?«

»Nee.«

Am anderen Ende herrschte kurzes Schweigen. Heiner hörte, wie jemand flüsterte.

»Einen Moment bitte, Herr Hentsch.«

Dann klickte es in der Leitung. Musik setzte ein. Das Spiel einer einzelnen Mundharmonika. Wenigstens hatten sie Filmgeschmack in dieser Firma.

Die Stille und das leise Rauschen hinter der Melodie passten zur Warterei.

Sicherlich dachte dieser junge Schnösel, dass Heiner von gestern war und von diesem ganzen Technikkram keine Ahnung hatte. Der ahnungslose Rentner. Von wegen. Heiner war auf Zack. Er hatte schon Drehstrommotoren entwickelt, da hatte dieser Bursche noch in den Windeln gelegen.

Plötzlich schaltete sich eine säuselnde Frauenstimme über die Musik: »Bitte haben Sie noch einen Moment lang Geduld. Weitere Infos zu unseren Mordsangeboten finden Sie auf unserer Homepage. Ob klassischer Giftmord, ausgefallener Foltertod oder ein inszenierter Unfall – wir gehen für Sie über Leichen.«

Ja, den Eindruck hab ich auch, dachte Heiner. Und von Kundenfreundlichkeit haben die auch noch nichts gehört. Aber komplizierte Konfiguratoren und Settings – das haben sie. Ungeduldig rutschte er auf seinem Stuhl hin und her. Er musste dringend noch den Sonnenschirm für Inge aufspannen. Sonst würde er sich nachher wieder was anhören müssen.

»Herr Hentsch«, polterte der junge Mann mit einem Mal wieder in die Leitung, »ich habe gute Nachrichten! Wir können das Ganze selbstverständlich auch gemeinsam durchgehen. Ich habe hier meinen Konfigurator geöffnet, und wenn Sie sagen, Sie haben gerade Zeit, dann basteln wir uns Ihr Mord-Kit jetzt sofort zusammen.«

Heiner sah auf seine Designer-Armbanduhr. Sie zeigte kurz vor halb zehn. Auf der Leckingser Straße fuhr gerade pünktlich die 16er-Linie vorbei. Inge würde frühestens in einer Stunde wieder da sein. Friseur bei Doris dauerte immer etwas länger, wenn die Damen sich noch verquatschten. Und wie lange konnte so eine Mord-Angelegenheit schon dauern?

Heiner legte seine Zeitschrift zur Seite.

»Na schön, dann schießen Sie mal los.«

»Hahaha! Ich sehe, Sie sind im Thema, Herr Hentsch«, lachte der Mann. Dann holte er tief Luft für seine erste Frage: »Das Wichtigste zuerst: Wen wollen Sie denn umbringen?«

»Wen ich umbringen möchte?«

»Ja, wer soll das Opfer sein?«

»Also …« Heiner fuhr sich über das glatt rasierte Kinn. Er blickte hinüber zur Thujahecke. Spontan fiel ihm nur eine Person ein, der er gern mal mit seinem eigenen Mähroboter über die Füße fahren würde. Aber im Grunde war Heiner ja ein friedfertiger Mensch. »Diese Frage kommt jetzt etwas überraschend. Darüber habe ich noch gar nicht nachgedacht.«

»Halb so wild«, flötete der junge Mann. »Dann überspringen wir das erst mal und kommen zum Ort des Geschehens: Wo wollen Sie die Person umbringen?«

Das war leicht zu beantworten.

»Na, hier in Iserlohn natürlich. Inge und ich fahren nur im Urlaub weg. Und da will ich dann auch meine Ruhe haben.«

»Ist gebongt. Iserlohn. Sehr schön. Haben Sie an einen bestimmten Tatort gedacht?«

»Ja … was nimmt man denn so?«

Der Mann pustete in den Hörer. »Tja … man kann sein Opfer einfach zu Hause umbringen. Das ist relativ einfach – aber natürlich nicht sehr spektakulär –, oder Sie wählen einen ganz besonderen Ort. Wir hatten schon Leichen auf dem Bismarckturm und in der Dechenhöhle. Das war genial inszeniert. Ein Feuerwerk aus Adrenalin und Nervenkitzel«, schwärmte der Mann.

»Nee, das sind ja beliebte Ausflugsziele. Wenn das dann abgesperrt wird, kommen die Besucher da nicht mehr hin. Das geht nicht.«

Dieser junge Mann kannte sich in Iserlohn offensichtlich gar nicht aus. Oder ihm waren Touristen und Anwohner schlicht egal.

»Ah ja …«, kam es aus der Leitung, »dann … Wo gefällt es Ihnen denn, Herr Hentsch?«

»Hier bei uns in der Heide. Wir haben hier ganz viel Natur. Wanderwege und die Baartal-Radroute direkt vor der Tür. Da fahren meine Frau und ich jeden Samstag. Immer am Baarbach entlang. Malerische Landschaften bis ins Ruhrtal, gut ausgebaute Radwege –«

»Hervorragend! Das klingt doch gut, Herr Hentsch. Dann nehmen wir doch die Radroute.«

Heiner wusste zwar nicht, wie man jemanden auf dem Fahrrad umbringt, aber dafür würde der Mann sicherlich eine Lösung finden. Schöne Wiesen gab es entlang der Strecke genug. Da konnte man sich gut hinlegen. Sicherlich auch als Leiche.

»Kommen wir zu Punkt drei. Die Mordwaffe.« Der Mann wartete darauf, dass Heiner etwas sagte.

»Ja, was genau … bietet sich denn da an? Können Sie was empfehlen?«

»In Anbetracht der Dynamik der Mord-Location würde ich eine Schusswaffe vorschlagen. Alternativ können wir auch mit Wurfmessern arbeiten. Oder mit Pfeil und Bogen –«

»Ja, ja, tragen Sie das mal ein. Beim Schießen schreckt man die ganzen Vögel auf.«

»Alles klar –«

»Sagen Sie, wie viele Fragen kommen denn noch?«

Heiner bekam das Gefühl, dass das Geschäftsmodell dieses Jungspundes noch nicht ganz durchdacht war. Erst redete er von all-inclusive, und nun musste man tausend Dinge entscheiden. Noch dazu machte er sich über Sicherheitsvorkehrungen, andere Passanten und Naturschutz wenig Gedanken. Da konnte er seine Pakete so vegan schnüren, wie er wollte.

Außerdem musste Heiner wirklich bald den Schirm aufspannen, damit Inges Orchideen nicht wieder in der prallen Sonne standen. Sonst drohten ihm nachher wieder eine Standpauke und die immer alte Leier über die vollautomatische Markise, »mit der das nicht passiert wäre«.

Dass ihre neuen Nachbarn auch ausgerechnet so ein Ding installieren mussten. Die hatten kaum alle Kartons im Haus gehabt, da wurde das Teil schon angebohrt. Mit funkgesteuerten Sonnen- und Windsensoren, Regenfühler und Glanzchromelementen. »Und man kann sie ganz einfach per App ausfahren«, hörte Heiner noch immer die Stimme seines Nachbarn. Per App. Pfff! Wozu hatten einige Leute eigentlich zwei Arme?

»Herr Hentsch«, kam es aus dem Telefon. »Es soll doch ein tolles Erlebnis werden. Ihr ganz persönliches Mord-Abenteuer mit unserem exklusiven Mord-Kit.«

»Ja, nun …« Heiner trommelte auf die Lehne seines Korbstuhls.

»Wir haben es auch gleich geschafft. Es sind nur noch vier Fragen.«

»Gut, dann nehmen Sie bei jeder die erste Auswahl«, kürzte Heiner ab.

Der junge Mann schwieg kurz. Dann hörte man ihn tippen.

»Alles klar, Herr Hentsch«, meldete er sich dann wieder, »das ist zwar nicht die übliche Vorgehensweise, aber ich habe jetzt alles für Sie eingetragen. Fehlt uns nur noch Punkt eins: der Name des Opfers.«

Nun kam das schon wieder. Sie drehten sich im Kreis. Heiner sah auf seine Uhr.

Auf der Straße hörte man die Bremsen des Postfahrrads quietschen. Anschließend klapperte der Briefkasten der Nachbarn. Zeitgleich fing der Köter an zu kläffen. Na prima.

Heiner schnaufte.

»Können Sie mir da nicht irgendjemanden zuweisen?«, fragte er.

»Äh … nein. Herr Hentsch. Das geht wirklich nicht. Wenn Sie eine Reise gewinnen, bekommen Sie die Begleitung doch auch nicht dazu.«

»Da hab ich ja auch die Inge«, sagte Heiner. Dieser Kerl nahm sich ganz schön was raus. Es war ja nicht Heiners Schuld, dass das hier alles so ewig dauerte. So langsam ging ihm diese Mordsache gewaltig gegen den Strich. Dieser ganze neumodische Firlefanz.

»Sagen Sie«, fragte Heiner durch das Hundebellen von nebenan, »kann man sich den Gewinn nicht einfach auszahlen lassen?«

Einen Versuch war es wert. Noch nie hatte er einen Preis zurückgehen lassen. In einundzwanzig Jahren nicht.

Aber dieser Gaul hier erwies sich als ausgesprochen störrischer Esel.

»Das geht leider nicht«, sagte der Mann.

»Ein Gutschein?«

»Nein, das ist auch nicht möglich. Tut mir leid.«

Aber so leicht wollte Heiner sich nicht abbügeln lassen. Er versuchte, sich zu konzentrieren. Trotz Freibadgeschrei, Kläffer und Sonnenschirmstress. »Kann ich den Gewinn dann vielleicht weitergeben?«

Der junge Mann seufzte. »Herr Hentsch, es ist weder eine Übertragung noch irgendeine Form der Auszahlung vorgesehen. Ein Mord ist schließlich unbezahlbar.«

»Aber ich kenne nun mal niemanden, der sterben möchte.« Heiner war etwas lauter geworden als beabsichtigt. Ausgerechnet in dem Moment ging Frau Dsiesköttels Hut vorbei und drehte sich bei seinen Worten kurz in Richtung Hecke.

»Warum ›möchte‹? Es geht hier doch um *Ihr* Event«, ereiferte sich der junge Mann am Telefon. »Sie müssen ja nicht gleich Ihre Frau umbringen.«

»Die Inge lassen Sie mal schön da raus.«

Der Mann atmete in den Hörer. Heiner atmete zurück.

»Herr Hentsch«, begann der andere noch einmal. »Gibt es nicht irgendjemanden in Ihrem Umfeld, den Sie nicht leiden können? Vielleicht in der Nachbarschaft bei Ihnen in dieser Heide. Prominente gehen selbstverständlich auch. Aber da müsste ich einen Aufpreis berechnen. Wegen des erhöhten Aufwandes.«

So weit kommt es noch, dachte Heiner. Er hatte ein Rundumsorglos-Paket gewonnen. In diese Extraleistungsfalle würde er ganz sicher nicht tappen. Da war er viel zu erfahren.

»Oder kennen Sie jemanden, den Ihre Inge nicht mag? Dann können Sie dieses besondere Ereignis teilen. Zusammen macht es bestimmt noch mehr Spaß«, sagte der Mann.

In der Einfahrt hörte Heiner jetzt Inges Schritte über den Kieselweg kommen. Der Schirm war immer noch zu.

»Herr Hentsch, da wird Ihnen doch etwas einfallen.«

»Ja«, sagte Heiner plötzlich. Die Idee kam ihm wie die Lösung zum großen Profi-Kreuzworträtsel. »Da fällt mir etwas ein, Herr …«

»Herr Grünemann ist mein Name.«

»Hervorragend. Dann tragen Sie das mal da ein, Herr Grünemann.«

»Ja, was denn?«, fragte der Jüngling.

Seine wachsende Ungeduld fand Heiner mehr als unpassend. Schließlich war er derjenige, der seinen Job nicht vernünftig machte und seine Kunden mit unnötigen Fragen löcherte. Aber jetzt war er am Zug.

Heiner lächelte. »Das sagte ich doch: Herr Grünemann. Gustav, Richard, Übermut …«

Ein Husten war zu hören.

»Herr Hentsch. Das kann ich nicht machen.«

»Warum? Kosten Sie extra?« Heiner reckte sein Kinn nach vorn.

»Sie können mich nicht … Herr Hentsch.«

»Herr Grünemann.«

Der Bursche kam hörbar ins Schwitzen.

»Einen Moment bitte.«

Klick. Musik. Die Mundharmonika begleitete das Duell.

Na, dachte Heiner, jetzt konnte der junge Mann wirklich mal was erleben.

In der Haustür drehte sich der Schlüssel um. Inges Tasche fand ihren Platz unter der Garderobe.

»Herr Hentsch, sind Sie noch da?« Der Mann räusperte sich. »Sie haben Glück.«

»Ach was.«

»Ja, ich habe gerade mit der Geschäftsleitung gesprochen. In Ihrem besonderen Fall machen wir eine Ausnahme und werden Ihnen den Gewinn auszahlen. Der Betrag von viertausendfünfhundert Euro wird gleich am Montag auf Ihrem Konto eingehen.«

»Oh, das ist ja fabelhaft.« Heiner strahlte. Dann war so ein Mord also doch nicht unbezahlbar.

Er fragte sich zwar kurz, ob der Wert des Gewinnes wohl korrekt berechnet wurde. Aber diesem Gaul wollte er wirklich keine Minute länger ins Maul schauen. Eine vollautomatische Markise für Inge war definitiv drin. Vielleicht reichte es sogar noch für seine Fahrradtasche.

Und mal ehrlich – wenn er seinen Nachbarn tatsächlich mal umbringen wollte, dann brauchte er dafür weder einen Konfigurator noch irgendeine App.

Elke Pistor

Landhausener Ackerfrieden

Hach, was ist das schön hier. Diese Ruhe. Genau das brauche ich jetzt. Ruhe. Abgeschiedenheit. Frische Luft. Natur pur. Ein Schrebergarten lässt einen die Arbeit komplett vergessen. Ein Labsal für die Seele. Für meine Seele. Die letzte Zeit war ganz schön hart. Nur Arbeit, Arbeit, Arbeit. Von morgens bis abends. Um sechs geht der Wecker, dann los. Rein ins Auto, Strecke machen, Termin erledigen, wieder ins Auto, zurück nach Hause. Oft erst abends um neun oder um zehn. Wie gut, dass ich keine Familie habe, auch wenn mir das manchmal fehlt. Die würden mich schon gar nicht mehr kennen. Keine Pausen, keine Möglichkeit, mal runterzukommen, Abstand von allem. Immerhin habe ich mir vor ein paar Wochen ein Elektroauto zugelegt. Wegen der Umwelt und natürlich auch wegen der Förderungen. Aber in erster Linie wegen der Umwelt.

Der Wagen ist wirklich toll. Sehr gute Reichweite, schnell und spritzig und vor allem leise. Sehr leise. Sehr, sehr leise. Auch im Nahbereich. Bis die Leute das futuristische Gesäusel als das Geräusch eines herannahenden Autos erkennen, wird es wohl noch etwas dauern. Nur der Kofferraum ist nicht ganz so geräumig, wie ich das von meinen bisherigen Wagen gewöhnt war. Der Akku braucht viel Platz. Aber das macht nichts. Es geht auch so. Muss ich eben ein wenig drücken und schieben.

Allerdings ändert auch das beste Auto nichts an der Tatsache, dass ich einen sehr stressigen Job habe und meine Arbeitsbelastung komplett aus dem Ruder gelaufen ist.

Deshalb war ich ja auch so unglaublich froh, als das mit der Parzelle in dem Kleingarten »Landhausener Ackerfrieden von 1928« funktioniert hat. Grün entspannt bekanntlich ungemein.

Das ist ja was ganz anderes als meine Wohnung in Iserlohn-Heide. Die ist zwar sehr zweckmäßig, und in dem Hochhaus will auch niemand wissen, was ich so mache, aber es ist dort auch irgendwie unbunt bis grau. Dabei gibt es nichts Erholsameres, als ein Unkraut nach dem andern in aller Ruhe aus dem Gemüsebeet zu zupfen. Gut. Bis es so weit war und ich meinen Rasenmäher zum ersten Mal auf meiner eigenen Scholle anwerfen konnte, hat es etwas gedauert. Kleingärtnern ist wieder voll in Mode gekommen. Jeder will raus an die Luft und Möhren und Radieschen anpflanzen. Oder Sonnenblumen und Rosen. Oder beides. Je nachdem. Die Wartelisten sind lang, und da das Leben an der Luft bekanntlich sehr gesund ist, werden in der Regel auch nicht so viele Parzellen frei. Kleingärtner leben einfach länger als andere. Da braucht es Geduld. Und wenn sie dann endlich tot sind, ist immer noch die Frage, ob dann nicht irgendein Verwandter aus dem Nichts aufkreuzt und einem das erhoffte Fleckchen Erde vor der Nase wegschnappt. Das ist mir passiert. Da hatte die alte Frau Schapke mit meiner Unterstützung ihre Parzelle nach langem Hin und Her endlich final freigegeben, da tauchte doch auf der Beerdigung dieser Neffe von ihr auf. So ein junger Hipster mit Bart und Lastenfahrrad samt dreier Orgelpfeifenkinder. Er hatte laut eigener Aussagen als Kind seine gesamten Ferien immer im Kleingartenverein »Sonnenwindhügel« verbracht, lauter tolle Erinnerungen an Dinge, die er jetzt auch seinen Nachkommen angedeihen lassen wollte. Nun kann man mir ja vieles vorwerfen. Aber nicht, dass ich kein Herz für Kinder hätte. Ganz im Gegenteil. In meinem Arbeitsumfeld habe ich es allerdings nur extrem selten mit Kindern zu tun. Und wenn doch, dann gebe ich mir immer ganz besonders viel Mühe. Also überließ ich der Hipsterfamilie die Schapke'sche Parzelle und übte mich weiter in Geduld.

Zumal ja zu der grundsätzlichen Notwendigkeit einer freien Parzelle auch noch das Auswahlverfahren des Vereinsvorstandes kommt. Diese Damen und Herren achten penibel auf eine möglichst bunte Zusammensetzung der Kleingärtner. Alte,

Junge, Familien, junge Paare, unterschiedliche Nationen. Integration ist hier kein Problem. Hier entscheidet nicht die Farbe der Haut, sondern das Grün des Daumens. Leider bedeutete das für mich als ältere weiße Singlefrau, die darüber hinaus auch noch eine Gartenanfängerin ist, dass meine Chancen gegen null tendierten. Immerhin habe ich keine fünf Katzen, auch wenn ich das sehr bedauere. Ich wollte immer eine oder zwei oder drei haben. Im Walter-Jost-Tierheim in der Nähe meiner Wohnung hätten sie auch sicher welche für mich gehabt. Es ist so schön, wenn man abends nach Hause kommt und es wartet jemand auf einen. Aber der Job hat es unmöglich gemacht. Im Grunde genommen ist das jetzt aber nur gut. Die Katzen wären hier nämlich verboten gewesen. Keine Haustiere!

Daher grenzte es fast an ein Wunder, als alle potenziellen Kandidaten, die vor mir auf der Liste des Drei-Städte-Kleingartenvereins »Landhausener Ackerfrieden von 1928« standen, einer nach dem anderen doch spontan absagten, die Gegend verließen oder in zwei Fällen sogar frühzeitig ins Gras bissen – um da mal im Bilde zu bleiben. Das mit dem kleinen Wunder sagte auch Hans Werner Grümpenstiel, seines Zeichens erster Vorsitzender des Kleingärtnervereins »Landhausener Ackerfrieden von 1928«, als er mir feierlich die goldenen Regeln des Vereins im grünen Satzungsheftchen, die Laubenschlüssel und die Schlüssel für das Haupttor überreichte. Natürlich nicht, ohne darauf hinzuweisen, dass das unnötige Befahren der Wege mit dem Wagen nicht gestattet sei und man diese wirklich nur zum Ein- und Ausladen gärtnerisch relevanter Gerätschaften und Materialien mit dem Auto befahren dürfe. Ich war mir nicht sicher, ob in seinem Blick dabei ein Hauch Misstrauen lag.

***

Wie dem auch sei. Seit Anfang des Jahres bin ich nun stolze Pächterin meiner Parzelle 13. Die Laube mit sechzehn Quadratmetern umbautem Raum und acht Quadratmetern überdachtem Freisitz. Fünfzehn Quadratmeter Hochbeete, ein vier Quadratmeter großer Zierteich und ein Grillkamin. Ein Drittel Nutzgartenanteil, ein Drittel Rasen, ein Drittel für die Erholung. Ich habe gerodet und gepflanzt, geharkt und gehackt, geschnitten, gejätet, gegraben, gehäufelt und zum Schluss der Laube samt Zaun noch einen neuen Anstrich verpasst. Meine Hecke zum Hauptweg ist exakt einen Meter zwanzig hoch, der Zaun zum Nachbarn achtzig Zentimeter. Alles genau nach Vorschrift. Das hellgrüne Heftchen mit der Satzung des Kleingärtnervereins steht neben den beiden Bänden zum Bundeskleingartengesetz und dem Pflanzenbestimmungsbuch. Ich möchte ja keinen Fehler machen. Die Lage des Kleingartenvereins »Landhausener Ackerfrieden von 1928« ist hervorragend. Genau zwischen Iserlohn, Menden und Hemer, die Straße vor der Tür, die Autobahn in der Nähe. Perfekt für meine Zwecke.

Bei den Pflanzen hadere ich allerdings noch. In einigen Fällen bin ich mir nicht sicher, ob das alles so richtig ist. Dabei sahen sie alle wunderbar aus, als ich sie kistenweise bei Salamon rausgeschleppt habe. Mittlerweile haben einige Rosen und die Gurken so ein weißes Zeug auf den Blattoberseiten, das aussieht wie eine dünne Schicht Watte. Auf den Blättern des Birnbaums breiten sich so seltsame rotbraune Flecken aus. Genau wie bei den Tomaten. Da sind die Flecken aber nicht nur auf den Blättern, sondern haben sich schon bis zu den Stielen vorgearbeitet, und auf der Unterseite der Blätter klebt Schimmel. Das kann nicht gesund sein.

Einige von den Viechern, die hier kreuchen und fleuchen, sehen übrigens auch so aus, als ob sie besser nicht in meinem Garten wohnen würden. Blattläuse erkenne sogar ich als blutige Anfängerin. Aber diese grün-schwarzen Raupen, die meine kleine Gemüsebeethecke aus Buchs in kurzer Zeit runtergefressen haben, sind mir komplett neu. Von den ganzen Schnecken, die sich durch meine Beete schleimen, will ich erst gar nicht reden.

Aber ich bin willig. Bereit, auf meine alten Tage Neues zu lernen. Dass es viel Arbeit ist, ist mir klar. Aber diese Arbeit entspannt mich. Fleißig war ich immer schon.

Eines habe ich allerdings nie gemacht: mir meine richtige Arbeit mit hierhergebracht. Meinen Brotjob sozusagen. Ich wollte das immer trennen. Job ist Job und Garten ist Garten. Das eine hat mit dem anderen nichts zu tun. Die Arbeit ist Müh-, der Garten Labsal. Work-Life-Balance. Und das meine ich wörtlich.

Bis heute Vormittag. Da ging es leider nicht anders, und jetzt liegt die Arbeit in meinem Kofferraum. Da kann sie aber auf Dauer nicht bleiben. Das ist mir ganz klar. Dienst ist Dienst und Schnaps ist Schnaps. Oder in diesem Fall hier eher: Radieschen sind Radieschen. Da habe ich meine Prinzipien.

Viel entscheidender allerdings ist, dass meine Arbeit vermutlich gleich wieder wach werden und den ganzen Platz zusammenbrüllen wird. Meine Arbeit heißt heute Arthur Hausschild, liegt bewusstlos in meinem Kofferraum und wartet darauf, dass ich endlich meinen Job mache. Wobei das so auch nicht ganz stimmt. Arthur Hausschild wartet eher nicht drauf, weil er ja bewusstlos ist. Aber selbst wenn er da nicht in diesem Zustand läge, würde er vermutlich weniger erwarten, sondern eher befürchten, dass ich meinen Job mache.

Als Auftragskillerin.

Wenn er wieder wach wird, muss ich mich zuallererst einmal bei ihm dafür entschuldigen. Das hätte anders laufen sollen. Aber wie eingangs schon erwähnt, habe ich den Wagen noch nicht so lange. Vorher war ich stolze Besitzerin eines dieser Schlachtrösser von SUV. Damit wäre die Sache ruckzuck, im Vorbeifahren sozusagen, erledigt gewesen. Mit meinem neuen E-Flitzer muss ich meine Technik ändern. Nicht die Masse, sondern die Beschleunigung zeigt Wirkung. Nun ja. Ich war wohl zu zögerlich. Vielleicht hatte ich das Getriebe auch noch auf »ECO« stehen. Das muss ich unbedingt überprüfen, bevor es nächste Woche weitergeht. Ein Profi wie ich sollte aus seinen

Fehlern lernen, wenn er denn nach so vielen Berufsjahren und einer soliden Karriere überhaupt noch Fehler macht in seinem Metier.

Bedauerlich. Im Ergebnis des, sagen wir mal, nicht ganz so optimal gelaufenen Arbeitsprozesses landete Arthur Hausschild letztlich in meinem Kofferraum. Ich konnte ihn ja schlecht da liegen lassen. Zum einem, weil das sicherlich zu Fragen geführt hätte, die ich ungern beantwortet hätte, und zum anderen, weil ich damit den Auftrag nur halb erledigt hätte. Und halbe Sachen sind nicht mein Ding. Ich sollte Arthur Hausschild das Wachwerden einfach ersparen.

Kurz hatte ich noch überlegt, die Arbeit einfach im Kofferraum zu lassen. Immerhin ist heute wunderbares Wetter, die Sonne scheint heiß vom Himmel, und viele Dinge erledigen sich dann ganz von alleine. Mir gefiel aber die Vorstellung nicht, diesen engen und kleinen Kofferraum im Anschluss reinigen zu müssen. Und wer weiß, wie sich das auf den Akku ausgewirkt hätte.

Der Wagen ist klein genug, dass ich ihn bis auf wenige Meter an mein hinteres Törchen heranfahren kann. Bevor ich den Kofferraum öffne, schaue ich mich um. Man weiß ja nie, wer alles so unterwegs ist und Lust auf ein kleines Pläuschchen hat. Also ein Blick nach rechts, einer nach links, dann noch einer nach oben. Wegen der Drohne. Hans Werner Grümpenstiel nutzt so ein Teil, um den totalen Überblick über unsere Parzellen zu haben. So von oben, sagt er, sieht die Gartenwelt doch ganz anders aus. Und er verjagt damit die Gänse, die aus dem benachbarten Naturschutzgebiet Abbabach kommen und hier alles vollmachen. Ich habe ihn ja ein wenig im Verdacht, dass er seine Drohne ganz besonders häufig über meiner Parzelle kreisen lässt. Vor allem, wenn ich das Shirt mit dem tiefen Ausschnitt trage. Ich bin zwar schon deutlich über fünfzig, also eher nahe der sechzig, aber ich habe durchaus meine Vorzüge, die noch Wirkung zeigen. Hans Werner Grümpenstiel ist wie ich auch Single und macht sich wohl Hoffnungen, seine

Möhren neben meinen Tomaten anpflanzen zu dürfen. Wie es scheint, ist die Luft jetzt aber nach allen Seiten rein. Ich öffne den Kofferraum, lade Arthur Hausschild auf meine Schubkarre und breite eine Laubplane über ihn. Falls nun jemand kommt, ist er einfach ein Sack Erde. Was ja nun, mit etwas zeitlichem Versatz, auch nicht gelogen ist.

Auf halbem Weg höre ich Stimmen, Lachen und Rufen und erstarre. Eine Schulklasse aus der Grundschule in Sümmern kommt um die Ecke. Wie eine Schafherde umfließen sie mich und die Schubkarre, ohne jedoch wirklich Notiz von mir zu nehmen. Das kann man von Hagen Nachrodt, der sich immer um die Schulklassen kümmert, unser kleingärtnerischer Kinderbeauftragter sozusagen, nicht gerade behaupten, der wie ein Hirte hinter seiner Herde hertrottet und mich sichtlich erfreut entdeckt.

»Fleißig?«, fragt er und packt mit zwei Fingern eine Ecke der Plane.

»Immer doch.« Ich trete zwischen die Schubkarre und Hagen Nachrodt, murmele etwas von Naturdünger und strahle ihn an.

Zum Glück wandert seine Schulkinderherde schon weiter in Richtung unseres Gemeinschaftsplatzes, wo für jedes Kind ein Plastiktopf, etwas Erde und eine Bohne warten, damit sie die Freuden des Gärtnerns selbst erfahren können. Die meisten von denen denken ja, Kartoffeln wachsen im Supermarkt in Form von Pommes. Hagen folgt ihnen, nicht ohne mir über die Schulter zuzuzwinkern.

In der Laube breite ich erst die Plane aus und kippe Arthur Hausschild dann auf den Boden. Sein Stöhnen übertönt das Geläut der Kirchglocken von St. Gertrudis. Das Gesicht ist etwas geschwollen, und sein linker Fuß sieht mir leicht verdreht aus. Aber so etwas passiert schnell, wenn man mit einer Motorhaube kollidiert. Nun ja. Das alles wird ihn in wenigen Minuten nicht mehr stören.

Mir bleibt nunmehr die Qual der Wahl der Methodik. Ein

kurzer Blick in meinen Geräteschuppen offenbart mir eine Menge Möglichkeiten. Um die freudige Nachricht von der Zuteilung der Parzelle zu feiern, war ich damals direkt in den Landhandel Schwering gefahren und hatte mich mit dem Feinsten vom Feinen eingedeckt. Vom Kantenstecher über die Plattharke, eine nigelnagelneue Kreuzhacke, eine Grabgabel bis zu einem blinkenden Spaten – alles vorhanden und praktisch wie neu. Nein. Nicht nur praktisch, sondern auch tatsächlich. Einige der Gerätschaften habe ich noch nie benutzt. Eigentlich die meisten.

Auch um die spätere Entsorgung muss ich mir keine Gedanken machen. In meinem Schuppen befindet sich eine Kettensäge guter Qualität, und im Gemeinschaftshaus können wir uns einen Häcksler ausleihen, der Äste bis zu fünfzehn Zentimeter Durchmesser schafft. Für so eine Maschine ist ein Arthur Hausschild doch ein Kinderspiel.

Ich entscheide mich für die Kreuzhacke und den Spaten in Kombination. Das macht nicht allzu viel Dreck, erfordert keinen unmäßigen Kraftaufwand und wird für alle Beteiligten die angenehmste Lösung sein.

※ ※ ※

Dass Arthur Hausschild mich mit weit aufgerissenen Augen anstarrt, als ich die Hütte wieder betrete, erschwert die Sache allerdings unerwartet.

»Wo bin ich?« Er stöhnt.

»In einem Schrebergarten.«

»Was ist passiert?«

»Es tut mir leid. Sie wurden angefahren.« Es gibt keinen Grund, ihn zu belügen. Und nur, weil ich ihn gleich wie ein Unkraut von der Erdoberfläche jäten werde, muss ich ja nicht meine höflichen Umgangsformen vergessen.

Er setzt ein schiefes Lächeln auf. Im Grunde sieht er gar nicht schlecht aus, wenn man sich die Kollateralschäden in seinem Gesicht einmal wegdenkt. Dunkle Haare mit ersten grauen Strähnen, blaue Augen – genau mein Typ. Aber darauf kann ich jetzt keine Rücksicht nehmen. Sein Blick fällt auf die Kreuzhacke und den Spaten in meinen Händen.

»Ist das Ihr Garten?«, will er wissen.

»Ja.«

Arthur Hausschild richtet sich auf. Er wirkt irritiert, was man aufgrund seiner Situation auch definitiv verstehen kann. Mit gerunzelter Stirn fixiert er einen Punkt neben meinem Arm, blinzelt, kneift die Augen zusammen.

»Scheißviech«, entfährt es ihm.

»Ich muss doch sehr bitten.«

»Was?« Nun sieht er mich direkt an. »Nein. Nicht Sie. Bitte entschuldigen Sie.« Er hebt den Arm und zeigt mit ausgestrecktem Finger auf die Stelle, die er eben angestarrt hat. »Zünsler.«

Ich folge seinem Finger und entdecke eine der schwarzgrünen Raupen auf der Fensterbank.

»Cydalima perspectalis. Der Buchsbaumzünsler. Scheißviech. Zerstört innerhalb weniger Tage alles an Buchsbäumen, wenn Sie nicht direkt die großen Geschütze auffahren«, sagt er.

»Sie wissen, was das ist?« Das hat zwar nun überhaupt nichts mehr mit meinem Job zu tun, den ich jetzt endlich zu Ende bringen sollte, aber ich kann nicht widerstehen.

»Das sollte man wohl meinen. Immerhin ist das mein Beruf.«

»Sie sind professioneller Schrebergärtner?« Ich wusste gar nicht, dass es so etwas gibt.

»Ich bin Botaniker.«

Jetzt habe ich den Salat. Ich wusste, dass es ein großer Fehler war, die Arbeit mit nach Hause zu bringen. Das bringt nichts als Scherereien. Kurz ringe ich mit mir. Dann lehne ich die Kreuzhacke und den Spaten außerhalb von Arthur Hausschilds Reichweite an die Laubenwand. Das ist die Chance.

»Warten Sie bitte hier«, sage ich und gehe in den Garten hinaus. Schnell suche ich Blätter und Teile der Pflanzen zusammen, die mir in der letzten Zeit aufgefallen sind. Mit einem Arm voller Grünzeug, das nicht mehr wirklich mit seinem Grün überzeugt, komme ich zurück und schütte ihm alles vor die Füße. »Können Sie mir sagen, was damit nicht in Ordnung ist?«

Er greift nach dem ersten Blatt.

»Ihre Rosen haben Echten Mehltau.« Er beugt sich vor und nimmt ein weiteres Blatt in die Hand. »Ihre Gurken auch.« Er wühlt in dem Haufen. »Die Tomaten haben die Bräune, der Birnbaum den Birnengitterrost. Außerdem sind da Blattläuse und jede Menge Schneckenfraßspuren.«

»Grundgütiger.« Den Schock muss ich erst verdauen. »Sehr gut. Das war wirklich sehr hilfreich«, sage ich und denke, wie schön es wäre, wenn ich immer jemanden hätte, der mir hilft. Und sympathisch ist er auch noch.

»Gerne.« Er lächelt wieder sein zerbeultes Lächeln.

Wir schweigen eine Weile.

»Und jetzt?«, will er wissen. »Was passiert jetzt?«

Ich seufze.

»Und jetzt muss ich meine Arbeit endlich zu Ende bringen.« Langsam greife ich nach der Spitzhacke und dem Spaten und gehe auf ihn zu. Es hilft ja nichts. Augen zu und durch. Das gilt für uns beide. Arthur Hausschild zieht scharf die Luft ein. Er hat verstanden.

»Sie …« Er keucht. »Meine Frau …« Lautes Atmen. »Hat sie …? Sollen Sie mich …?« Er drückt sich an die Wand. Sein Lächeln ist verschwunden. »Sie will, dass ich verschwinde.«

Ich nicke.

»Hören Sie«, sage ich entgegen meinen eisernen Regeln, niemals eine Kundenreklamation vor Ort auszudiskutieren. »Es ist mir ja auch unangenehm, aber ich kann nicht …«

Ich lasse den Satz ebenfalls versanden und betrachte Arthur Hausschild nachdenklich. Er ist sympathisch, er sieht gut aus, er weiß sehr viel über Pflanzen. Seine Frau will ihn nicht mehr. Und wenn ich schon keine Haustiere hier im Schrebergarten halten darf ... Er wird sich sicher schnell eingewöhnen. Außerdem darf ich ihn hier gar nicht umbringen. Die gewerbliche Nutzung der Kleingartenanlage ist schließlich strengstens untersagt.

»Hören Sie«, beginne ich den Satz erneut, »ich hätte da einen Vorschlag für Sie ...«

Diesmal muss ich lächeln. Es stimmt schon. Einen Schrebergarten zu haben, lässt einen die Arbeit komplett vergessen.

Walter Wehner

Das wird nichts

Montag, 25. März 2019, 12.36 Uhr
Die zwei Schüsse trafen ihn in den Rücken. Der Spaten entglitt
seinen Händen. Er stürzte vornüber, lag leicht gekrümmt neben
der Grube, die er auf der Waldlichtung ausgegraben hatte. Erd-
brocken schlugen auf die Kiste, die in dem Loch freigelegt war.
Aber das hörte er bereits nicht mehr. Auch nicht das Knacken
von Zweigen. Spürte den Tritt nicht mehr, der ihn in die Grube
beförderte. Blut durchdrang sein Hemd, wo ihn die Kugeln
erwischt hatten, breitete sich aus, versickerte im Boden.

Montag, 25. März 2019, 12 Uhr
Er näherte sich seinem Versteck vorsichtig. Hielt immer wieder inne und beobachtete das Gelände. Sein Wagen stand gut
drei Kilometer entfernt auf dem Parkplatz vor dem Zubringer
zur A 45. Den Klappspaten und seinen Rucksack schleppte er
eine gute Stunde durch den Wald. Er ignorierte alle Wege und
Pfade, stieg, die Sonne im Rücken, stetig bergauf. Die Hoch-
spannungsleitung schnitt eine Schneise durch den Wald. Er
zählte die Masten, orientierte sich an der Marschzahl seines
Kompasses. Von fern grüßte der Humpfert-Turm. Als er die
Lichtung erreichte, umrundete er sie vorsichtig, vermied alle
unnötigen Geräusche. Die beiden Buchen thronten immer noch
an ihrem Platz. Auf der anderen Seite der Lichtung befand
sich ein Hochstand. Er wartete, bis die Zeiger seiner Uhr auf
der Zwölf standen, dann ging er in Richtung Sonne, zählte die
Schritte, markierte mit dem Spaten eine Fläche im Buchen-
laub am Waldrand. Er stellte den Rucksack im Schatten eines
Baumstumpfes ab und begann zu graben.

Mitte März 2019

Wasserflaschen und Verpflegung erstand er in der Iserlohner City bei Woolworth, Kaufland und im 1A Center. Seit seiner Entlassung aus dem Gefängnis in Schwerte verbrachte er nie länger als zwei Tage an einem Ort, hielt sich schließlich im Länderdreieck von Luxemburg, Belgien und Deutschland auf, bis er sicher war, dass sie niemanden auf ihn angesetzt oder seine Spur verloren hatten. Er bezahlte stets bar, besaß kein Handy, kleidete sich unauffällig. Er nahm keinen Kontakt zu den alten Kumpels auf. Auch nicht zu Rita, die ihm regelmäßig Karten in den Knast geschrieben hatte.

Anfang März 2019

Schon im Gefängnis hielt er sich möglichst abseits. Gliederte sich bereitwillig in die Gefangenenhierarchie ein. Regelte ein paar Freundschaftsbeweise mit Geld und Drogen, die Rita für ihn organisierte. Hatte in seiner Haftzeit seine Ruhe, las die Bestände der Gefängnisbücherei durch. Ließ sich über die digitalen Neuerungen der Finanzwelt von seinem Zellengenossen berichten. Einem Anlagebetrüger, der ihn über Geldanlagen ohne Herkunftskontrollen informierte. Rita tauschte mit ihm ihren Wagen, legte seinen Kompass aus der Bundeswehrzeit ins Handschuhfach, füllte seinen alten Rucksack mit ein paar Anziehsachen für die ersten Tage. Er wechselte die Nummernschilder mehrfach aus. Fuhr vorschriftsmäßig, achtete auf die Radarfallen.

Februar 2015

Sie verpassten ihm wegen Beihilfe vier Jahre. Er hatte die beiden Fluchtwagen für den Überfall auf den Geldtransporter bei Kaufland an der Autobahnausfahrt zur Innenstadt besorgt. Mehr konnten sie ihm nicht nachweisen. Sein Alibi für die Tatzeit war wasserdicht. Die beiden Italiener besaßen genaue Kenntnisse über die wechselnden Routen des Kötter Service, der die Tageseinnahmen der großen Einkaufscenter in der Nähe der A 46 in Hohenlimburg, Hemer und Iserlohn abholte. Sie arbeiteten für eine Familie in Neapel, waren schwer bewaffnet. Ein paar Überfälle in der Ex-DDR gingen bereits auf ihr Konto.

Montag, 8. Dezember 2014
Von dem Schusswechsel an der Grenze erfuhr er aus der Zeitung. Das Bild der beiden toten Italiener zeigten sie abends in der Tagesschau, als er mit dem Geld wieder in seiner Unterkunft ankam. Alles paletti. Sie waren einem belgischen Polizeitrupp in die Arme gelaufen. Schusswechsel. Angeblich gab es einen Hinweis auf einen illegalen Grenzübertrittsversuch von Terroristen.

Sonntag, 7. Dezember 2014, mittags
Er lockte sie in eine Falle. Schickte sie mit den Seesäcken über die Laufbretter durchs Hochmoor. Zeigte ihnen auf der Karte den Grenzverlauf und die Straßen und Bushaltestellen, die nach Malmedy führten. Es war ein Leichtes, die Säcke unbemerkt gegen identische auszutauschen. Den Hinweis an die belgischen Grenzer über einen geplanten Übertritt von bewaffneten IS-Kämpfern setzte er bereits ein paar Stunden vorher ab.

Samstag, 6. Dezember 2014, nachmittags
Ihr Plan war wirklich perfekt. Aber er sorgte dafür, dass er schiefging. Und dass niemand auf die Idee kam, ihn damit in Verbindung zu bringen. Bevor sie die Beute nach Italien schaffen konnten, lief bereits die Fahndung mit den Bildern von ihrem Überfall aus den Überwachungskameras und einer ausführlichen Personenbeschreibung eines Geschäftsführers. Rita besorgte ihm ein Handy, dessen Besitzer und Standort dank einiger technischer Raffinessen nicht zu ermitteln waren. Die Italiener baten ihn, sie mit dem Bulli über die grüne Grenze nach Belgien zu bringen. Von dort wollten sie mit dem Schiff nach Portugal. Und weiter mit dem Flieger. Sie kannten einen Roll-on-roll-off-Operateur in Rotterdam, der keine Fragen stellte. Er selbst tat das auch nicht, kassierte die vereinbarte

Summe, beschaffte den Wagen, die Wanderausrüstung, besprach mit ihnen die Route durchs Hohe Venn, besorgte zwei Fünfundsiebzig-Liter-Outdoorrucksäcke für die Beute. Und die zwei anderen mit der Altpapierfüllung.

Sommer 2014
Rita arbeitete bei einem Elektronikladen im Industriegebiet in Sümmern. Zwischen der Müllentsorgung und einem Kfz-Betrieb. Minikameras. Drohnen. Abhörwanzen, Tracker. Sicherheitszeugs. Als Bastelkram getarnt. Mit der dazugehörigen Software. Ihre italienische Kollegin kannte die Szene ihrer Landsleute in Hagen. Die Pizzeriabesitzer und die Eisdielen bis runter nach Siegen. Und die Typen, die für die Sicherheit der Läden garantierten und sie am Monatsende abkassierten. Auf Rita konnte er sich verlassen, sie stellte keine unnützen Fragen. Half ihm, wieder Fuß in Iserlohn zu fassen.

10. Mai 2014, Samstagabend
Rita nahm ihn mit in die Pizzeria an der Isenburg. Die Italiener sprachen ihn eines Tages an, ob er ihnen zwei Wagen besorgen könnte. Einen schnellen und eine unauffällige Familienkutsche. Und ein halbes Dutzend Nummernschilder. Sie hatten mitbekommen, dass er mit einem Gebrauchtwagenhändler zusammenarbeitete, der regelmäßige Transporte nach Usbekistan organisierte. Sie einigten sich auf einen BMW M5 und einen Dacia.

Februar 2014
Rita und ihre Freundin verbrauchten mehr Geld, als sie verdienten. Sie hingen mit Tonis und Ricos Kumpeln zusammen ab. Die besorgten Pillen und härteren Stoff für die Jungs und Mädels in den Szenetreffs und auf den Megapartys in Menden, Lüdenscheid, Iserlohn und Balve. Sie verteilten das Zeug an die Dealer. Angeblich versorgten sie sogar die Holländer in ihren Wohnwagen bis hinter Winterberg mit Cannabis. Er kam mit den Italienern ins Geschäft. Übernahm den einen oder anderen

Transport aus Belgien. Er kannte sich aus seiner Bundeswehrzeit im Grenzgebiet gut aus.

Montag, 23. Dezember 2013

Oberhaupt der Familie in Hagen und Umgebung war Salvatore. Anfang fünfzig, drahtig. Gebirgsjäger, gehörte sogar mal zur Olympiaauswahl im Schießen. Ein paar Bilder zeigten ihn auf einem Siegerpodest. In seinem Lokal verkehrte die Schickeria oder was sich dafür hielt. Salvatore hatte Beziehungen. Die besten. Lokalpolitiker, die Rathausspitze, ein paar Beamte aus dem Präsidium speisten regelmäßig bei ihm. Nicht alle mussten bezahlen. Zu Weihnachten verschenkte Salvatore Präsente.

Herbst 2013

Salvatore betrieb mehrere Restaurants. Von Pizza Pronto bis zum Edel-Gourmet-Tempel. Toni und Rico gehörten zur weiteren Verwandtschaft. Salvatore passte ein wenig auf sie auf, damit sie der Familie keine Schande machten. Rita ging in einer seiner Pizzerien am Theodor-Heuss-Ring mit ihrer Kollegin essen. Er lernte die beiden Italiener dort kennen. Sie spielten im Hinterzimmer Karten, mit hohen Einsätzen. Er pokerte mit ihnen. Ließ sie erst gewinnen, beobachtete dann, wie sie reagierten, als sie viermal hintereinander hoch verloren. Toni wurde schon beim dritten Full House nervös und gab Rico Zeichen. Er ließ sie ihre Verluste wieder zurückholen, bis sein Gewinn gerade noch für Ritas Rechnung langte.

Frühjahr 2013

Die Pokerturniere in Berlin waren der Grund für seine Rückkehr nach Iserlohn. Er glaubte, die Szene zu kennen. Beim Bund hatte er ein paar Jungs aus Berlin getroffen. Sie gaben mit ihren Erfolgen in den Hinterzimmern von Kneipen und Wettbüros an, nannten Namen und Adressen. Manche stimmten sogar. Aber er übertrieb es. Zu viele Gewinne und zu hohe. Die Betreiber der Spielerunden glaubten nicht an Zufälle. Sie drohten ihm. Bevor sie ihm ihre Aufpasser schickten, packte er seine Sachen und verschwand. Pokern, Black Jack und Baccara brachte ihm ein Typ vom Sanitätsdienst bei der Armee bei. Und alle Tricks, die dazugehörten. Und dass man nicht zu viel gewinnen durfte, wenn man mit den falschen Leuten spielte.

Februar 2012, 8 Uhr

Das mit den Autos lernte er beim Bund. Er schraubte ein paar Jahre lang alles auseinander und wieder zusammen, was mehr als ein Rad besaß. Er konnte mit topografischen Karten umgehen, mit Generalkarten, mit UTM-Gittern und GPS. In der Freizeit hing er mit den anderen ab, spielte Karten, soff, besuchte die Mädels im Bordell, prügelte sich mit den Dorftypen. Und träumte vom großen Geld.

Oktober 2011, vormittags

Rita lief ihm buchstäblich auf dem Cityring vor den Wagen. Bei Rot über die Ampel an der Unnaer Straße, mit dem Smartphone in der Hand. Er konnte noch rechtzeitig bremsen. Rita bekam nur ein paar blaue Flecken ab. Er studierte die Flecken später ausgiebig. Sie fragte nach der Narbe auf seiner Schulter. Er erzählte ihr von dem Spatenhieb.

August 2003

Nach der Schule ging er zum Bund. Grundausbildung, Klappspaten, Gräben schaufeln, Gepäck schleppen, Gelände auf allen vieren erkunden. Danach erst bei einer Instandsetzungstruppe und später bei den Topografen. Er fühlte sich wohl, verlängerte. Fand ein paar Kumpels für Skat und Doppelkopf. Und fürs Pokern. Manchmal ging der Sold drauf. Manchmal schrieb ihn der Sani für einen gewonnen Zockerabend ein paar Tage krank.

Juni 2003

In der Schule war er einer der Faulsten, aber sein gutes Gedächtnis half ihm über die Runden. Der Sport bei den Mitschülern. Außerdem begriff er schnell, wie welcher Lehrer tickte. Er gab ihnen, was sie hören wollten. Sie ließen ihn in Ruhe. Er spielte Counter-Strike mit seinem Nachbarn unter dem Tisch.

Februar 2001

Nur sein Vater durchschaute ihn. Seine Lügen, seine Ausreden. Er sagte ihm sein Ende voraus. Im Streit. Bevor er starb. Und er mit seiner Mutter am offenen Grab stand und eine Schüppe Erde auf den Sarg rieseln ließ. Seine Mutter umsorgte ihn wie eine Glucke. Sie fragte nicht, woher das Geld für das Moped und die Kinobesuche kam. Er hockte an jedem Wochenende im Filmpalast am Kurt-Schumacher-Ring.

Spätherbst 1995

Er konnte sich noch schwach an den Wald erinnern, das Moor. Manchmal Bilder im Traum von Graugänsen. Flügelschlag. Die harten Rufe, wenn sie nach Süden zogen, wenn sie zurückkehrten. Hollerath. Hellenthal. Hungerland. Sie zogen aus der Eifel nach Iserlohn. Der Maloche wegen. Sein Vater schuftete mit Hacke und Spaten bei einer Abbruchfirma. Schenkte ihm zum Geburtstag einen kleinen Spaten, mit dem er im Schrebergarten in Genna sein eigenes Beet umgraben durfte. Ohne das Obst und das Gemüse wären sie nicht über die Runden gekommen. Das Geld reichte oft nicht bis zum Letzten. Mutter musste putzen gehen. Spätabends. Schwarz. Stritt sich wegen der Zigaretten mit seinem Vater. Der stritt sich mit ihm. Er stritt sich mit den Nachbarskindern. Bekam als Zugezogener Prügel. Erhielt vom Anführer zwei Zähne ausgeschlagen. Mit einem neuen Autoquartett erkaufte der Schläger sich sein Schweigen. Aber er sorgte dafür, dass eines der Mädel ihn verpetzte.

Anfang Juni 1989
Sein Gebrüll schreckte den halben Häuserblock auf. Gardinen wurden beiseitegeschoben, Fenster aufgedrückt, Türen geöffnet. Seine Mutter kam aus dem Haus gestürzt. Rannte über den Hof zum Sandkasten. Er schrie. Sein Spaten hatte ihn an der Schulter getroffen. Blut rann ihm den Rücken hinunter. Er heulte vor Schmerzen. Der Junge, der ihm den Spaten im Sandkasten entriss, der ihn vom Hof vertreiben wollte, weil er nicht dazugehörte, holte, als er sich wehrte, Sand nach ihm warf, mit dem Spaten aus, schlug zu. Der erste Hieb traf ihn im Rücken, ließ ihn taumeln. Der Schlag auf die Schulter haute ihn um. Blut spritzte. Der Angreifer schmiss den Spaten weg und rannte davon.

Sonntag, 25. November 1984, 14.30 Uhr
Seine Geburt erfolgte zu früh. Hausgeburt. Siebenmonatskind. Die Nachbarin wickelte ihn in ein Tuch, legte ihn in einen Schuhkarton, den sie auf die warme Herdplatte des Kohleofens stellte. Seine Großmutter tröpfelte ihm Wasser auf die Stirn. Nottaufe. Sie schüttelte den Kopf. »Das wird nichts«, sagte sie.

Sandra Lüpkes

Ein Wort mit sieben Buchstaben

Weißer Sand und Kokospalmen, ein Liegestuhl und auf dem Tisch ein Cocktailglas, an dessen Rand eine ganze Obstplantage dekoriert ist, Ananas, Kiwi und diese hübsche sternförmige Frucht, die gar nicht so toll schmeckt, wie sie aussieht. Gundula Kauerschulte lässt die bunte Illustrierte und den Rätselbleistift sinken. Dahinter wird ein ausgetrockneter Rasen sichtbar, Brennnesseln, ein Klappstuhl und auf dem Tisch ein Pott Kaffee, schwarz, ohne Zucker. »Ulf?«, ruft Gundula nach drinnen. »Ein anderes Wort für Toilette.«

»Scheißhaus«, ruft Ulf. »Donnerbalken.«

»Sieben Buchstaben«, ruft Gundula. »Google doch mal.« Auf der Terrasse gibt's nämlich kein Internet. »Man kann eine Südseereise gewinnen!«

»Gleich.«

Gundula hört das vertraute Quietschen, das die Sofafedern von sich geben, wenn Ulf sich nach längerem Aufenthalt erhebt.

»Du hast mich auf eine gute Idee gebracht. Meine Reise geht jetzt erst mal in die Keramikabteilung.«

»Aber danach packen wir!«, ruft Gundula.

Morgen brechen sie nämlich auf in den Urlaub. Mit dem Wohnmobil, nicht in die Südsee, aber immerhin nach Kroatien. Der Sommer ist zu heiß, um ihn in Wermingsen zu verbringen. Bei mehr als fünfundzwanzig Grad im Schatten wird der Knoblauchgestank aus dem Abzug vom Adria-Eck unzumutbar, nachts feiert der Student gegenüber wilde Partys, und die Lesbe nebenan knutscht mit ihrer Freundin schamlos auf dem Balkon (beide im Bikini!). Zudem bimmeln Erlöser und Dreifaltigkeit permanent um die Wette, und die Westfalenstraße wird als Rennstrecke zweckentfremdet. Gundula Kauerschulte erinnert sich wehmütig, dass der Sommer früher zwar meistens verregnet war, aber Wermingsen dafür noch ein Ort, an dem es sich aushalten ließ.

»Scheiße«, flucht Ulf.

»Sagt man nicht, macht man nur«, sagt Gundula. Aber dann kommt Ulf auf die Terrasse, und sie sieht gleich, dass das in dieser Situation kein lustiger Spruch gewesen ist. »Was ziehst du die gute Hose auch heute schon an, die solltest du doch morgen auf der Fahrt tragen!«

»Ich hab ganz normal abgezogen, und dann kam das Zeug. Abfluss dicht.«

Schon zum x-ten Mal diesen Monat. Gerne auch, ohne dass man vorher abgezogen hat. Einzelheiten mal beiseite, jedenfalls nutzen die ganzen Tipps aus dem Internet auf Dauer nichts, Pömpel und Chemiekeule und hinten kompliziert dran rumschrauben. Das Problem sitzt tiefer.

Gundula und Ulf Kauerschulte leben im Reihenhaus, das die Schwiegereltern in den Fünfzigern gekauft und in den Neunzigern vererbt haben. Ganz in der Nähe vom Kreisverkehr, nicht gerade superzentral, aber auch nicht jwd. Sie sind die einzigen Eigentümer weit und breit. Normalerweise eine tolle Sache. Doch jetzt ist so ein Moment, da wünscht Gundula sich eine Wohnung wie die anderen ringsherum, bei einer Baugenossenschaft oder, wenn's sein muss, auch einem Vermieter, der einem das Geld monatlich aus den Taschen zieht. Weil da ruft man dann flott an und die kümmern sich, fertig. Als Eigentümer muss man blöderweise alles selber machen.

Ulf hat inzwischen die Hose ausgezogen. »Vielleicht kannste die noch mal kurz durchwaschen?«

»Wie denn, wenn die Kanalisation nicht funktioniert?« Manchmal denkt Ulf wirklich nur von jetzt auf gleich, da wird Gundula schnell fuchsig. »Ich hab dir tausendmal gesagt: Wir müssen was unternehmen.«

»Ich ruf den Gregor Saueressig an, der ist Klempner.«

»Hatten wir doch schon, das Thema: Der Gregor kann frühestens in zwei Monaten.«

»Wenn ich ihm ganz nett sag, wie dringend es ist …«

»Es ist Samstag, Ulf. Und die Omma Saueressig wird achtzig. Die feiern im Clubheim von Blau-Weiß. Gemischte Bratenplatte, Kroketten, Sauce Hollandaise. So nett kannst du gar nicht fragen, dass der jetzt kommt.«

»Dann eben nach dem Urlaub.«

»Spinnst du? Stell dir vor, wir zwei sind in Kroatien und hier in Iserlohn läuft uns … Nee, will ich gar nicht dran denken!« Gundula legt die bunte Illustrierte und den Rätselbleistift weg, nimmt den letzten Schluck Kaffee, steht auf und geht rein in die gute Stube. »Ich google jetzt mal nach dem Notdienst. Dafür sind die schließlich da.«

Was es im Internet alles gibt: AAAA-Abflussfrei24. Null-Null-4free. Auf der Startseite immer ein gut gelaunter Experte im Blaumann, der den Daumen optimistisch nach oben reckt. Gundula entscheidet sich für SOS-Sanitär-Schnäppchen, kurz SOS-SS, die erscheinen mit Abstand am seriösesten. Nach einem kurzen Gespräch mit einer freundlichen Sachbearbeiterin ist die Sache geritzt. »Die schicken ihre besten Leute. Und zwar sofort!«

»Was kostet der Spaß denn?«, will Ulf wissen. Er guckt auf jeden Pfennig, weil zwei schmale Renten auch nach vierzig Jahren an der Stanze bei Brause leider kein fettes Konto ergeben, aber nach Gundulas Dafürhalten grenzt das bei Ulf manchmal an Knauserigkeit. »Haste das gefragt?«

»Hab ich. Konnte die freundliche Sachbearbeiterin aber nicht genau sagen, kommt schließlich auf den Aufwand vor Ort drauf an. Aber wir sollen uns keine Sorgen machen, sie haben viele Stammkunden, und da hätte sich noch nicht einer beschwert.«

»Wenn die viele Stammkunden haben«, kommt Ulf ins Grübeln, »spricht das aber nicht unbedingt dafür, dass sie gut darin sind, Ursachen zu bekämpfen.«

Gundula schnappt ein. »Das nächste Mal googelst du!« Dann nimmt sie Ulfs Hose. Läuft zur Küche. Steckt den Stöpsel in die Spüle und lässt Wasser ein. Damit das Gröbste schon mal raus ist. Wenn die Klempner da waren, ab damit in die Waschmaschine, dann wird sie noch trocken bis morgen. »Zieh dir so lange die Trainingshose über. Nicht, dass die Jungs gleich auf dem Absatz kehrtmachen, wenn du ihnen in Unterbuxe die Tür aufmachst.«

***

Anderthalb Stunden später steigen zwei ausgesprochen appetitliche Kerle aus einem olivfarbenen Geländewagen. Blond, gesunde Gesichtsfarbe, bisschen was auf den Rippen. Vom Löbbeckenkopf. So welche lässt Gundula Kauerschulte gern ins Haus.

»Scheiße«, fluchen sie, als sie das Bad betreten. Und schließen die Tür hinter sich. Das Klo ist zwischen Wanne und Waschbecken eingepfercht. Wenn da einer dran rumwerkelt, kann sich ein Zweiter kaum noch drehen.

»Sag mal, hast du außer dem großen Hammer irgendein Werkzeug gesehen?«, fragt Ulf.

»Nee.« Darauf hat Gundula jetzt weniger geachtet. »Warum?«

»Ich nämlich auch nicht.«

Dann wird es laut im Bad, ein stumpfes Rütteln, ein metallenes Hämmern, ein Ächzen und Stöhnen. Na also, sagt Gundulas Blick in Ulfs Richtung. So viel Lärm hat er bei seinen kläglichen Reparaturversuchen jedenfalls nicht gemacht. Schließlich ein Plätschern. Eine Pfütze kriecht unter der Tür hervor.

»Alles in Ordnung?«, ruft Gundula.

Die Tür geht auf. Der Größere von den beiden streckt seinen Kopf heraus. Er kann nicht verbergen, dass er skeptische Nachfragen bei der Arbeit als störend empfindet. »Wir messen gerade die Tiefe!« Schon ist er wieder verschwunden.

»Siehst du, Ulf, die Tiefe hast du nie nachgemessen. Daran wird's liegen!«

Die Pfütze wird größer. Gundula holt einen Aufnehmer aus dem Putzschrank. »Ist ja zum Glück ganz frisches Wasser«, sagt sie zu Ulf, der noch immer in einer Art Schockstarre verharrt.

»Genau das ist ja das Komische. Wenn der Abfluss verstopft ist, warum machen die zwei Schlaumeier dann an der Frischwasserleitung herum?« Ulf klopft gegen die Badezimmertür. »Was ist denn jetzt?«

Nun kommen beide heraus. Mit ihnen noch mehr Wasser. Na ja, so wird der Boden wenigstens wieder mal richtig sauber.

»Das sind zwölf Meter, keine Chance, da kommen wir so nicht bei«, sagt der Größere. Der andere hält ein armlanges Stück Wasserrohr in der Hand und macht ein vorwurfsvolles Gesicht. »Das hätten Sie wirklich schon längst mal einem Fachmann überlassen sollen.«

Gundula schluckt. »Und jetzt?«

»Wir fahren noch mal eben zum Löbbeckenkopf. Ersatzteile holen. Ich meine, zwölf Meter, so was hat man nicht einfach so im Wagen.« Der Mann hält die Hand auf. »Muss ich auch vorher bar bezahlen, sonst gibt mir mein Chef das Teil gar nicht mit.«

Gundula schluckt. »Wie viel?«

»Kann ich leicht ausrechnen. Zwölf Meter mal hundert.«

»Hundert was?«, fragt Ulf schreckensbleich.

»Zwölfhundert Euro.«

»Das sind über zweitausend Mark!«, rechnet Ulf.

»Wenn Sie sich für die günstigere Variante entscheiden. Aber keine Sorge, die Montagekosten können Sie dann per Rechnung bezahlen, auch in Raten, wenn nötig. Aber das Rohr … Also wenn Sie nicht wollen, dass das hier weiter so tröpfelt, dann müssen wir das Ding jetzt dringend holen.«

Gundulas und Ulfs Pantoffeln sind inzwischen nass. Sie schauen sich an. Und dann wieder die Handwerker. »So viel haben wir nicht im Haus.«

Der Klempner kratzt sich im blonden Haar. »Vielleicht hat unser Chef heute einen guten Tag. Wir können ihm ja sagen, dass es sich bei Ihnen um anständige Leute handelt. Hauseigentümer, oder?« Gundula und Ulf nicken. »Na also. Dann würden wir erst mal eine Anzahlung mitnehmen, und Sie gehen zum Automaten und ziehen den Rest, während wir am Löbbeckenkopf sind.«

Gundula und Ulf nicken sprachlos. Der Schuhschrank wird gerade maritim umspült.

»Wie viel haben Sie denn im Haus?«

»Fünfhundert!«, antwortet Gundula pfeilschnell. »Das ist eigentlich die Kaution für das Wohnmobil, wissen Sie, wir wollen morgen in Urlaub nach Kroatien. Würde das reichen?«

Die Männer schütteln die Köpfe.

»Ach ja, und dann noch achthundert Kuna. Also, das kroatische Geld. Haben wir schon eingetauscht bei der Sparkasse, sind umgerechnet etwas mehr als hundert Euro.« Gundula Kauerschulte setzt ihren Charme ein, der in den vielen Jahren an Ulfs Seite leider ziemlich eingerostet ist.

Aber dennoch wirkt: Der Größere, der mehr zu sagen hat, lächelt endlich. »Wenn Sie mich so nett anschauen …«

Gundula scheucht Ulf, der eigentlich für die Finanzen zuständig ist, zu seinem Portemonnaie. Welch ein Glück, ausgerechnet heute so viel Bargeld parat zu haben. Und auf so nette, verständnisvolle Handwerker zu treffen.

***

Als die beiden weg sind, dreht Ulf erst mal die Hauptwasserleitung ab, damit das Haus nicht völlig absäuft, dann kriecht er auf allen vieren, um sich den Schaden aus verschiedenen Blickwinkeln anzuschauen.

Das Bad sieht schrecklich aus. Die Kloschüssel hat einen Sprung, und an einer Ecke ist etwas herausgebrochen, zudem wurden sämtliche Leitungen aus der Wand gerissen. So viel geballte Kraft in ihrem kleinen Badezimmer, da kann eben nicht alles heile bleiben.

»Gehst du jetzt noch mal in die Schulstraße zum Automaten?«, fragt Gundula ungeduldig, denn Ulfs Flickversuche im Sanitärbereich dauern nach ihrem Gefühl schon viel zu lange. »Von Wermingsen zum Löbbeckenkopf hin und zurück mit Einladen, das sind bestenfalls dreißig Minuten. Wenn die Jungs gleich wieder da sind und wir haben das Geld nicht parat, wie sieht das denn aus?«

Ulf richtet sich halb auf. Seine Trainingshose muss jetzt auch in die Wäsche.

»Das kann ich dir genau sagen. Die kommen nicht wieder, nicht in dreißig Minuten und auch nicht in dreißig Tagen.«

»Wenn das stimmt …«, sagt Gundula, der ein bisschen schummrig wird.

Ulf zieht sich am Waschbecken hoch.

»… was ich nicht glaube …« Gundula atmet gegen die Schummrigkeit an.

Ulf wischt sich mit dem Handtuch den Schweiß von der Stirn.

»… dann ist das überhaupt kein Problem, denn die freundliche Sachbearbeiterin hat mir ja eine Geld-zurück-Garantie bei Nichtzufriedenheit versprochen.«

✳✳✳

»Hallo? Frau Kauerschulte? Brauchen Sie Hilfe?«

Gundula kommt zu sich. Ihr ist schlecht. Sie erinnert sich noch, sie hat laut geschrien und hektisch geatmet, weil sie keine Luft mehr gekriegt hat. Weil ihr nach weiteren dreißig Minuten Warterei plötzlich klar geworden ist, dass sie von bösen Ganoven schlimm übers Ohr gehauen worden war. Da war es mit ihr durchgegangen. Sie war kreischend auf die Terrasse gerannt. Und zusammengeklappt.

Der Steinboden ist hart. Alles tut ihr weh. Etwas pikst in

den Rücken, wahrscheinlich ihr Rätselbleistift, den hat sie vorhin noch extra angespitzt für den Urlaub. Urlaub? Der ist perdu. Nein, sie will die Augen nicht mehr aufmachen. Nie wieder!

»Soll ich den Arzt rufen?«

Gundula blinzelt. Die Stimme ist ihr unbekannt, und sie will wissen, wer da auf ihrer Terrasse steht und sich Sorgen um ihr Befinden macht. Es ist der Mann vom Adria-Eck. Er lächelt. »Sie kommt zu sich! Hallo, Frau Nachbarin!«

Jemand fasst nach ihrem Arm, befummelt das Handgelenk. Gundula dreht sich zur Seite. Es ist der Student. »Puls flattert etwas, aber das wird schon.«

Im selben Moment werden Gundulas Beine beherzt gepackt und nach oben gehalten. Ein vorsichtiger Blick bestätigt ihren Verdacht: Die Lesbe, im Bikini. »Soll man so machen bei Kreislauf.«

Um Himmels willen! Die ganzen Leute fingern an ihr herum. Und Gundula hat das olle T-Shirt an und die verwaschenen Shorts, weil die guten Sachen mit nach Kroatien … Oh! Am liebsten würde sie sterben. Doch dann rauscht ihr ein Sturzbach eiskaltes Wasser ins Gesicht. Gundula ist hellwach und richtet sich auf, um das Zeug aus Mund, Nase und Ohren zu kriegen. Ulf steht neben ihr, einen leeren Eimer in der Hand. »So geht das mit Abstand am schnellsten.«

Eine Viertelstunde später sitzen sie am Terrassentisch, Ulf hat eine Thermoskanne Krönung für alle gekocht.

»Was hatten die beiden Verbrecher denn an?«, fragt der Adria-Eck-Mann, der die ganze Zeit konzentriert auf seinem Handy rumtippt.

»Keine Arbeitsklamotten jedenfalls, das kam mir gleich komisch vor«, sagt Ulf.

»Warum hast du nichts unternommen, als dir das komisch vorkam?«, fragt Gundula schneidend.

»Weil ich mich dann mit dir hätte anlegen müssen. Und in

dem Moment erschien mir das gefährlicher. Du warst wieder in dieser Stimmung …«

»In welcher Stimmung denn?«

Die Lesbe mischt sich ein: »Wahrscheinlich in derselben Stimmung, in der Sie immer über die Brennnesseln hinweg zu mir rüberstarren, wenn meine Freundin zu Besuch ist.«

»Genau, die Stimmung, mit der Sie sich die Nase zuhalten, wenn Sie an meinem Restaurant vorbeilaufen«, ergänzt der Adria-Eck-Mann.

»Oder die Ohren, wenn ich mal ausnahmsweise 'n bisschen Party mache«, vollendet der Student.

Gundula reißt sich am Riemen. »Die beiden Jungs waren noch keine dreißig, blond, bisschen speckig, Jeanshosen, der kleinere ein rotes, der größere ein gelbes T-Shirt. Warum wollen Sie das wissen?«

»Ich frag mal rum.« Der Adria-Eck-Mann tippt wieder. »Ich kenn so Typen. Die schieben nach Feierabend meistens Kohldampf.«

»Dürfte ich vielleicht kurz Ihren Laptop benutzen?«, fragt der Student. »Wegen der Hotline, bei der Sie angerufen haben.« Als weder Gundula noch Ulf reagieren, erklärt er: »Ich kenn mich da aus. Ich studiere im vierten Semester …« Und dann sagt er was Englisches mit Ei-Ti, das sehr beeindruckend klingt.

Ulf steht auf. »Kommen Sie rein. Auf der Terrasse gibt's kein Internet.«

Das Handy vom Adria-Eck-Mann macht Geräusche. Er hält Gundula das Gerät dicht vor die Nase. »Kommen Ihnen die beiden hier bekannt vor?«

Tatsächlich sitzen da die Betrüger gut gelaunt an einem Tisch, beißen in große Fleischstücke und trinken Cola. Neben den Tellern liegen kroatische Scheine, das erkennt Gundula sogar aus der Entfernung. »Gibt's ja nicht!«

»Die essen gerade Cevapcici bei meinem Cousin im Adria-Treff in Hemer. Haben mit Kuna bezahlt. Ich habe ihm gesagt, er soll sie noch 'ne Weile aufhalten.«

»Dann rufen wir jetzt die Polizei«, entscheidet Gundula.

Der Adria-Eck-Mann ist wenig begeistert. »Meinem Cousin wäre es lieber, wenn die nicht in seinem Laden auftauchen. Also, er hat keine Probleme mit den Ordnungshütern, aber viele seiner Kunden. Und die würden in Zukunft seinen Laden meiden.«

Ulf und der Student kommen wieder nach draußen. Der Student benutzt erneut massenhaft englische Vokabeln. Und russische. Erst nach und nach versteht Gundula, worum es geht. »Sie glauben, die freundliche Sachbearbeiterin, mit der ich vorhin gesprochen habe, hat von Russland aus telefoniert?«

»Nowosibirsk!«, sagt der Student. »Call diversion. Konnten Sie gar nicht checken. Echt tricky.« Jetzt strahlt er. »Aber ich hab sie gehackt!« Er reckt sein Handy in die Luft wie ein Sportler den Pokal.

»Aha«, sagt Gundula.

»Jemand ruft jetzt mal von meinem Account aus die Jungs an, solange sie noch in der Nähe sind, und erteilt einen Fake-Auftrag«, sagt der Student. »Und dann catchen wir sie uns.«

»Ich mach das!« Die Lesbe ist begeistert. »Meine Stimme kennen sie nicht. Und ich krieg einen eins a russischen Akzent hin, weil meine Liebste da herkommt.« Sie greift nach dem Handy. »Und wohin sollen wir sie locken? Besser, wir kennen uns dort aus und nutzen den Heimvorteil.«

»Brause«, sagt Ulf. »Da waren wir vierzig Jahre lang jeden Tag, bis die alles an die Franzosen verscherbelt und die Belegschaft gekündigt haben. Gundula an der Schlitzstanze, ich an der Wippwalze. Ich glaub, ich hab sogar irgendwo noch den Schlüssel.«

Dämmrig wird es langsam, aber im Hinterhof bei Brause würde sich Gundula auch mit verbundenen Augen zurechtfinden. Schick saniert haben sie den alten Kasten, sind jetzt verschiedene Gewerbe drin, aber hoch oben prangen noch die weißen Fliesen, auf die in alter tintenblauer Schrift »Schreibfederfabrik« gepinselt wurde. Und der typische Geruch hängt in der Luft, als hätte sich das Aroma Iserlohns zwischen den rot-gelben Backsteinen und grauen Sprossenfenstern verfangen: das Holzig-Ländliche des Sauerlands, gemischt mit dem Rau-chig-Industriellen des Ruhrgebiets, dazu eine Prise westfälische Provinz. Heimat eben, denkt Gundula. Und duckt sich hinter den vertrockneten Kirschlorbeer, neben ihr der Adria-Eck-Mann. In Sichtweite haben sich Ulf und der Student hinter einem Elektrokasten verbarrikadiert. Einzig die Lesbe steht für alle sichtbar unter einer Laterne im Hof, einen Pömpel in der Hand, damit es authentischer wirkt. Gundula muss unbedingt mal nach ihrem Vornamen fragen.

Der Adria-Eck-Mann heißt übrigens Goran, das hat Gun-dula inzwischen herausgefunden, schließlich hocken sie schon geschlagene vierzig Minuten gemeinsam hinterm Busch. Zum Glück stecken die bunte Illustrierte und der angespitzte Rät-selbleistift in ihrer Tasche, da hatten sie keine Langeweile. »Toilette« mit sieben Buchstaben. Man kann eine Südseereise gewinnen. Goran hat gleich mehrere Antworten parat, ganz ohne Googeln: Pissoir, Latrine, richtig ist aber: Klosett! In Zukunft wird Gundula zu *ihm* rüberrufen, wenn ihr mal ein Wort nicht einfällt. Obwohl, wahrscheinlich haben sie bald Internet auf der Terrasse. Der Student hat gesagt, das sei easy, nur ein Repeater, dann läuft's bei dir.

Als der olivfarbene Geländewagen heranrollt, hält Gundula den Atem an. Sie muss sich zusammenreißen, um nicht darauf zuzustürzen und die Windschutzscheibe zu zertrümmern, so wütend ist sie auf die Kerle. Der Größere steigt zuerst aus. Er hat einen großen Fleck auf seinem gelben T-Shirt, wahrschein-lich Cevapcicisoße. Gorans Cousin vom Adria-Treff in Hemer hat »aus Versehen« den Teller mit Nachschlag fallen lassen. Das hat ihnen hier in Wermingsen ein bisschen Luft verschafft, den Plan bis ins Letzte auszufeilen.

»Sie haben ein Problem mit Ihrem Abfluss?«, sagt der Grö-ßere jetzt und setzt genau dasselbe Lächeln auf, mit dem er vorhin erst Gundula verarscht hat. Die Lesbe spielt hervorragend das hilflose Weibchen, berichtet glaubhaft, dass sie hier die Putzfrau sei und Angst habe, etwas kaputt gemacht zu haben, weil das Ärger gebe, wenn am Montag die Chefs wieder im Hause seien. Der Größere schwingt den Hammer. »Kriegen wir hin, keine Sorge, lassen Sie uns nur machen.« Dann verschwinden die drei im Gebäude.

Jetzt! Ulf und der Student rollen den Schlauch aus, während Goran und Gundula die Eimer heranschleppen. Als unten im Keller, wo die Klos für die Angestellten untergebracht sind, das Licht angeht, ist das das Zeichen, auf das sie gewartet haben!

Drinnen hämmert etwas. Die Jungs sind bei der »Arbeit«. Während der Student das eine Ende des Schlauchs durch das gekippte Klofenster schiebt und ordentlich festklemmt, stellt Ulf hinten ums Eck den Hahn auf volle Pulle. Der Schlauch zappelt und kringelt sich wie eine wilde Schlange, dann plätschert es im Keller. »Verdammt!«, hören sie von drinnen ein Fluchen. »Wo kommt das denn jetzt her?« Und keine Sekunde später ein hysterisches Klopfen, kombiniert mit: »Ey, Alte, was soll das, mach die Tür auf! Hallo?« Ihre Rufe werden nicht erhört. Die »Alte« ist schon längst wieder oben, den Schlüssel hat sie ins Gebüsch gepfeffert und packt gemeinsam mit Goran und Gundula an, um den Inhalt mehrerer Eimer in den Fensterspalt zu kippen. Schleimige Küchenabfälle aus dem Adria-Eck schmieren träge die Milchglasscheibe hinunter, Knoblauch und Joghurt und Aschenbecherpampe, vermischt mit Reis und abgenagten Lammrippchen, versuppt mit dem noch einströmenden Wasser – all das riecht fast so eklig wie das Zeug im Bad der Kauerschultes. Die Gauner jaulen auf. Kurz darauf klingt es so, als wäre einer von beiden böse ausgerutscht und lang hingeknallt. Ein Heulen kommt dazu.

»Hilfe!«, schreien sie. »Was ist das für eine Brühe!« Wenig später: »Scheiße, wir saufen hier ab!«

Leider lässt sich durch die schmale Öffnung hindurch nur wenig erspähen, doch dass das Wasser inzwischen kniehoch steht, erkennt man wunderbar. Ein paar matschige Tomaten umschiffen hektisch herumtanzende Jeanshosenbeine. Zwar verhindert die Brandschutztür unten das Ablaufen, aber bis denen wirklich die Plörre bis zum Hals steht, dauert es eine Weile. Zeit genug, den Wagen der beiden gründlich zu durchsuchen. Das Geld ist noch komplett – bis auf die Kuna, mit denen die Cevapcici bezahlt wurden, doch das verbucht Gundula als Lehrgeld. Auch das armlange Stück Wasserrohr aus dem Kauerschulte'schen Badezimmer können sie zurückergattern. Das muss Gregor Saueressig gleich wieder einbauen. Der kommt nämlich, sobald im Clubhaus Blau-Weiß bei Ommas Geburtstag der letzte Verdauungsschnaps serviert wurde. Die Lesbe hat das geregelt. Sie arbeitet in der Bank und verwaltet Gregors Kredite. Wenn bei ihr mal das Klo verstopft ist, kommt der immer von jetzt auf gleich. Und den netten Kauerschultes von nebenan kann er plötzlich auch keinen Freundschaftsdienst mehr abschlagen. Heute Nacht wird alles wieder tippitoppi sein.

Bevor sie losfahren, schaut Gundula noch ein letztes Mal vorsichtig durchs Kellerfenster. Der Kleinere muss bald schwimmen. In einer Stunde oder so rufen sie dann wohl besser die Polizei. Also, vielleicht …

Erst mal machen sie sich gemeinsam auf den Weg nach Hause. Goran schmeißt den Grill an, der Student hat noch Bier im Kühlschrank, die Lesbe holt ihre Freundin dazu, die Baguette mitbringt, und Gundula deckt den Terrassentisch mit den guten Servietten ein. Wird spät werden heute. Aber kein Problem. Der Urlaub ist gestrichen, auch wenn sie theoretisch könnten. Doch sie bleiben hier. In Wermingsen. So ein schöner Sommer! Was sollen die Kauerschultes denn bitte schön in Kroatien?

Jutta Profijt

Die geilste Sache der Welt

Endlich bin ich im Knast. JVA Drüpplingsen, U-Haft. Mein Anwalt aus Lössel, der es immer wieder hingedreht hat, mich aus dem Polizeigewahrsam rauszuholen, war ziemlich geflasht, aber er lebt von meiner Kohle, deshalb tut er, was ich sage.

Jetzt also drin. Es stinkt nach siffigen Füßen, Gemüseeintopf und Farbe. Genau. Farbe! Der Schließer hat mir die ganze Palette runtergebetet! Wandfarbe, Lackfarbe, Holzlasur, Parkettlack, einschließlich Grundierung, Rostschutz und Anti-Schimmel-Dispersion. Der ganze Scheiß, von dem du Nasenkrämpfe und Lungenkrebs kriegst. Die Einsitzer, die länger hier rumknasten müssen, dürfen eine Ausbildung zum Maler und Anstreicher machen. Da rühren sie dann in großen Pötten mit bunter Plörre, lernen, ob man diese oder jene Pampe am besten streicht, spritzt, pinselt, rollt oder flutet, und freuen sich darauf, den Rest ihres mickrigen Daseins in Weiß, Gelb oder Beige zu tünchen. Die steigen die Karriereleiter nur rauf, um die Decke zu pinseln, wenn du verstehst, was ich meine. Morgens rauf, abends runter, tagein, tagaus. Alptraum! Alpina-Alptraum sogar!

Mich interessiert das nicht, denn ich habe ja nicht vor, lange zu bleiben. Ich bin nur hier, um meinen Kumpel Socke was zu fragen.

Socke heißt so, weil er vor zwei Jahren mal eine Tankstelle an der Dortmunder Straße überfallen hat und statt einer Skimütze eine Strumpfhose trug. Breitripp, Größe sechsundvierzig, rot-gelb geringelt. Karnevals-Restposten. Zwei Löcher reingeschnitten, fertig. Die Kassiererin der Strumpfabteilung von B & U konnte sich genau an ihn erinnern und hat sich nur zwei Stunden, nachdem die Bullen das Standbild der Tanke veröffentlicht hatten, bei denen gemeldet. Ü-Cam des Kaufhauses ansehen, Socke ohne Maske identifizieren, mit Täterkartei abgleichen, und schon war sein erster Urlaub im Café Viereck gebucht. Er ist halt ein Loser, aber wir sind Brothers, echte Bros, wir halten zusammen. Das schließt unsere Schwestern mit ein.

Melanie ist nur ein Jahr jünger als Socke, aber der ist der Mann im Haus und deshalb für sie verantwortlich. Wenn er nicht da ist, passe ich auf Mellie auf. Ich nenne sie »meine Prinzessin«, denn sie sieht wie eine aus: lange schwarze Haare, die strahlendsten Augen der Welt in einem dunklen Nussbraun, eine Haut wie ein Pfirsich und eine saugeile Figur. Socke und ich haben schon verabredet, dass ich seine Schwester heirate, sobald sie volljährig ist, also in hundertsiebenundvierzig Tagen. Den Hochzeitstermin in der Bauernkirche können wir klarmachen, sobald wir wissen, wie Sockes Prozess läuft, der nächste Woche in Hagen beginnt.

Ich habe auch eine Schwester, die wird Socke später heiraten. Janine ist allerdings erst sechzehn, die beiden müssen also noch eine Weile warten. Dass wir uns so um unsere Schwestern kümmern und schwören, dass sie ihr ganzes Leben lang von uns versorgt werden, ist eine Frage der Ehre. Auch dass ich für Mellies Sicherheit sorge, weil Socke ja gerade im Knast ist, ist unter Bros selbstverständlich. Ich bringe sie zwar nicht zur Handelsschule, die fängt ja schon um acht an, aber ich hole sie ab. Und dann checke ich, dass sie abends nicht noch mal rausgeht. Meine Zukünftige hat in Clubs oder Bars auf der Mendener Straße nichts verloren.

✳✳✳

Wegen Mellie bin ich hier. Also im Knast. Sie hat eine Prüfung in der Schule, da muss sie ihren Pass vorzeigen. Echt jetzt, die wollen wissen, dass nicht jemand anders die Klausur schreibt. Und der Pass ist natürlich in Sockes Tresor. Er passt auf, dass das Dokument nicht verschwindet, bei den Mädels weiß man ja nie. Die haben schon alles Mögliche verloren.

Warum ich Socke nicht einfach in der U besucht und nach dem Code für den Tresor gefragt habe? Mann, die Knastgesetze sind streng. Als Besucher für einen U-Sitzer musst du eine gültige richterliche Besuchserlaubnis haben. Mellie war diesen Monat schon da, damit ist ihr Besuchsrecht ausgeschöpft. Da lassen die auch nicht mit sich reden. Also habe ich mich einweisen lassen. War gar nicht so leicht! Wenn du im Park auf der Alexanderhöhe Zeug vertickst, musst du ständig mit Bullen rechnen, aber wenn du sie mal brauchst, lässt sich keiner blicken. Stundenlang hab ich mit meinem Päckchen auf der Bank gehockt, bevor endlich einer kontrollieren kam. BTM, kein Milligramm über Selbstverbrauch, aber bei der Feststellung der Personalien ein bisschen rumgehampelt. Die legen es als Widerstand gegen die Staatsgewalt aus, was eine U ermöglicht. Sobald ich den Tresorcode habe und meinem Anwalt grünes Licht gebe, wird er ein Attest vorlegen, das mir stressbedingte Muskelzuckungen bescheinigt, die unter Umständen mit Kampfhandlungen verwechselt werden könnten. Damit bin ich so schnell wieder draußen, dass die Schließer mit dem Zusperren gar nicht hinterherkommen.

Mir persönlich sind der Tresorcode, der Perso und die Prüfung ja egal, weil Mellie natürlich nicht arbeiten geht, wenn sie erst meine Frau ist, also auch kein Abschlusszeugnis braucht. Aber ihr ist es wichtig, und wenn sie mir dann später mal die Buchhaltung macht, habe ich auch nichts dagegen. Allerdings müsste ich ihr dann sagen, womit ich mein Geld verdiene. Die Mädels haben keine Ahnung, mit so was belastet man Weiber besser nicht.

Endlich habe ich den Aufnahmescheiß hinter mir und darf in den Zellentrakt. Einschließen, abwarten, bis die Schritte des Schließers weit genug weg sind, und dann ans Fenster.

Es dauert, bis ich die Nasen rechts und links so weit habe, dass sie ans Fenster kommen, aber eine große Hilfe sind sie nicht. Socke ist vier Zellen links, die Idioten wissen nicht, wie man pendelt. Egal, ich will ihm ja keine Liebesbriefchen schicken, sondern nur den Türcode rauskriegen. Da man solche Infos aber nicht über die Stille Post übermittelt, muss ich bis zum Hofgang warten.

Socke sieht scheiße aus. Bleich wie ein Arsch im Winter, Augenringe in der Farbe von starkem Kaffee, die Schultern fast auf Kniehöhe.

Als ich ihm sage, weshalb ich hier bin, wird er noch blasser und fängt an zu zittern.

»Wofür?«

Ich erkläre ihm die Sache mit der Prüfung und dem Pass. Man kann ihm ansehen, wie angestrengt er nachdenkt. Glaubt vielleicht nicht, dass eine Schule einen Perso verlangt. Wir zwei haben da wenig Erfahrung, aber für mich klingt dieser Bürokratenscheiß schon logisch. Und wenn Mellie es sagt, stimmt es sowieso. Warum sollte sie lügen?

»Geht nicht«, nuschelt Socke und schlurft zu einem Türsteher.

Der schüttelt den Kopf, zeigt auf die Uhr. Will mein Kumpel etwa schon wieder in seine Quadratbox? Ey, ich bin extra hier eingefahren, um diese sechs beschissenen Ziffern von ihm zu holen!

Leicht genervt, aber immer noch im Bro-Style erkläre ich Socke die Sache noch mal. Er fängt fast an zu heulen.

»Mann, es geht nicht. Ich kann den Code nicht verraten.«

»Du verrätst ihn nicht, du sagst ihn mir, deinem Bro«, verklicker ich ihm.

Er mauert.

»Es ist für deine Schwester!«

Er hat den Kopf so tief gesenkt, dass ich mit seinem fettigen Scheitel rede.

»Sie soll den Perso geklaut melden und sich einen Ersatz ausstellen lassen«, murmelt er nach einer Weile.

»Die Prüfung ist am Montag.«

Socke steht von der frisch gestrichenen Bank auf und schlurft los. Im Uhrzeigersinn. Ich hinterher. Wir latschen drei Runden wie doofe Zirkuspferde, manchmal guckt er sich um. Hofft der etwa, dass ich den Abgang mache? Natürlich folge ich ihm und zermartere mir das Hirn. Wo ist das Problem? Mellie sagt, im Tresor, den Socke übrigens mal geklaut hat – echt jetzt, der hat einen Tresor aus einem Laden für Sicherheitsbedarf geklaut, ist das abgefahren, oder was? –, sind die Pässe, ein paar Kröten in bar, die Mellie aber nicht interessieren, und Sockes Impfpass. Kein Scherz. Socke ist der größte Hypochonder im ganzen Universum. Der lässt sich gegen alles impfen, was geht. Grippe, Masern, Kinderlähmung, Zeckenbisse, Pest und Cholera, was weiß ich? Der weiß genau, wann welche Erst-, Folge- oder Auffrischungsimpfung dran ist, ob man mit Nebenwirkungen rechnen muss, und wenn ja, mit welchen. Sonst hat Socke ja nicht viel in der Birne, ich darf das sagen, er ist mein Bro, da ist Ehrlichkeit Pflicht, aber beim Impfen kennt er sich aus.

Aber eigentlich ging es ja um den Tresor. Also die Personalausweise, Impfpässe und ein paar Hunderter für alle Fälle. Sonst nix. Was stellt der sich also so an?

Bevor ich Socke noch mal anhauen kann, ist der Hofgang vorbei. Ich werd in meine Zelle gesperrt und versuch, über die Hirnis nebenan Kontakt zu Socke aufzunehmen, aber keine Chance. Null Ahnung, was der für ein Problem hat, aber morgen ist Schluss mit lustig. Ich hab keinen Bock, hier mehr als eine Nacht zu verbringen.

Mitten in der Nacht aufstehen, frühstücken, ich muss definitiv heute hier raus. Also melde ich mich als Küchenhiwi, denn da ist auch Socke im Einsatz.

»Den Code, Socke, und zwar plötzlich!«, verlange ich, sobald ich in Flüsternähe bin.

Socke tut so, als hätte er nichts gehört. Okay, ein kleiner Schlag auf den Hinterkopf kann ja nicht schaden.

Er schweigt weiter.

Das vorderste Fingerglied ist empfindlich, egal an welchem Griffel. Ich quetsche ihm erst den kleinen, dann den Zeigefinger. Er kriegt Schnappatmung, sagt aber nix. Der fette Klops im pissgelben Jogginganzug, der neben Socke Geschirr poliert, glotzt rüber.

»Du bist der Nächste!«, sage ich. Er dreht sich weg. Lernfähig.

Sockes Gesicht ist knallrot. Ob vor Angst oder Schmerz, weiß ich nicht, ist aber auch egal. Mann, wir sind Bros, und der Typ lässt mich auflaufen, als wäre ich der Oberstaatsanwalt. Dabei geht es nur um den Perso. Oder hat der Angst, dass Mellie ihm sein Päckchen Scheine klaut?

»Zum letzten Mal auf die Nette, Socke. Sag! Mir! Den! Code!«

In seinen Augen glitzert es, aber er zieht die Rotze hoch und schüttelt den Kopf. Also Vollgas.

Ich donnere ihm den Kopf gegen den Hängeschrank, er taumelt nach hinten und reißt im Fallen einen Stapel Teller um. Der pissgelbe Jogger haut mir daraufhin ein Backblech über die Rübe. Alu. Hätte nicht mal wehgetan, wenn er im Narong Gym trainiert hätte. Als er abhauen will, stelle ich ihm ein Bein. Sein Schädel kracht gegen die Arbeitsfläche, er fällt wie ein Sandsack und bleibt liegen. Inzwischen sind mehrere andere U-Sitzer aufgetaucht. Manche lockern die Schultern, andere rufen nach Frau Meier, wer auch immer das sein soll. Die Kindergärtnerin vermutlich. Bevor die aber hier auflaufen kann, breche ich einen Arm, eine Nase und lockere ein paar Zähne, keine Ahnung, wem alle diese Körperteile gehören, die Lage ist inzwischen reichlich unübersichtlich. Dann bekomme ich einen Schlag auf den Hinterkopf von etwas, das sich wie Gusseisen anfühlt, jedenfalls wird um mich herum und in mir drin alles schwarz.

***

Ein helles Licht, das meine Netzhaut foltert, ist das Nächste, was ich sehe. Dann einen weißen Kittel. Aha, Krankenstation. Links neben mir Socke, der einen Verband um den Kopf trägt. Er sah ja vorher schon scheiße aus, aber jetzt könnte man glatt Mitleid mit ihm haben. Wenn er sich nur nicht so dämlich anstellen würde wegen einer einfachen Zahlenfolge, die er seinem Bro verraten soll, damit seine Schwester eine Prüfung machen kann. Zählt Familie plötzlich nichts mehr, oder was? Wie ich noch so grüble, was Sockes Problem eigentlich ist, macht er mir unauffällig Zeichen. Ich schaue genauer hin. Er zeigt mir sechs Ziffern mit den Händen. Ein Blick in seine Augen bestätigt mir, dass er es ernst meint. Er wiederholt die Ziffern. Weder sein Geburtsdatum noch Mellies. Keine Ahnung, was die Zahlenfolge sonst noch bedeutet, ist aber auch egal. Auftrag erledigt. Jetzt kann ich meinen Anwalt anrufen und hier verschwinden.

Nachdem der Medizinmann seine Untersuchung abgeschlossen hat, verlang ich also nach meinem Anwalt. Man bringt mich in meine Zelle mit dem Versprechen, dass Herr Dr. Greven heute noch kommt.

***

Der Greven und ich sind ein gutes Team. Anfangs war er ein Pflichti, jetzt beauftrage ich ihn selbst. Er regelt die Termine, zu denen die Bullen mich immer wieder einladen. Wenn irgendwer irgendwo irgendwas gemacht hat, was ich auch schon mal gemacht habe, steht unter Garantie die staatliche Ohnmacht auf der Matte und will mir den Scheiß an die Hacken kleben. Aber ich halte mich bedeckt, kann es mir auch leisten, seit dem Bruch, der ein bisschen schiefgegangen ist. Also nicht für mich, ich hab so fette Kohle abgesahnt, dass ich noch Jahre davon leben kann. Aber für den Eigentümer der Villa oben auf dem Tyrol. Selbst schuld, wenn der Kerl erst mit einer Knarre auf mich losgeht und sie dann genau vor meine Füße fallen lässt. Und dann noch versucht, wieder danach zu grapschen. Sah nicht gut aus, wie sein Hirn sich über die Möbel verteilte, aber wie gesagt, die Sache war lukrativ. Und die Bullen haben so was von keine Ahnung, die haben mich nicht mal besucht, um zu fragen, was ich an dem Abend gemacht habe. Einen Mord trauen die Nullchecker mir einfach nicht zu.

**

Als ich endlich dem Anwalt gegenübersitze, fragt er mich als Erstes nach dem Code. Ich will hier raus, dann kann ich Mellie den Code selbst sagen, aber er erklärt mir, dass es eilt. Mellie braucht ihren Pass. Und meine Entlassung kann mit den ganzen Formalien noch ein paar Stunden dauern. Also gebe ich ihm die sechs Ziffern, er soll Mellie von mir grüßen. Sie soll nicht vergessen, wem sie ihren Abschluss verdankt.

**

Am nächsten Morgen bin ich immer noch im Knast. Wer nicht mehr da ist, ist Socke. Wurde verlegt, heißt es. Ins Kranken-haus? Keine Antwort, keine Infos. Ich habe schon einen ganz ordentlichen Wumms, wenn ich mal zulange, Klinik könnte also sein. Aber von den anderen Knastis weiß keiner Bescheid, und die, die Bescheid wissen, sagen nix.

Der Mittag vergeht, der Nachmittag auch. Mann, wo bleibt der Anwalt mit dem Attest? Ich werd nervös. Der Knast kotzt mich an. Kein Netflix, keine Games, keine Drogen. Ohne Knete kein Stoff, nicht mal Alk. Grünzeug statt Burger, Kartoffel-pampe statt Pommes, den Nachtisch habe ich mir nicht mal aus der Nähe angeguckt. Kaffee wie im Altenheim. Ätzend! Und dann musst du noch in den Becher pissen, weil dich einer als Drogi gezinkt hat. Was für ein Kindergarten!

**

Nach der dritten Nacht im Knast ist meine Geduld zu Ende. Ich verlange, meinen Anwalt zu sprechen, bekomme aber nur ein müdes Nicken als Antwort. Was heißt das jetzt wieder? Ich darf weder Küchendienst machen noch sonst was, sondern muss in meiner Zelle hocken. Der Weißkittel schaut nach meinen Reflexen, denen geht es gut. Ich hab Mühe, ihm nicht mein Knie in die Eier zu drücken, als er mit seinem blöden Lichtstrahl meine Pupille martert. Zurück in die Zelle, Langeweile bis zum Mittagsfraß, Langeweile danach. Dann endlich: der Schlüssel. Mein Anwalt sei jetzt da. Ich beherrsche mich, springe nicht auf wie ein Kleinkind, sondern bewege mich langsam, cool, wie es sich für einen Typen meines Kalibers gehört. Entspannt schlurfe ich hinter dem Schließer her, betrete den Raum und pralle zurück.

Neben Greven sitzt Mellie. Erst hätte ich sie fast nicht erkannt. Ihre Haare, die sonst den Rücken hinunterfallen, sind im Nacken verknotet. Sie trägt Kostüm und weiße Bluse. Ich starre sie an, auch als der Schließer mich auf meinen Stuhl drückt. Ich wusste gar nicht, dass die den Greven kennt. Dann beginne ich zu grinsen. Geile Nummer, denke ich. Ob sie unter dem engen Rock was anhat? Eher nicht. Wenn wir hier rausspazieren, ist sie schon auf dem Rücksitz fällig.

Die Vorfreude im Schritt saugt das Blut aus dem Hirn, sodass ich den Anfang des Gesprächs verpasse.

»… wird daher Anklage erhoben wegen Einbruchdiebstahls und Totschlags. Da Sie ja bereits in Untersuchungshaft sitzen, wird sich für Sie zunächst nicht viel ändern. Die Anklageschrift und alle weiteren Details besprechen wir bei meinem nächsten Besuch, das wird aber einige Tage dauern.«

Ich versuch zu checken, was der Typ mir da gerade erklärt hat, aber irgendwie klingt das nicht nach Entlassung.

»Socke wird gegen dich aussagen, dafür bekommt er mildernde Umstände«, sagt Mellie. Ihre Augen sind eiskalt.

»Zusammen mit der Tatwaffe besteht kein Zweifel an einer Verurteilung«, fügt der Anwalt hinzu.

»Tatwaffe?«, stammel ich.

»Die Waffe, mit der du den Mann in seinem eigenen Haus erschossen hast«, sagt Mellie freundlich.

Woher zum Teufel weiß sie davon?

»Du hast sie Socke gegeben, damit er sie entsorgt. Hat er aber nicht. Er hat sie in den Tresor gelegt.«

»Warum?«, höre ich mich fragen.

»Keine Ahnung.« Mellie lächelt. »Wusste er selbst nicht. War besoffen, als er es mir erzählt hat. Nur den Code wollte er nicht rausrücken, aber den hast du ja freundlicherweise besorgt.«

Es dauert einige Minuten, bis ich wieder klar denken kann.

»Warum hast du mich verraten?« Ich check es echt nicht. Ich hab doch alles für sie getan.

Sie verzieht das Gesicht, als hätte sie in Scheiße gefasst.

»Du bist kriminell, jetzt sogar ein Mörder. Und mich behandelst du wie dein Eigentum, obwohl ich zehnmal so schlau bin wie du.«

Der Anwalt nickt zustimmend. »Melanie beginnt nächsten Monat ihre Ausbildung bei mir, späteres Studium nicht ausgeschlossen.«

Vielleicht hätte ich doch noch eine Chance auf Haftentlassung gehabt, wenn ich dem Anwalt nicht die Fresse neu geordnet hätte. Wahrscheinlich aber nicht. Wenn dein bester Kumpel, deine Zukünftige und die Justiz sich gegen dich verschwören, kannst du noch so cool sein, dann bist du am Arsch. Und eine Ausbildung in Drüpplingsen als Maler wird die geilste Sache der Welt.

Kathrin Heinrichs

Freier Fall

Luisa hatte kastanienbraunes Haar und smaragdgrüne Augen – genau wie ihre Mutter. Martina ist vor sechs Jahren gestorben. Brustkrebs, zu spät gemerkt. Danach waren Luisa und ich allein. Nicht allein, hat Luisa immer gesagt, ein Team.

Ihr Abitur hat Luisa mit eins sechs gemacht. Sie konnte fast alles studieren. Aber sie hat Geowissenschaften gewählt, ein brotloses Fach. Doch sie hatte ihre Vorstellungen. Schon mit sechzehn hat sie ihre ersten Führungen in der Dechenhöhle gemacht.

Zum Achtzehnten habe ich ihr dann ein Auto geschenkt. Einen Kleinwagen, aber den sichersten in seiner Kategorie. Ich wollte Luisa immer beschützen. Ihre Freude hielt sich jedoch in Grenzen. »Was soll ich damit?«, hat sie stirnrunzelnd gefragt.

Seufzer von mir. Ich war Vertriebler bei Medicé. Das bedeutete Geschäftsessen. Dienstreisen. Überstunden. Dinge, die ich nicht wollte, aber nicht immer abwimmeln konnte. »Wenn ich beruflich unterwegs bin, kann ich dich nicht immer chauffieren. Und wenn du erst im Studium bist, sowieso nicht.«

Luisa hat nach diesem Einwand nicht glücklicher geschaut. Ich wusste genau, was in ihr vorging: Papa sorgt sich zu Tode. Papa klammert. Papa lässt mich nicht los.

»Luisa-Schatz«, hab ich sie beruhigt. »Ein Auto *muss* man nicht fahren. Du nutzt es nur, wenn du es brauchst. Und wenn du es nicht brauchst, steht es halt rum. Ist das ein Deal?«

Luisa fuhr genau dreimal mit dem Auto zum Studium nach Bonn. Das letzte Mal kam sie an einem Freitagabend zurück. Ein Tag im November. Sie hatte noch ein spätes Seminar gehabt, bis zwanzig Uhr. Danach sollte ein spontanes Treffen stattfinden.

Ich habe Luisas Nachricht noch immer auf meinem Handy. »Ich komme später, Papa. Nach dem Seminar gehen alle noch was trinken. Der Prof will von einem Forschungsprojekt in Mexiko erzählen. Es ist wichtig, dass ich ein paar Leute kennenlerne. Kannst du das verstehen?«

Ich habe innerhalb von zehn Sekunden geantwortet. Ich wartete ja schon auf Luisa. »Ja, klar. Aber du kommst doch heute noch?«

Bei Luisa dauerte die Antwort etwas länger.

»Okay«, schrieb sie irgendwann. »Aber erst nachts, dann sind auch die Straßen schön leer. Geh schon mal ins Bett.«

Ich weiß noch, dass ich dachte: Gut, dass sie das Auto hat. Gut, dass sie an keinem Bahnhof stehen muss. Gut, dass sie sicher nach Iserlohn kommt. Wie sehr ich mich täuschte.

Luisa hatte kastanienbraunes Haar und smaragdgrüne Augen. Als ich sie das letzte Mal sah, waren die Augen geschlossen, das Haar blutverklebt. Das war in der Rechtsmedizin.

***

Ich möchte, dass Dinge wachsen. Dass etwas blüht. Dass Terrassen schön aussehen. Und Gärten. Dass etwas entsteht.

»Du bist sehr weit für dein Alter«, sagt manchmal Axel, mein Chef. »Du machst dir Gedanken über Dinge, über die andere Achtzehnjährige nicht ein einziges Mal nachgedacht haben.«

Das mag stimmen. Aber Axel weiß nicht, warum das so ist. Axel kennt nicht meine Geschichte. Die kennt niemand. Niemand außer Stich und mir. Ich verwahre die Geschichte in meinem Kopf. Manchmal dehnt sie sich aus und will mich zerstören. Manchmal schrumpft sie, und ich habe Hoffnung, dass sie zerschmilzt.

Arbeit hilft. Und im Garten- und Landschaftsbau arbeitet man viel. Ich habe einen Körper, als würde ich täglich drei Stunden mit Pumpen verbringen. Aber ich arbeite nur. Ich arbeite bis zum Umfallen, dann trinke ich abends drei Flaschen

Bier und falle ins Bett. Drogen nehme ich nicht mehr. Seit der Nacht an der A 46 habe ich nichts mehr genommen. Ein bisschen Alkohol ja, aber keine Drogen, ich muss die Kontrolle behalten. Manchmal in der Nacht wache ich auf, und die Bilder kommen zurück. Das Gesicht von Stich und was dann nachher geschah.

Ich hatte ihn auf der Alexanderhöhe kennengelernt. Ich hing da manchmal rum, hab ein bisschen gekifft, und da stand er plötzlich vor mir. Designerklamotten, Edel-Turnschuhe, gieriger Blick. »Weißt du, wo man was anderes bekommt?«

»Wie ›was anderes‹?«, hab ich ganz blöde gefragt. Weil ich kannte den ja gar nicht.

»Na, Pillen halt. Was Besonderes. Damit man etwas Spaß hat in diesem Kaff.«

Er hat erzählt, dass sein Vater ihn hier aufs Internat geschickt hat. Dass er eigentlich aus Frankfurt kommt und vor Langeweile stirbt.

»Geht hier nichts?«, hat er gefragt. »Kriegt man hier nichts?«

»Doch, schon«, hab ich gemeint. Aber ehrlich gesagt war grad niemand da, der ihm was verkaufen konnte. Ich hab ihm dann ein bisschen von meinem Gras angeboten, und wir haben den Abend gemeinsam auf der Alexanderhöhe verbracht.

Stich hatte Geld, das war mir schnell klar. Sein Vater war Anwalt in Frankfurt. Er hatte dort auf der Schule Scheiße gebaut, auch was mit Drogen, deshalb haben sie ihn nach Iserlohn entsorgt. So hat er das gesagt. »Sie haben mich entsorgt.« Das fand ich irgendwie lustig. Weil damals hab ich ja noch gedacht, dass ich vielleicht bei Lobbe anfangen könnte. Stich hat das gar nicht geschnallt. Wir haben beide immer nur die Hälfte von dem geschnallt, was der andere gesagt hat, allein schon wegen dem Gras. Aber trotzdem war es cool. Endlich mal jemand Neues. Okay, Stich war irgendwie over. Overcool. Overreich. Overarrogant. Aber das war mir egal. Es war erst drei Wochen her, dass Jessi mit mir Schluss gemacht hatte. Ich hab ziemlich viel gekifft. Und so ein neues Gesicht, das war irgendwie gut.

»Nächstes Mal besorgen wir was Härteres«, sagte er, als ich wegwollte. »Schau mal, wo es das gibt.«

Da hatte ich dann plötzlich einen Auftrag. So ein Typ war er. Ein Typ, der Aufträge erteilt. Blasses Gesicht, strenge Nase, groß gewachsen. Zum Befehlen geboren.

Wir haben dann noch Nummern ausgetauscht. »Sieh zu, dass du zum Wochenende was auftust«, hat er gesagt, als ich ihn am Internat mit meiner Karre abgesetzt hab.

»Ich schau mal«, hab ich gesagt.

Da ist er plötzlich näher gekommen, ganz dicht an mich ran. »Du schaust nicht«, hat er gesagt und mich dabei fixiert, »du sorgst dafür, dass es klappt.«

Ein kurzer Moment, der irgendwie unheimlich war, aber der war schnell vorbei, dann hat er mir ganz freundschaftlich auf die Schulter geklopft. »War ein guter Abend«, hat er gemeint, »du bist zu gebrauchen.«

Das war meine erste Begegnung mit Stich. So, hat er gesagt, würde er heißen. Stich. Mir war klar, dass er so nicht wirklich heißt. Ein Spitzname halt. Aber irgendwie ein cooler. Ich heiße ja einfach nur Mischa. Das fand er cute, als ich ihm das auf der Alexanderhöhe gesagt hab. »Mischa«, hat er gemeint und einen Lachflash gekriegt. »Das klingt wie ein Teddy. Mischa! Mann, klingt das cute.«

Mein Chef sagt, ich hätte es im Blut, die Dinge wachsen zu lassen. Ich möchte dann schreien und heulen und wegrennen. Mein Chef liegt so falsch. Ich habe es im Blut zu zerstören. Ich hätte besser bei der Müllentsorgung angefangen. Das hätte gepasst.

∗∗∗

Ich bin eingeschlafen, das werfe ich mir bis heute vor. Dass ich eingeschlafen bin. Es lief ein Fußball-Länderspiel, Deutschland gegen die Niederlande, und ich bin eingeschlafen nach der anstrengenden Woche. Ich bin erst nachts aufgewacht, als es an der Tür geklingelt hat. Ich bin hoch, ganz verschreckt, und dann hab ich mich gefreut. Luisa, endlich! Sie war bestimmt voll bepackt und hatte keine Lust, den Schlüssel rauszukramen. Dass ich noch wach war, sah man ja am beleuchteten Haus. Und dann standen da vor der Tür zwei Polizisten. Der eine hielt mir einen Dienstausweis hin. »Herr Ludwig?«, hat er gefragt. »Dürfen wir reinkommen?«

Es war alles wie im Traum, wie im Alptraum. »Vielleicht setzen Sie sich«, hat der mit dem Dienstausweis gesagt. »Wir haben leider eine schlechte Nachricht für Sie.«

Da wusste ich es. Es gab ja nur eine denkbare schlechte Nachricht für mich.

Auf der A 46. Einen Gullydeckel von der Brücke geworfen. Mit dem Auto überschlagen. Nicht gelitten. Feuerwehr sofort da. Sollen wir einen Seelsorger rufen?

Kein Seelsorger. Keine Betreuung. Für mich gab es keine Rettung. Mir war alles genommen. Ich war im freien Fall.

Es ist an der Brücke Hembergstraße passiert. Und zwar, als Luisa gerade abfuhr. Ausfahrt Seilersee, um zu uns in die Görresstraße zu kommen. Es ist passiert, weil sie mit dem Auto gefahren ist und nicht mit dem Zug. Es ist passiert, weil ich sie gedrängt habe, nachts noch nach Hause zu kommen.

Es ist passiert, weil jemand sie umgebracht hat.

Die Polizei hat alles versucht, die Täter zu finden. Sagt sie. Sie hat das Gelände umgepflügt. Sagt sie. Sie hat sich ins einschlägige Milieu eingeschleust. Sagt sie. Sie hat überhaupt nichts erreicht.

Ich habe parallel gearbeitet. Ganze Nächte habe ich auf der Brücke verbracht, um zu sehen, wer sich dort rumtreibt. Auf dem Schulgelände am Hemberg, am Park-and-Ride-Parkplatz unten Ecke Baarstraße, sogar am Seilersee. Ich habe mit Hunderten Menschen gesprochen. Meine Geschichte erzählt. Die Geschichte von Luisa.

Die Polizei sagte, ich solle Abstand nehmen. Die Leute in Ruhe lassen. Vielleicht wieder arbeiten? Psychologische Hilfe in Anspruch nehmen. Das Schicksal akzeptieren.

Ich kann kein Schicksal akzeptieren, das von Menschen gemacht ist. Luisa hat keinen Unfall gebaut, weil sie zu müde war. Nicht, weil sie leichtsinnig fuhr oder ihr ein Reh vors Auto geriet. Luisa ist gestorben, weil jemand einen Gullydeckel auf ihr Auto geworfen hat. Gut abgepasst. Jemand, der das Auto aus Richtung Hagen kommen sah und im richtigen Moment losgelassen hat. Der Gullydeckel ist senkrecht in ihre Windschutzscheibe gekracht. Genau so hat es jemand gewollt. Das ist kein Schicksal, sondern Mord. Dafür muss jemand büßen.

Ich habe nicht aufgehört zu suchen – und ihn nach neun Monaten tatsächlich entdeckt. Den einen, der etwas weiß. Den Dealer, der etwas vertickt hat, ganz in der Nähe. Der an zwei Typen verkauft hat. Eine ganze Hand voll Pillen. Der größere hat angeblich mit einem Hunderter aus der Hosentasche bezahlt, obwohl er noch blutjung war, sechzehn oder siebzehn. Der andere stand etwas entfernt mit einer Vespa. Der Dealer kannte sie nicht. Beide nicht. Er hängt selbst an der Droge. Aber er hat sie gesehen. Er hat eine Beschreibung abgeben können. Dann ist er verschwunden.

Die Polizei hat ihn nicht mehr auftreiben können. Hat mir überhaupt nicht geglaubt. Sie kenne alle Dealer, hat sie gesagt. Der Markt sei mittlerweile in russischer Hand. Von dem, den ich beschriebe, habe man nie etwas gehört. Und meine Aussagen über die Kunden seien unzureichend. Zwei junge Kerle, einer mit Geld …

Ich habe es aufgegeben, die Polizei zu überzeugen. Das Schicksal selbst in die Hand genommen. Mit Erfolg.

Damals bin ich eingeschlafen vor dem Fußball-Länderspiel. Seitdem nie mehr richtig. Nicht mit Schlafmitteln, nicht mit irgendwas sonst. Ich dämmere weg, ja, ich träume ein wenig, meist von Luisa, aber ich schlafe nicht mehr. Ich ruhe nicht, bis ich die beiden habe. Es war kein Schicksal, es war Mord.

＊

Ich lese keine Zeitung. Aber die Kollegen haben manchmal die BILD dabei. Und wenn die Mittagspause zu lang ist, schaue ich rein. So auch auf der Baustelle in Oestrich, am Lindenplatz. Vor Schreck hab ich sie fallen lassen, die Zeitung. Zum Glück hat es niemand gesehen.

Da ist sein Gesicht, Stichs Gesicht. Sie haben einen Balken über die Augen gemacht, aber als ich die Zeitung wieder hochnehme, kann ich ihn trotzdem erkennen. Die halblangen lockigen Haare, die markante Nase, den Mund. Ein ganz normales Bild, vielleicht von Freunden gemacht. Aber Stich ist jetzt tot. Und nicht einfach gestorben. Die Schlagzeile sagt etwas anderes: »Mit Gullydeckel im See versenkt«. Ich kann die Worte kaum lesen, so zittern meine Hände. Aber wenn ich alles richtig verstehe, wurde er von einem Hobbytaucher entdeckt. In einem Waldsee bei Frankfurt, an einen Gullydeckel fixiert. Die Polizei geht von einem Racheakt aus. »Roland Stichner war wegen Drogendelikten vorbestraft und in der Frankfurter Szene bekannt. In Erscheinung trat er schon als Fünfzehnjähriger, als er zwei Mitschülern mit Gewalt ein S in den Arm ritzte – daher sein Spitzname Stich.« Im aktuellen Fall vermutet die BILD, dass Stich seine Schulden nicht bezahlt hat und dafür büßen musste.

Ich lasse die Zeitung endgültig sinken. Ja, er musste büßen, aber nicht dafür.

»Alles klar?«, fragt Axel, mein Chef. »Du bist so bleich um die Nase.«

Meine Finger krampfen sich zusammen. Meine Galle kommt hoch.

»Mir ist nicht gut«, stammele ich, »irgendwas Falsches gegessen.«

Axel sieht mich nachdenklich an. »Dann geh mal besser nach Hause. Nicht, dass wir alle morgen die Kloschüssel küssen.«

In meiner Wohnung am Nussberg lasse ich die Rollläden runter und lege mich aufs Bett. Es gibt nur eine Erklärung: Er weiß Bescheid.

Von Anfang an kursierten Geschichten: Der Vater geht herum und sucht den Mörder seiner Tochter. Er hat seinen Job verloren und auch sein Haus. Der Vater dreht durch.

Natürlich hat auch die Polizei rumgefragt, in den Jugendzentren, am Fritz-Kühn-Platz, auf der Alexanderhöhe, überall. Mich hat man dort nicht mehr gesehen. Ich war nur noch in meinem Zimmer.

»Das mit Jessi wirkt nach«, hat meine Mutter damals gesagt. Und mir die Stelle besorgt, bei einer GaLa-Bau-Firma in Hennen. »Da kannst du richtig anpacken«, hat meine Mutter gemeint, »das tut dir gut.«

Meine Mutter hat mir später auch die Wohnung hier am Nussberg besorgt, ansonsten weiß sie nichts. Sie weiß überhaupt nichts.

An dem Freitagabend hab ich Stich auf der Vespa abgeholt.

»Ich bin einer der wenigen, die übers Wochenende hierbleiben müssen«, hatte er vorher am Handy gemeint, »da dreht man echt durch.«

»Wie sind denn die anderen bei dir im Internat?«, hatte ich neugierig gefragt. Weil über das Internat wusste man ja nichts.

»Langweiler, Musterschüler, Chorknaben. Wollen alle was werden, machen Sport und Musik. Ich kotz hier den ganzen Tag.«

»Und es fällt nicht auf, wenn du fehlst?«

»Elf Uhr letzte Kontrolle. Bin im Erdgeschoss. Das ist kein Problem.«

Jedenfalls hat er wirklich vorm Seilerseebad gestanden, wie besprochen, um halb eins.

»Endlich«, hat er gemotzt und sich hinten auf meine Karre geschwungen. »Du weißt, wo man was Besseres kriegt?«

»Ich hab einen Tipp.«

»Dann drück ich die Daumen, dass der auch passt.«

Von dem Moment an hab ich Blut und Wasser geschwitzt. Und mich gefragt: Wie kriegt der Typ das hin? Wie kriegt der hin, dass man Angst vor ihm hat?

Aber der Dealer war tatsächlich da. Kinderspielplatz Mark-grafenstraße. Er trat aus dem Dunkeln, als wir mit der Vespa ranfuhren. Ein voll kaputter Typ, das sah man sogar auf die Entfernung, aber er hatte bunte Pillen dabei. Ich blieb bei der Vespa, Stich machte das Geschäft.

»Hundertfünfzig«, hörte ich den Dealer sagen.

»Für den Rotz?« Stichs selbstsichere Stimme.

»Ey, das ist astreines Zeug, anderswo kann ich viel mehr dafür kriegen.«

»Aber hier ist nicht anderswo, hier ist Iserlohn. Hundert, und du kannst froh sein, dass wir dir nicht die Fresse polieren. Verpiss dich von hier!«

Der Typ hat das tatsächlich gemacht. Hat auf Stich gehört und sich vom Acker gemacht. Kurz drauf kam Stich zurück, ein Grinsen im Gesicht und ein paar Pillen in der Hand. »Lass uns hinfahren, wo's schön ist.«

»Wo's schön ist?«, hab ich gefragt. Da fiel mir tatsächlich nichts ein.

Stich sah sich um. »Bleiben wir halt hier«, hat er gemeint, »mit Kindern ist ja nicht mehr zu rechnen.«

Stich hat dann sofort drei Pillen eingeschmissen und sich auf die Tischtennisplatte gelegt. Das sah komisch aus, weil er die Beine über das stählerne Netz gelegt hat, als wär es gar nicht da.

Ich selbst hab nur eine Pille genommen und mich auf die Schaukel gehauen. Eine bequeme Schaukel mit einer ganz gro-ßen Fläche. Man kann sich praktisch einrollen darauf. Ich hatte ein Gefühl von Leichtigkeit und Fliegenkönnen und überhaupt keine Angst.

Aber dann hat es irgendwann zu nieseln begonnen.

»Wollen wir woandershin?«, hab ich zu Stich rübergerufen. »Ich meine, weil es zu pissen anfängt.«

»Pissen!« Stich prustete, als hätte ich den Witz des Jahres gemacht.

»Du wirst total nass!«

»Nass!« Wieder ein Lachflash bei Stich, der ging echt durch die Decke. Und dann hab ich ihn plötzlich aufspringen hören.

»Pissen!«, hat er gebrüllt und die Arme in den Himmel gestreckt. »Ich bin der Pisser der Welt!«

Dann ist er losgerannt zum Ausgang und von der Markgrafen- gleich zur Hembergstraße rauf. Ich wusste nicht, was tun, und bin schnell hinterher. Womöglich lief der ja im Wahn vor ein Auto!

Stich war schnell. Er schrie zwischendurch, aber zum Glück war auf der Straße nichts los. Irgendein Fußballspiel. Sogar meine Mutter hatte zu Hause geguckt. Ich hörte Stich schreien, und dann sah ich ihn plötzlich auf dem Boden hantieren, direkt vor der Brücke. Er ruckelte da an irgendwas herum. An einem Gully.

»Was machst du da?« Endlich war ich bei ihm, völlig außer Atem.

»Hilf mir!«, brüllte Stich. Und als ich nicht reagierte, stand er plötzlich auf und kam auf mich zu, ganz nah, fasste mich an der Jacke. »Du hilfst mir, du Arsch!«

Und das tat ich dann. Ich weiß nicht, warum. Weil Stich so schrie. Weil er so war, wie er war. Ich half, den Gully aus der Verankerung zu ziehen. Er war nicht befestigt, die Verankerung lose. Auf jeden Fall kriegten wir ihn zusammen da raus.

»Und jetzt?«, hab ich ängstlich gefragt.

»Jetzt übers Geländer!«

»Aber …«, hab ich gestottert.

»Übers Geländer!«, hat Stich gebrüllt.

Ich hab einfach nur gedacht, dass es gleich vorbei ist. Dass wir jetzt dieses Teil da runterschmeißen und dass es dann vorbei ist. Es würde einen lauten Knall geben, und dann war es vorbei. Da würd nichts passieren. Vielleicht könnten wir den Gully ja so werfen, dass er auf den Standstreifen fiele.

Stich war viel stärker, als er aussah. Ein richtiges Tier. Oder nur ein Tier wegen der Pillen. Er zerrte mich und den Gully über die Straße zum Geländer Richtung Hemer. Zum Glück *war dort unten kaum ein Auto unterwegs. Außerdem waren wir weit rechts, wo der Standstreifen war.*

»Und jetzt?«, fragte ich außer Atem.

»Warten!«, brüllte Stich. Er war knallrot im Gesicht, was viel schlimmer aussah als seine wächserne Blässe.

»Warten worauf?« Ich kriegte langsam Panik. Ich hatte das alles nicht im Griff.

»Da!« Stich hat über die Brücke auf die Autobahn Richtung Hagen geschaut. »Da kommt ein Auto!«

»Aber wir können doch nicht –«

»FRESSE!«

Der Gully lag schon auf dem Geländer, und das Auto kam näher, wechselte plötzlich auf die rechte Spur. Und erst jetzt sah ich: Da unten, das war gar kein Standstreifen, das war die Abbiegespur Ausfahrt Seilersee! Ich wollte irgendwas tun, den Gully zurückreißen, schreien ... aber dann hat Stich wieder gebrüllt.

»JEEETZT!« Und er hat den Gully runtergestoßen, und ich hab ihn nicht festhalten können, und er ist gefallen, und dann hat man diesen ohrenbetäubenden Crash gehört und dann quietschende Reifen und ein gewaltiges Scheppern, das Auto überschlug sich zweimal, donnerte vor die Leitplanke, rutschte weiter und blieb dann irgendwann stehen.

Ich hab mich nicht bewegen können, ich war wie gelähmt – bis Stich irgendwas sagte. Das riss mich raus. Ich sah ihn an, sah sein Grinsen und hörte ihn sagen: »Geil!«

Ich habe Stich dann zum Internat gebracht. Er hat nichts mehr gesagt. Von dort aus bin ich irgendwie nach Hause gekommen, ich kann mich nicht erinnern. Am nächsten Tag zumindest lag ich im Bett.

Von Stich habe ich erst zwei Tage später wieder gehört.

»Am Seilersee«, schrieb er. »Ecke Bootsverleih, heute um sechs.«

Natürlich war ich da. Wenn Stich etwas sagte, machte ich das. Es gab nicht viel zu reden. »Morgen bin ich weg aus Iserlohn«, sagte er zu mir. »Mein Vater hat eingesehen, dass das hier nichts für mich ist.« Und dann kam er mir plötzlich ganz nah. Hielt mich an der Jacke und stierte mich wie geisteskrank an. »Wenn du auch nur ein Sterbenswort sagst, bist du tot!« Er hat mich noch einen Moment so gehalten, dann hat er losgelassen und mir auf die Schulter geklopft.

Und ich hab gemacht, was er sagte. Kein Sterbenswort gesagt.

Doch jetzt ist Stich tot. Mit einem Gullydeckel in einem Waldsee versenkt. Wenn es Stich erwischt hat, dann erwischt es auch mich.

Ich höre das Tropfen meiner Bewässerungsanlage. Ich züchte ein paar ausgefallene Pflanzen, die vor allem im Regenwald vorkommen. Mein Chef war begeistert, als er mich mal in meiner Dachgeschosswohnung besucht hat.

Ich möchte, dass etwas wächst. Dass etwas blüht.

Denn in Wahrheit bin ich ein Zerstörer.

***

Es muss schnell gehen. Die Presse hat bundesweit berichtet. Im schlimmsten Fall ist er gewarnt.

Er wohnt im zwölften Stock, ich nehme trotzdem die Treppe. Ich koste jede Stufe aus.

Ich weiß, dass er da ist. Seine Vespa steht im Fahrradverschlag. Wenn seine Vespa da ist, ist er selbst es auch.

Er öffnet nicht nach dem ersten Klingeln, auch nicht nach dem zweiten. Erst nach dem dritten Klingeln höre ich was.

»Ja?«, ruft er von drinnen. Es klingt genervt.

»Hausservice Brinkmann«, sage ich. »Wir kontrollieren die Feuermelder. Ich hoffe, Sie haben das Kärtchen im Briefkasten gehabt.«

»Was für ein Kärtchen? Und warum samstags?«

»Wir überprüfen die Feuermelder«, wiederhole ich stupide, »regelmäßige Prüfung ist Pflicht, da sonst die Brandschutzversicherung nicht zahlt. Ihr Vermieter hat uns engagiert. Samstags sind die Leute zu Hause. Sie sind die letzte Wohnung, dann sind wir hier durch.«

Man hört ein Grummeln, dann macht er auf. Er sieht meinen Handwerkerlook, meinen Werkzeugkoffer, sieht mir sogar ins Gesicht. Aber ich bin nicht mehr der, der ich war. Mein Haar ist jetzt weiß, mein Gesicht von einem Vollbart bewuchert, das Basecap tief im Gesicht. Er dreht sich weg und sagt: »Aber machen Sie schnell!«

Ich mache schnell. Greife den 40er-Maulschlüssel aus meiner Box, strecke ihn von hinten nieder. Als er wieder zu sich kommt, habe ich ihn in seinen Wohn-Schlafraum geschleift und seine Hände mit Kabelbinder am Heizkörper fixiert. Er ist klein, aber kompakt. Wahrscheinlich geht er jeden Tag pumpen.

Ich setze mich auf einen Stuhl ihm gegenüber und sage höflich: »Guten Tag.«

»Sie sind es«, sagt er. Er klingt nicht eigentlich ängstlich. »Ich wusste, dass Sie mich suchen. Ich dachte nur nicht, dass Sie hierherkommen. Wie haben Sie mich gefunden?«

»War nicht so schwer.« Mein Tonfall ist beinahe heiter. Es freut mich, dass er eine Art Geständnis ablegt: Er hat mich erwartet.

»Der Dealer hat sich an zwei Kunden erinnert: einer auf einer Vespa, einer mit Geld. Den mit Geld hab ich im Internat aufgetan. Eine Reinigungskraft hat mir erzählt, dass es da einen unangenehmen Typen gab, der nur kurz da war und plötzlich ausgecheckt hat, zu einem Zeitpunkt, der für mich interessant war. Und den Jungen mit der Vespa … Ehrlich gesagt, in deinem Alter gibt's da nicht viele. Du hättest umsatteln sollen.«

»Erinnerung«, murmelt er, »an meinen Vater.«

Und dann schweigt er vor sich hin. Ich schau mich um. Es riecht erdig im Raum, und jetzt weiß ich auch, warum. Die paar Quadratmeter unter den Schrägen sind mit Pflanzen zugestellt. Der Bursche hat eine besondere Beleuchtung angebracht sowie eine Bewässerungsanlage.

»Du züchtest deinen Stoff inzwischen selbst?«

Er sieht mich erstaunt an. »Quatsch! Das sind Exoten, die besondere Bedingungen brauchen. Ich nehm keine Drogen.«

Mir entweicht ein Seufzer.

Seine Augen sind glasig. »Ich nehme keine Drogen – seit dieser Nacht.«

Es erstaunt mich erneut, dass er nicht ausweicht, nicht lügt und beteuert. So hat es sein Kumpel gemacht.

»Warum habt ihr das getan?«, frage ich.

»Warum haben wir –« Er bricht ab.

Aber ich habe Zeit.

Und dann berichtet er. Und natürlich ist er nicht schuld. Der andere hatte die Idee. Der andere hat es getan. Das habe ich auch von seinem Kumpel gehört.

»Legen Sie los!«, sagt er schließlich. »Ich bin bereit. Und ich bin froh, dass es endlich vorbei ist.«

Nun überrascht er mich wieder. »Du hast keine Angst?«

»So ist es kein Leben«, sagt er. »Die Schuld ist immer dabei. Ich hab Stich nicht abhalten können. Es ist gut, dass etwas passiert.«

Ich sehe ihn an. Vielleicht pumpt er gar nicht, vielleicht hat er die Muskeln von der Arbeit. Landschaftsgärtner schuften sehr viel.

»Wie heißen die Pflanzen?«, frage ich und sehe mir die Gewächse an.

»Aeschynanthus, Crossandra, Stephanotis …«

»Und die mit den rosafarbenen Kelchblättern?«

»Medinilla magnifica. Die kleinen Blüten sind Beeren. Man kann sie hier gut halten, aber sie selbst zu züchten, ist nicht ganz leicht.«

Ich schaue mir die Anlage an. Kein Komplettset aus dem Fachmarkt, das wirkt alles selbst gebaut.

»Warum machst du das?«, frage ich.

Er möchte antworten, stockt aber.

Ich warte ein bisschen. »Warum?«

Er spricht leise mit gesenktem Kopf, aber ich höre es doch.
»Es ist schön, wenn etwas Neues entsteht.«

Ich betrachte ihn eine Weile, dann gehe ich zur Balkontür. Ich trete nach draußen, sehe unter mir die Stadt. In der Ferne meine ich die Zwillingstürme von St. Aloysius zu erkennen.

Was hat er gesagt? »So ist es kein Leben. Es ist gut, dass etwas passiert.«

Der Junge weiß viel für sein Alter. Der Junge hat recht.

✻✻✻

Ich schreie. Aber der Vater scheint nicht zu hören. Klettert über das Geländer. Blickt sich noch einmal zu mir um.

»Nein!«, schreie ich. »Tun Sie das nicht!«

Er lächelt. Einen Moment denke ich, er kommt zurück. Aber dann ist er weg. Gefallen. Oder besser: gesprungen. Ich rüttle am Kabelbinder, aber ich komme nicht los.

Ich schreie. Ich bin ein Zerstörer.

✻✻✻

Ich habe Lavendel gepflanzt. Und Rosen. Dazwischen habe ich ein paar Steine gelegt. Luisa hat angeblich Steine geliebt. Und ihr Vater hat seine Tochter geliebt. Ich bin auf Bewährung. Ich bin in Therapie. Vielleicht bin ich nicht nur ein Zerstörer. Vielleicht kann doch etwas Neues entstehen.

Peter Godazgar

In der Werkstatt

Es war eher ein intuitiver Impuls, der ihn vom Lennedamm in die Gennaer Straße abbiegen ließ. Langsam rollte er mit dem Wagen über die Brücke, die über das Flüsschen führte. Höchste Zeit, dass er fündig wurde – der Motor gab bedenkliche Laute von sich.

Dann sah er das Schild: »Auto-Service Schlieper – Freie Kfz-Werkstatt – 800 Meter«. Na bitte!

Er fuhr die Straße entlang, kam an einem Wegweiser zum Bahnhof Iserlohn-Letmathe vorbei sowie an einigen nicht mehr ganz taufrischen Industriebauten. Plötzlich endete die Bebauung, und eine Kleingartenanlage tauchte auf. Rechter Hand ragten einige Strommasten sowie die kleineren Masten eines Umspannwerks in die Höhe.

Der Mann beugte sich nach vorn und spähte durchs Fenster. War das eine Reichskriegsflagge? Noch eine. Er sah auch die Flagge der Bundesrepublik und diejenige von Nordrhein-Westfalen. Der Mann erschrak kurz, als links neben ihm ein lautes Geräusch ertönte: Ein Güterzug ratterte parallel der Gennaer Straße entlang.

Der Mann legte den Rückwärtsgang ein und gab vorsichtig Gas. Der Motor spuckte.

Er passierte ein Haus, an dem eine kleine Tafel angebracht war – darauf die bundesdeutsche und die türkische Flagge sowie die Worte »Ulu Cami«.

»Da schau her, eine Moschee«, murmelte der Mann zerstreut.

Dann entdeckte er die Werkstatt. Kein Wunder, dass er sie verpasst hatte. Das Schild war winzig. »Hat wohl keine Werbung nötig«, brummte er, als er auf das Gelände einbog. Sorgfältig sah er sich nach allen Seiten um, bevor er den Motor ausschaltete. Sah gut aus. Abgelegen, Kundschaft schien auch gerade nicht da zu sein. Vielleicht würde er hier endlich Glück haben. Er fand, dass er es langsam mal verdient hätte.

Er stieg aus und lief auf die beiden großen Tore zu, von denen das rechte offen stand. Der Duft von Öl und Benzin wehte ihm in die Nase. In der Halle standen mehrere Fahrzeuge, teils auf einer Hebebühne, teils mit geöffneter Motorhaube, teils mit fehlenden Reifen. An einer Seite standen auf der ganzen Länge Materialschränke und vollgestopfte Stahlregale.

Er lugte in den Raum hinein. »Hallo?«

Ein klirrendes Geräusch ertönte, Stahl auf Beton, dann ein Ächzen, anschließend ein »Moment!«, und schließlich tauchte ein Mann in grauer Arbeitslatzhose hinter einem Octavia auf. Er rieb sich die ölverschmierten Hände an einem Tuch ab. »Tach!«

Der Mann setzte ein Lächeln auf. »Guten Tag. Sagen Sie, nehmen Sie auch kurzfristige Aufträge an? Notfälle sozusagen?«

»Worum geht's denn?«

»Ich, ähm, ich … Also, es gab da ein … ein kleines Malheur.«

»Malheur?«

»Ja, na ja … Wie soll ich sagen? Einen Zwischenfall.«

»Zwischenfall.«

»Genau. Man könnte auch sagen: einen Unfall. Gewissermaßen. Das Problem ist …« Er deutete hinter sich. »Es handelt sich nicht um *mein* Auto. Sondern um das eines Freundes. Ich muss es in zwei Tagen zurückgeben. Meinen Sie, Sie könnten es bis dahin reparieren?«

»Kommt drauf an.«

»Ja, also das wäre toll … ganz toll wäre das. Das Auto steht gleich da vorne. Vielleicht können Sie mal einen Blick drauf werfen?«

Die beiden Männer setzten sich in Bewegung.

Auf halbem Weg sagte der Mechaniker: »Oha.«

»Ja, blöde Sache.«

»Das ist ja 'ne ziemlich fette Beule, die Sie da haben.«

»Stimmt.«

»Da is ja alles kaputt vorne rechts.«

»Och. Sieht ja meistens schlimmer aus, als es ist.«

»Scheinwerfer weg … Das zieht sich doch bestimmt auch bis auf die Seite.«

Sie standen nun direkt vor dem Fahrzeug.

»Meinen Sie, das lässt sich reparieren?«

»Reparieren lässt sich alles.«

»Auch in zwei Tagen?«

Der Mechaniker rieb sich übers Kinn. »Scheinwerfer muss ich bestellen. Ich müsste gucken, ob der Motor okay ist. Und neu lackieren müsste ich das ja auch.«

»Ja … Und Sie sagten es selbst: Auf der Seite ist auch noch was. Das sollten Sie möglichst gleich mitmachen.«

»Hm.«

»Auf der Seite ist eine Beule … Seitlich.«

»Eine Beule.«

»Aber eine kleinere«, fügte der Mann schnell hinzu.

Sie gingen um das Auto herum.

»Kleiner, sagten Sie?«

»Na ja, ein *bisschen* kleiner.«

»Bisschen? Das sieht aus, als wären Sie einer Horde Büffel begegnet.« Der Mechaniker stopfte seine Hände in die Taschen seiner Latzhose, zog die rechte aber sofort wieder heraus und gestikulierte energisch in Richtung Fahrzeug. »Und der Lackschaden, der sich über die ganze Länge zieht? Der kann wohl dranbleiben?«

»Also wenn Sie den ausbessern könnten – das wäre natürlich großartig.«

Erneut ertönten die Geräusche von vorbeifahrenden Waggons, diesmal war es das leisere Surren eines Personenzugs.

»Wie ist das überhaupt passiert?«, fragte der Mechaniker, als es wieder still war.

»Das … ja, verrückte Sache. Ganz blöd gelaufen. Ähm … eine Gasse!«

»Eine Gasse?«

»Ganz enge Gasse. Ich habe das falsch eingeschätzt. Also, die Breite der Gasse. Dachte, sie wäre breiter. Die Gasse. Und dann war da …« Der Mann schien krampfhaft nachzudenken. »Dann stand da … dieser Container.«

»Aha?«

»So ein großer. Den man rollen kann. Riesenteil. Und den hab ich … angetippt.«

»Angetippt.«

»Angestoßen.«

»Davon holen Sie sich doch nicht so 'ne Riesenbeule.«

»… der war voll, der Container. Randvoll. Mit ganz schwerem Zeug. Stahl!«

»Stahl?«

»Ja. Hat sich keinen Millimeter bewegt, als ich da … drangestoßen bin.«

Der Mechaniker ging wieder zur Vorderseite des Fahrzeugs und beugte sich vor. »Was ist denn das Rote? Ist das … Blut?«

»Blut? Nein, wo denken Sie hin?«

»Sondern?«

»Ähm … Lippenstift.«

»Lippenstift?«

»Lippenstift, genau. Da … war diese Frau … Mit diesen roten Lippen … Knallrot … Sehr sinnlich! … Sie ist gestolpert … Ich stand aber schon mit dem Auto … Und als sie sich aufrichten wollte … die Frau, sehr sinnlich, wie gesagt … da ist sie … ausgerutscht … Und mit ihrem Gesicht … Vor allem mit dem Mund … Hat sich aber nicht wehgetan … Also … was meinen Sie? Könnte das klappen?«

»In zwei Tagen?«

»Ja, da wäre allerdings noch eine andere Stelle.«

»So?«

Der Mann ging zur Beifahrerseite und zeigte wortlos auf die Tür.

»Oha«, sagte der Mechaniker. »Da sind ja Löcher drin.«

»Ja, die Löcher, dumme Sache. Sehr dumme Sache, das.«

Der Mechaniker runzelte die Stirn. »Wie kommen die denn da rein?«

»Ähm …«

»…?«

»Äh …«

»…?«

»Specht.«

»…?«

»…!«

»Was?«

»Ein Specht! Das war ein Specht. Er ist mit seinem Schnabel gegen das Auto geflogen … Spechte haben doch unheimlich spitze Schnäbel, die hacken ja auch immer Löcher in Bäume … Sogar in ganz hartes Holz … Sogar in Eichen … Echte Teufelskerlc, diese Viecher.«

»Ihnen ist ein Specht ins Auto geflogen?«

»Ja. Zack, drin war er. Quasi Wildunfall.«

»…?«

»…!«

»War das, bevor oder nachdem Sie den Müllcontainer gerammt haben?«

»Das war … Da muss ich nachdenken …«

Der Mechaniker beugte sich vor. »Wie viele Löcher sind das denn? Eins, zwei, drei …« Der Mechaniker zählte leise. »Das sind ja über ein Dutzend Löcher.«

»Ja. Richtig. Es war ja nicht nur *ein* Specht. Es war ein ganzer Schwarm … Ein Specht-Schwarm … Hört man doch auch oft von Flugzeugen, dass ein Schwarm Vögel in die Triebwerke rauscht.«

»Aber eigentlich nicht von Spechten … und die Löcher sind doch alle auf der Beifahrerseite.«

»Ja, die Spechte sind ja auch von der Seite gekommen.« Der Mann lachte gequält. »Haben also im Prinzip rechts vor links missachtet.«

»… Haben sie nicht.«

»… Haben sie nicht?«

»Nein, wenn die Spechte Sie auf der Beifahrerseite getroffen haben, dann kamen die Spechte von *rechts*, und also hatten die *Spechte* Vorfahrt.«

»…?«

»…!«

»Ja … Nein … Das war … eine abknickende Vorfahrt! Also, *ich* befand mich auf einer abknickenden Vorfahrtsstraße.«

Der Mechaniker blickte seinen Kunden lange an. »Jetzt mal ehrlich: So 'nen Kokolores hab ich ja schon lang nicht mehr gehört.«

»Was?«

»Spechte! Das sind Einschusslöcher!«

»Einschusslöcher? Wie sollen denn Einschusslöcher in das Auto gekommen sein?«

»Zum Beispiel dadurch, dass jemand auf das Auto geschossen hat.«

»Das hätte ich ja nun wohl gemerkt.«

»Und das da vorne an der Stoßstange ist auch kein Lippenstift! Das ist Blut!«

»Blut? Also, nein … Ich meine, lenken Sie doch nicht ab! Was ist nun? Können Sie das jetzt reparieren? … Ich könnte übrigens Barzahlung anbieten.« Der Mann trat an die hintere Seitentür und versuchte sie zu öffnen, was sich schwierig gestaltete, da der Rahmen offenbar verzogen war. Der Mann zerrte und zerrte, und schließlich öffnete sich die Tür mit einem quietschenden Knarzen. Oder auch mit einem knarzenden Quietschen. Ein Rucksack fiel auf den Boden, und einige Bündel mit Geldscheinen rutschten heraus.

»Hoppla«, sagte der Mann.

Der Mechaniker trat an den Wagen heran und spähte auf die Hinterbank. »Da liegen noch zwei Rucksäcke.«

»So? Ach ja, richtig! Ja, ich weiß.«

»Is da das drin, von dem ich glaube, dass es da drin ist?«

»Eine … Erbschaft. Meine … Großtante … mütterlicher-seits … Wie gesagt: Barzahlung ist kein Problem.«

»Hören Sie, ich will keinen Ärger bekommen.«

»Ärger? Wieso Ärger?«

Der Mechaniker beugte sich nach unten, nahm eines der Geldbündel heraus und betrachtete es. »Da ist Farbe an dem Geld. Blaue Farbe.«

»Och, Mensch, Sie sind aber kompliziert. Ja, meine Güte, da ist ein bisschen Farbe dran. Na und? Damit kann man doch trotzdem noch bezahlen.«

»So was passiert, wenn Geld gestohlen wird!«

»Also, jetzt machen Sie aber mal halblang! Was wollen Sie denn hier andeuten? Wollen Sie etwa andeuten, dass ich –«

»Allerdings! Das will ich!« Der Mechaniker stemmte seine Hände in die Hüften. »Ich meine, Sie kommen hier an mit einem total verbeulten Auto, Blut an der Stoßstange, Ein-schusslöcher an der Seite, markierte Geldscheine … Wissen Sie was?«

»Was?«

»Ich ruf jetzt die Polizei!«

»Ach, nein, bitte tun Sie das nicht.«

»Oh doch, das mach ich!«

In diesem Moment erklang ein Klopfen. Der Mechaniker starrte den Mann an.

Der Mann starrte zurück. Endlich sagte er: »Ja, das ist auch so eine Sache. Der Motor macht so komische Klopfgeräusche.«

»Der Motor ist aus!«

»Seltsam, oder?«

»Nein! Gar nicht seltsam! Die Klopfgeräusche kommen nämlich nicht vom Motor! Die kommen aus dem Kofferraum!« Der Mechaniker marschierte mit entschiedenem Schritt zum Heck des Fahrzeugs. Dort blieb er stehen und fixierte den Mann einige Sekunden. »Ich werde diesen Kofferraum jetzt öffnen.«

»Der geht nicht auf! Der klemmt!«

Der Mechaniker betätigte den Hebel, und die Heckklappe öffnete sich. Nachdem er eine Weile in den Kofferraum gestarrt hatte, sagte der Schrauber matt: »Da liegt jemand drin.«

»Mein Bruder«, antwortete der Mann.

»Ihr Bruder.«

»Genau.«

»Sind Sie sein Bruder?«, fragte der Mechaniker in den Kofferraum hinein. Der Unbekannte schüttelte hektisch den Kopf und zappelte – zumindest im Rahmen seiner Möglichkeiten, denn er war an Händen und Füßen gefesselt.

»Er sagt, er ist nicht Ihr Bruder.«

»Er ist plemplem … Demenz … Endstadium … Er erkennt seine engsten Verwandten nicht mehr. Schlimm … tragisch …«

»Hören Sie …«, begann der Mechaniker, doch der Mann unterbrach ihn.

»Nein, Sie hören *mir* jetzt zu! Ich bin hier vorgefahren mit einer ganz einfachen Bitte, nämlich mit der Bitte, mein Auto zu reparieren. Ich dachte immer, das gehört zu den Kernkompetenzen einer Autowerkstatt. Oder etwa nicht? Stattdessen stellen Sie Fragen über Fragen und machen hier Andeutungen …« Der Mann zückte eine Waffe.

Ein weiterer Zug rauschte vorbei.

»He!«, rief der Mechaniker. »Ganz ruhig!«

»Nein, ich hab die Schnauze voll! Alles läuft schief! Nix klappt! Dabei wollte ich einfach bloß in Ruhe einen Überfall durchziehen. Um endlich von meinen Spielschulden runterzukommen.«

»Überfall? Spielschulden?«

»Ja, glauben Sie denn, ich mach das hier zum Spaß? Ich will nix Böses. Aber dann werde ich nur dumm angemacht. Vom Filialleiter. Von den Geiseln. Und draußen steht die Polizei und macht den totalen Psychoterror. Ich hab bei der Telefonseelsorge angerufen, aber da saß irgend so ein Heini, der hatte null Verständnis für mich.«

»Mmh.«

»Ja, und anschließend musste ich mich von den Geiseln beschimpfen lassen, weil die Pizza, die ich für sie bestellt hatte, ganz labberig war.«

»Bäh, Pizza muss knusprig sein.«

»Genau! Und dann krieg ich nach drei Tagen – nach drei Tagen! – endlich mein Fluchtauto, aber es stellt sich raus: Die wollen mich verarschen. Stehen an der nächsten Kreuzung. Straßensperre. Das volle Programm.«

»Voll gemein.«

»Oder? Ich meine, die haben mich erst durchgelassen, als ich denen klargemacht habe, dass der Filialleiter im Kofferraum liegt.«

Der Mechaniker starrte auf den gefesselten Mann im Kofferraum, der jetzt aufgehört hatte zu zappeln und sich stattdessen auf flehentliche Blicke beschränkte.

»Junge, Junge«, sagte der Mechaniker. »Sie haben vielleicht Nerven.« Er starrte den Mann eine Weile stumm an. Dann knallte er die Heckklappe zu. »Okay, fahren Sie die Karre rein.«

Aus dem Kofferraum erklangen wilde Klopfgeräusche.

»Echt?«

»Ja! Wird aber nicht billig, das kann ich schon mal ankündigen.«

»Klar. Logo. Toll. Danke.« Der Mann trat an den Wagen heran, blieb aber stehen und drehte sich zu dem Mechaniker um. »Ähm …«

»Was denn?«

»Also … Nun ja …« Der Mann holte tief Luft. »Können wir das ohne Rechnung machen?«

Der Mechaniker starrte den Mann stumm an. »Was?«

»Ähm … Ohne Rechnung. Also ohne … Mehrwertsteuer. Quasi. Sie wissen schon. Damit es etwas billiger …«

Der Mechaniker unterbrach ihn. »Billiger? Ich glaube, es hackt!«

»Was?«

»Also ehrlich, jetzt reicht's! Ich bin ja wirklich tolerant.

Aber irgendwo ist auch mal Schluss! Ohne Rechnung? *Ohne Rechnung?*«

»Na ja …«

Der Mechaniker schüttelte den Kopf. »Ich hätte es wissen müssen. Mein lieber Herr Gesangsverein! Es ist immer dasselbe. Jetzt sage ich Ihnen mal was.« Er stieß rhythmisch mit dem Zeigefinger in Richtung des Mannes. »Haben Sie irgendeine Ahnung, was passiert, wenn das rauskommt? Ich sag's Ihnen: Dann hab ich hier ruckizucki 'ne Steuerprüfung am Hals, und dann gute Nacht, Marie. Davon abgesehen: Ich find es mies, wie alle immer versuchen, den Staat abzuzocken. Wissen Sie, wie viel Geld jedes Jahr durch Schwarzarbeit verloren geht?«

»Ich meinte ja nur …«

»Dreihundertdreißig Milliarden Euro!«

»Ach … Doch so viel?«

»Dreihundertdreißig Milliarden!«

»Das … Also … Ich wusste ja nicht …«

»So, und jetzt machen Sie sich vom Acker.«

»Was?«

»Sie sollen sich vom Acker machen!«

»Aber …«

»Nix aber! Suchen Sie sich 'ne andere Werkstatt. Tschüssikowski!« Der Mechaniker stapfte wütend davon und verschwand in der Werkstatthalle.

Der Mann schaute ihm mit hängenden Schultern hinterher. Dann stieg er, das Hämmern aus dem Kofferraum ignorierend, langsam ins Auto und steckte den Zündschlüssel ins Schloss. »Wetten, dass?«, murmelte er. »Die Karre bewegt sich bestimmt nicht mehr.« Er drehte den Schlüssel, und der Motor sprang an. »Na, immerhin.«

Langsam rollte der Wagen vom Hof. Der Motor machte bedenkliche Geräusche. Und aus dem Kofferraum ertönte ein wildes Klopfen, das aber zunehmend leiser wurde.

Uli Aechtner

Schmückendes Beiwerk

»Wegen Corona ist ja nun alles anders.« Der Moderator im
Fernsehen zog die Oberlippe hoch wie Jürgen von Manger,
wenn er als Adolf Tegtmeier den Schwiegermuttermörder gab.
Nach einer kleinen Pause sprach er schleppend weiter: »Wegen
der besonderen Umstände werden wir dieses Jahr das Schützenfest ins Internet verlegen.« Er stand vor einem Ikea-Kel-
lerregal voller Pokale, neben dem eine billige Zielscheibe hing,
und trug eine dreckige Arbeitshose zum grünen Schützenrock.
»Jeder sollte sich da was einfallen lassen«, sprach er seine Zuschauer nun direkt an. »Ob in der Garage, im Bierkeller oder
draußen im Freien. Wir haben auch schon über ein Biertaxi
nachgedacht. Also dass wir dann rumkommen und überall dort,
wo gerade gefeiert wird, einen ausgeben.«

Jan Willem lag im Wohnzimmer auf dem Sofa, sah sich diese
bekloppte Fernsehsendung an und konnte es nicht fassen. Was
wollten die? Mit Königssilber und Schellenbaum in muffigen
Partykellern feiern? In Kleingruppen und mit Mundschutz?
Das zog doch die Tradition ins Lächerliche. Die Pandemie
war ernst zu nehmen, und Jan Willem wollte gewiss nicht an
Covid-19 sterben. Aber war das ein Grund, alles zu verhun-
zen? Er umklammerte die bis eben gelesene Broschüre, die er
auf seinen Bauch hatte sinken lassen. Diese brandneue Studie
der Universität Paderborn widmete sich dem Wandel und der
Zukunft des Schützenwesens in Westfalen, das 2015 zum im-
materiellen UNESCO-Kulturerbe erhoben worden war. Der
Leitgedanke der Vereine hatte stets gelautet: »Für Glaube, Sitte,
Heimat«. Nun hatten ein paar studierte Gedönsräte herausgefunden, dass es besser »Für Heimat, Sitte und Glaube« hieß,
weil das mit dem Glauben nicht mehr so aktuell war. Ja, gut,

was oder wem konnte man schon noch glauben, wenn nicht mal der amtierende Präsident Amerikas glaubwürdig war?

»Dekorieren Sie Ihren Partykeller«, fuhr der Moderator im Fernsehen fort, »laden Sie so viele Schützenbrüder, Vereinsmitglieder und Nachbarn wie möglich ein, aber achten Sie auf den Mindestabstand von einem Meter fünfzig.« Er drohte lachend mit dem Finger. »Nicht, dass Sie das vergessen, wenn Sie gepichelt haben.«

Auf seinem Sofa stöhnte Jan Willem auf. Was war das für ein Typ? Dessen dusseliger Plan konnte doch kein Schützenfest ersetzen. Es war das schönste Ereignis im Jahr, noch weit vor Ostern und Weihnachten. Alles strömte da zusammen, die Honoratioren der Stadt, die Politiker der Region, Geschäftsleute von nah und fern. Fahnen und Uniformen erstrahlten in der Sonne, denn meist war gutes Wetter beim Umzug, ganz so, als würde der heilige Pankratius vom Himmel aus seine schützende Hand über die Feiernden halten.

Missmutig machte Jan Willem ein Eselsohr in die Paderborner Broschüre. Offenbar wusste dieser Typ im Fernsehen nicht, dass es die Schützengesellschaften schon seit dem 13. Jahrhundert gab, als Bogen- und Armbrustschützen die aufblühenden Städte in Flandern sichern mussten. Entlang der Hanse war das Schützenwesen in die Niederlande, ins Rheinland und schließlich nach Westfalen gekommen. Bürgerwehren sicherten dort die Städte, und die Schützen stellten die kleine Elite, die ihnen die Kunst des Schießens beibrachte.

Dass die Schützenvereinigungen nach dem Dreißigjährigen Krieg den Landmilizen unterstellt wurden und mit der industriellen Revolution weiter an militärischer Bedeutung verloren: na gut. Nun aber boten Schützenvereine die Möglichkeit, sich als Bürger zu verwirklichen, denn die Mitgliedschaft hing nicht mehr länger von Geburt und Stand ab. Von nun an kam es auf Egalität, Freiwilligkeit und Geselligkeit an.

Doch das alles schien dem Möchtegern-Tegtmeier im Fernsehen egal zu sein. Auch dass die Reichsgründung 1871 von den Schützen vielerorts mit patriotischen Begeisterungswellen unterstützt worden war. Mit ihren militärischen Symbolen, ihren nationalen Hymnen und ihrer Festkultur trugen sie nicht unwesentlich zur Gründung des Deutschen Kaiserreichs, ja, so gesehen zum Entstehen Deutschlands bei.

»Wir wollen, dass so viele Schützenfeste wie möglich digital gehen«, redete der Fernsehmoderator sich in Begeisterung. »Machen Sie Selfies und YouTube-Filmchen, stellen Sie sie auf Facebook ein.«

»Sag mal, hast du sie noch alle?« Jan Willem schmetterte die Broschüre über das immaterielle Kulturerbe gegen den Fernseher, aber der Moderator bückte sich behände und wich geschickt aus.

Im nächsten Moment richtete der Mann im Fernsehen eine Kleinkaliberwaffe auf Jan Willem. »Schüsschen gefällig, du Faulpelz? Kannst du haben!«

Erschrocken duckte sich Jan Willem tiefer in die Couch. Und »Peng!«, der Moderator schoss auch schon auf ihn. Der Bildschirm zerbarst mit ohrenbetäubendem Lärm, und Jan Willem fiel vom Sofa. Rasch wuchtete er sich wieder auf das Möbel, streckte vorsichtig die Hand aus und strich über die Wand. Die Kugel musste hier irgendwo stecken. Aber seine Finger ertasteten nur die Struktur der Tapete.

Verwirrt rieb er sich die Augen. Er musste geträumt haben. Keine Kugel in der Wand, keine Sprünge im totenstillen Fernsehmonitor. Nur die Broschüre über das Schützenwesen in Westfalen lag blaugrau auf dem Boden.

Angestrengt versuchte Jan Willem, sich an die Waffe zu erinnern, die der Moderator in der Hand gehalten hatte. Kleinkaliber? Luftgewehr? Um sie sich besser vorstellen zu können, trat er im Flur vor die Waffenschränke seines Vaters. Der Alte benutzte seine Jagdgewehre nicht mehr, da er schon lange nicht mehr auf die Pirsch ging, aber er mochte sich auch nicht von ihnen trennen. Schließlich waren sie sehr persönliche Gegenstände. Schießen erforderte Konzentration und Körperbeherrschung, weshalb eine Waffe optimal zum Schützen passen sollte. Nicht nur jeder Griff musste perfekt in der Hand liegen, das Visier war auch den Augen des Besitzers angepasst. Seit Jan Willems neunzehnjähriger Sohn Jan die Schränke aufgeschlossen hatte, um die Waffen voller Stolz seinen Freunden zu zeigen, trug Jan Willem die Schlüssel immer am Mann. Jetzt zog er sie aus der Hosentasche und schloss auf.

Die Tür des linken hohen Panzerschranks schwenkte geräuschlos zur Seite. Und da standen sie in Reih und Glied, die Doppelbüchse fürs Schwarzwild, der Drilling, die Schrotflinte. Und das Kleinkalibergewehr, das der Alte sich vor vielen Jahren hatte anfertigen lassen und hier aufbewahrte, seitdem er nicht mehr zum Schießtraining auf die Alexanderhöhe ging.

Immer noch benommen von seinem seltsamen Traum, nahm Jan Willem das Kleinkalibergewehr ins Visier, aber es half ihm nicht, sich an die Waffe des TV-Moderators zu erinnern. Da er einmal dabei war, schloss er auch den rechten, viel kleineren Schrank auf, in dem die Pistole ordnungsgemäß von den Langwaffen getrennt aufbewahrt wurde. Sein Vater hatte sie angeschafft, um bei der Nachsuche nach waidwundem Wild einen Fangschuss aus nächster Nähe abgeben zu können. Doch wo war sie jetzt? Der Schrank war leer.

Mit beiden Händen klopfte Jan Willem auf seine Hosentaschen. Hatte ihm jemand im Schlaf die Schlüssel abgenommen? Heimlich den Waffenschrank aufgeschlossen und ihm die Schlüssel wieder in seine Hosentasche geschoben? Aber wer, um Hubertus willen? Nachdenklich schlenderte er in den Garten hinaus.

Irene, seine Frau, hatte mit Waffen nichts am Hut. Und Jan, sein Sohn, kam da ganz nach ihr. Nichts hatte er von seiner Linie, den Kampmanns. Jan Willems Vater, Willem Kampmann, war dreimal hintereinander Schützenkönig in Kalthoff gewesen. Die Iserlohner hatten schon geunkt, dass er den König aussitzen würde wie Kohl oder Merkel ihr Amt. Doch beim vierten Mal hatte der Alte nicht einmal getroffen. Es war klar ersichtlich gewesen, dass er nun doch mal jemand anderen ranlassen wollte, schließlich war so ein Königsdasein nicht gerade billig. Doch womöglich waren seine Augen damals schon schlecht gewesen. Ein Tumor hatte sich in Vaters Kopf eingepflanzt und wollte sich nicht behandeln lassen. Er lag zu kompliziert, um ihn rauszuschneiden, hatte sich eingewachsen und festgeklammert. Der Vater jammerte nicht, das hätte er nie getan. Aber dass es ihm mit der Krankheit alles andere als gut ging, dessen war sich Jan Willem gewiss. Von Tag zu Tag sah der Alte bedrüppelter drein.

Einst hatte er ein Sägewerk besessen. Nach dem Holz der Sauerländer Wälder hatte er gerochen, wenn er spätabends heimkam. Jan Willem hatte das Werk übernommen, aber es lief nicht mehr allzu gut. Seit der Corona-Pandemie kauften die Chinesen kaum noch Käferholz auf, und Käfer hatten die Sauerländer Bäume nun mal. Buchdrucker und Kupferstecher. Klimawandel trifft Monokultur. Jan Willem hatte bereits überlegt, sich in Papierkram zu retten. Versicherungen als zweites Standbein. Für den Alten war das alles eine große Traurigkeit, denn er hatte das Sägewerk von seinem Vater geerbt und der von dessen Vater und so weiter bis zu Noah und seiner zusammengesägten Arche. Vor Corona war das Geschäft noch wie geschmiert gelaufen. Man kannte Gott und die Welt durch den Schützenverein, saß nach dem Training bei einem Gedeck zusammen, und meist fügte sich dann alles wie von selbst. Verträge für die Ewigkeit waren so schon entstanden.

Mit Irene war er zu seinem Leidwesen an eine glühende Pazifistin geraten. Obwohl sie die Tochter eines Schützenbruders war. Oder vielleicht gerade deswegen. Sie konnte keiner Fliege was zuleide tun. Einmal hatte er sie heimlich dabei beobachtet, wie sie eine fette Spinne mit beiden Händen aus dem Waschbecken im Keller hob und liebevoll in den Garten evakuierte. Kennengelernt hatte er sie im Heidebad, wo sie auf einem winzigen Handtuch in einem noch winzigeren Bikini gesessen hatte. Sie war nicht leicht zu erobern gewesen, und er hatte einige Konkurrenten aus dem Feld schlagen müssen, sie aber schlussendlich dazu gebracht, sich in ihn zu verlieben. Nur vom Schützenwesen hatte sie nie was wissen wollen.

»Du und deine Püster!«, hatte sie gelacht. »Ich mag keine Gewehre. Außerdem seid ihr alle so konservativ.«

»Konservativ? Ich bitte dich. Wir sind ein weltoffener liberaler Verein. Selbst Frauen dürfen bei uns schießen.«

»Ja, nur nicht auf den Vogel.«

»Ein Muslim könnte Schützenkönig werden. Und ein schwules Paar wird es auch irgendwann mal geben.«

»Aber nicht bei euch, vielleicht in Werl oder Münster«, hatte Irene gekontert. »Und eins bleibt doch immer: Wir Frauen sind für euch Kerle nur schmückendes Beiwerk.«

Das hatte gesessen.

»Gehst du wieder zur Alexanderhöhe?«, fragte sie, wenn er sich zum Training verabredet hatte.

»Jau«, sagte er dann nur.

Das Wort »Schießstand« nahm Irene nicht in den Mund. Alles, was »schieß« enthielt, fiel für sie unter die Unwörter.

Dann hatte er den Vogel runtergeholt. Bei dem Gespräch mit Irenes Vater, ein paar Wochen zuvor, war er ganz schön nervös gewesen. Schließlich galt es, alles sorgfältig zu planen. Das nicht gerade billige Fest ging auf Kosten des Königspaars und seiner Familien, und um die Königswürde gerecht zu verteilen, mussten die Herrschenden aus unterschiedlichen Kompanien ausgewählt werden. Doch Irenes Vater hatte was an den Füßen, und auch sonst hatte alles gepasst.

»Nun kommst du aber mit zum Schützenfest«, hatte Jan Willem einen Tag später von Irene verlangt. »Wenigstens zum Umzug. Oder soll ich eine deiner Freundinnen zur Königin machen?«

Da hatte sie nachgegeben. Neben ihm, dem König, hatte sie in der Kutsche gesessen, in einem herrlichen weißen Königinnenkleid. Und beim Ball hatte sie erst recht eine verdammt gute Figur gemacht. Seltsamerweise war sie danach wie verwandelt gewesen. Die Gemeinschaft, das Gesellige, das hatte ihr gefallen, und sie hatte sich mit Frauen anderer Schützen zusammengetan. Natürlich nicht mit den Flintenweibern, sondern mit den braven, die gute Werke taten, Geld für Bedürftige sammelten und Senioren in die Freizeit kutschierten. War ja auch alles wichtig. Als die Frauenzimmer einen eigenen Verein gründeten und im Dirndl beim Umzug mitliefen, war er dann doch irritiert. Ihren Vereinsnamen empfand er bis heute als Provokation: »Schmückendes Beiwerk«.

Nach ihrem Königsjahr hatten sie geheiratet, und sie waren zu seinem Vater ins Haus gezogen. Irenes Abneigung gegen alles, was mit Waffen zu tun hatte, war natürlich geblieben. Nie durfte er über sein Schießtraining oder den Schützenverein berichten. Vor Vaters Waffenschränke hängte sie eines Tages einen indischen Vorhang, der einen meditierenden Buddha zeigte. Gut zwanzig Jahre war das jetzt her, dennoch sah Jan Willem den Vorhang vor sich, als wäre es gestern gewesen. Wütend hatte er das Ding heruntergerissen.

Nun stand er auf seiner Terrasse, schaute einem Segelflieger nach, der sich über seinem Haus in die Lüfte schraubte, und betrachtete angespannt eine Reihe Konservendosen, die Jan in einiger Entfernung im Rasen auf Stöcke gepflanzt hatte. Sollten es Ziele für ein Schießtraining sein? Kurz keimte Freude in Jan Willem auf. Vielleicht wurde aus seinem Sohn ja doch noch ein Schütze, jetzt, wo er sein Abi machte. Der Größe der Konservendosen nach stand Jan allerdings noch ganz am Anfang einer Schützenkarriere. Die Würstchendosen traf ein Blinder ja im Schlaf, so groß, wie die waren. Jan musste sie beim letzten Schützenfest aus der Großküche abgestaubt haben. Mit welcher Waffe wollte er überhaupt darauf anlegen? Jan Willems nächster Gedanke ließ seinen Atem stocken. Hatte Jan die Pistole des Alten aus dem Waffenschrank an sich genommen?

Von den blechernen Zielscheiben schweifte sein Blick hinüber zu dem Gartenpavillon, den er letztes Jahr für Irene hatte bauen lassen. Dort saß sie mit drei Frauen aus ihrem Verein bei Kaffee und Kuchen. Sie hielten den Corona-Abstand von einem Meter fünfzig ein und redeten daher etwas lauter. Der Wind wehte Wortfetzen zu ihm herüber.

»Der Axel gehört erschossen«, hörte er eine der Frauen sagen.

»Und wenn ich das persönlich erledige«, stimmte eine zweite zu.

»Wie gut, dass wir nun eine Pistole haben!«, meinte die dritte.

Sie verstummten, als er näher kam, und er begrüßte Gertrud, Susi und Hannah, lauter Schützenfrauen. Wussten deren Männer, was die hier ausbaldowerten? Und hatte Irene, seine eigene Frau, ihnen die zu ihrem Plan nötige Waffe aus Vaters Schrank besorgt, während er schlief? Heute Abend konnte sich seine Friedensfrau auf was gefasst machen!

Dann fiel ihm sein Sohn wieder ein.

»Wo steckt Jan denn?«, fragte er Irene, vor ihren Damen eine Spur zu barsch.

»Weiß nicht«, meinte sie. »Der ist wohl mit seinen neuen Freunden unterwegs.«

»Kennen wir die? Sind deren Väter im Schützenverein?«

»Weiß nicht.«

Jan Willem sah die Gestalten vor sich, mit denen Jan neuerdings abhing. Blasse schweigsame Stubenhocker mit Ego-Shooter-Händen, die nichts weiter als eine Computertastatur in Bewegung setzen konnten. Was hatten die bloß in ihren Köppen? Doch wohl nichts Fremdenfeindliches? Oder Hass auf ihre Lehrer?

Jan Willem spürte, wie sein Blutdruck anstieg. Seinen Sohn konnte er sich erst vornehmen, wenn er wieder zu Hause auftauchte. Und mit Irene wollte er erst reden, wenn ihre Freundinnen gegangen waren.

Unruhig lief er ins Haus zurück und suchte das Zimmer seines Sohnes auf. Stand schweigend da und sah sich um. Auf den ersten Blick gab es hier nichts Verräterisches. Kein Buch mit links- oder rechtsextremistischen Schwurbeltheorien im Regal. Keine Poster mit einschlägigen Parolen an den Wänden. Kein »Mundschutz ist Maskenzwang!«. Er setzte sich vor den Schreibtisch, legte die Hände auf die PC-Tastatur. Könnte er das Passwort seines Sohnes erraten? »Irene« vielleicht, so wie er an seiner Mutter hing. Oder »Mimi«? Als Kind hatte er mal eine Katze gehabt, die so hieß.

»Düwel noch eins«, schimpfte er vor sich hin. Er würde mit dem Jungen reden müssen. Schnüffeln war denn doch unter seiner Würde.

Leise trat er in den Flur, zog die Tür ins Schloss und lief zum Zimmer seines Vaters hinüber. Der alte Mann lag mit offenem Mund im Bett und gab ein rhythmisches Schnarchen von sich. Es roch nach dem Franzbranntwein, mit dem er gegen das Wundliegen eingerieben wurde. Und nach den Mentholbonbons, die er so gern lutschte. Und obwohl Jan Willem an die Bonbons nur gedacht hatte, schlug der Alte wie aufs Stichwort die Augen auf.

»Haste noch so ein Bömsken?«

»Aber sicher.« Jan Willem pulte eins aus der Schachtel, die auf dem Nachttisch lag, und schob es seinem Vater in den Mund.

»Hm«, brummte der Alte dankbar. »Was ist denn? Warum kommst du her?«

Jan Willem überlegte, wie er anfangen sollte.

»Irenes Freundinnen wollen jemanden erschießen«, sagte er und kam sich dämlich vor. Wenn er dem Satz so nachhörte, konnte er einfach nicht wahr sein.

»Stimmt wohl«, sagte sein Vater. »Der Axel soll erschossen werden.«

»Das weißt du schon?« Jan Willems Hände wurden feucht und begannen zu zittern.

Sein Vater lächelte gequält. »Axel ist ein uralter Jagdhund. Er kann nicht mehr sehen und läuft überall gegen. Ganz so wie ich.«

»Und woher haben die Frauen ... Ich meine, mit welcher Waffe wollen sie ...«

»Eine von denen hat ihren Mann rumgekriegt«, sagte sein Vater. »Oder glaubst du, ich bin der Einzige, der Waffen im Schrank hat?«

»Nein. Aber woher weißt du so was?«

»Ich lieg hier den ganzen Tag im Bett«, holte der Alte aus. »Ich bin schon ganz rammdösig. Lesen kann ich kaum noch, aber hören tu ich noch gut. Und es lenkt mich von den Schmerzen ab, wenn ich den Dönekes lausche, die deine Frau ihren Freundinnen am Handy erzählt.«

Jan Willem überlegte. »Und hast du auch zufällig meinen Sohn belauscht? Weißt du, was der so vorhat?«

»Zieh mir mal die Bettdecke ein bisschen höher, mein Pölter ist so dünn, und ich bin doch so ein Frostköttel«, bat sein Vater.

Jan Willem tat ihm den Gefallen, obwohl es draußen sommerlich warm war und die Zimmertemperaturen es mit einer Sauna aufnehmen konnten. »Also?«

»Keine Ahnung«, sagte sein Vater. »Alles hör ich nu auch nicht. Warum fragst du?«

»Dir hat jemand die Pistole aus dem Waffenschrank geklaut«, sagte Jan Willem. »Vielleicht war es Jan. Der hat auf dem Rasen Blechbüchsen aufgebaut.«

Sein Vater nickte. »Er übt, wenn du auf der Arbeit bist.«

»Und das erzählst du mir erst jetzt?«

»Er fürchtet, du fändest es zu laut.«

»Das ist nicht dein Ernst.«

»Es ist für dieses Trommelkonzert, das er mit seinen Freunden veranstalten will.«

»Du meinst, diese Drum-Session«, fiel es Jan Willem plötzlich wie Schuppen von den Augen, »für die digitale Abiturfeier?«

Der Alte nickte und atmete ein paarmal tief durch, bevor er weitersprach. »Die Pistole hab ich an mich genommen.«

»Sag mal! Du?«

»Jawoll. Mach mal die Nachttischschublade auf.«

Jan Willem gehorchte wie früher als Kind. Und da lag sie, Vaters Pistole. Ganz still und unschuldig. »Was hattest du damit vor?«

»Ich wollte euch verlassen.«

»Verlassen?« Wie harmlos das klang. Im Geiste sah Jan Willem Hirnmasse und Blutspritzer an den Wänden. Bilder, die so tief ins Mark gingen, dass man sie ins eigene Grab mitnahm. »So was darf man niemals machen«, flüsterte er verstört.

»Die Schmerzen gehen nicht weg«, sagte der Alte. »Und operieren kann man das Biest nun mal nicht. Da wollte ich es gut sein lassen.«

»Du hast wirklich vorgehabt, von uns zu gehen?«

»Ach, Sohnemann, was soll das bisschen Leben, das ich noch hab? Ich kann euch doch hier nicht zur Last fallen.«

Jan Willem schluckte hart. »Was hat dich umgestimmt? Du willst doch nicht etwa immer noch …?«

»Nein, nein, ich geh jetzt ins Hospiz Mutter Teresa nach Letmathe. Deine Frau und ihre Freundinnen haben mich dazu überredet. Sie kennen sich da gut aus, weil sie das Hospiz doch jedes Jahr mit ihrem Flohmarkt unterstützen.«

Jan Willem griff nach der Pistole, zog das Magazin heraus, ließ die Patronen klackernd auf den Nachttisch fallen und steckte sie in seine Hosentasche.

»Was denn? Du gehst ins Hospiz? Und wer von Irenes Freundinnen hat dich dazu überredet?«

»Na, die Frauen von diesem Verein. Wie heißt er noch?«

Sein Vater lächelte, diesmal sah er friedlich dabei aus, und er flüsterte amüsiert: »Schmückendes Beiwerk.«

Peter Gerdes

Nazigold in Iserlohn

»Hallo, Sie! Da können Sie nicht rein!«

Kiepenkötter erstarrt, die Hand am Griff des stählernen Eingangstores. So etwas kennt er nicht. Er, einst Herr über alle Türen und Schlösser! Eduard Kiepenkötter, der früher die Macht hatte zu bestimmen, wer wo reindurfte und wer wo nicht! Rein und vor allem raus. Vorbei, vergangen, fast schon vergessen. Sein Abstieg ist schnell gegangen, und hierher hat er ihn geführt. Ein heimatloser Hund ist er, einer, der dankbar sein muss, wenn man ihm ein trockenes Plätzchen zum Schlafen überlässt. Platz! Das fehlte noch, dass ich hier auf Kommando Sitz, Platz oder Männchen machen muss, denkt er.

»He, Sie da! Stehen bleiben!«

Kiepenkötter, der arme Hund, steht. Jetzt ist es so weit.

Langsam dreht er sich um. Da nähert sich jemand. Oder etwas? Nein, unter der bunt bedruckten formlosen Hülle scheint ein Mensch zu stecken, ein kleiner Mensch, eine ältere Frau, deren graues Gesicht in starkem Kontrast zu ihrer kinderzimmertapetenhaft gemusterten Bekleidung steht. Wer läuft nur so herum, in ausgelatschten Puschen, beide Arme in Vorhalte? Und was ist das für ein Ding, das sie vor sich herschiebt? Eine Motorsense? Die Lautstärke käme hin. Aber nein, das Ding da wird nicht geschoben, das zieht. Keine Sense, sondern drei handfegerhaft winzige, kläffende Köter an einer Drillingsleine, die rasend umeinander rotieren. Noch mehr arme Hunde.

»Was wollen Sie hier?«, fragt die bunte Frau barsch, Augenbrauen gehoben, Mundwinkel gesenkt. Ihre windzerzauste Frisur hat auch etwas Handfegerhaftes.

»Ich möchte zu Herrn Kaminski«, sagt Kiepenkötter. »Walter Kaminski. Beziehungsweise zu seinem Wohnwagen. Der steht doch dahinten links.« Er möchte in die Richtung zeigen, aber dazu müsste er den Türdrücker loslassen, das schwere Tor zum Campingplatz würde zurück ins Schloss fallen, und er ist sich nicht sicher, ob er die sperrige Mechanik noch einmal entriegelt bekommt. An seiner anderen Hand ziehen zwei schwere Einkaufstüten.

»Kaminski?« Die Stimme der Handfegerfrau übertönt das laute Rauschen des Blätterdachs über ihnen so mühelos wie eine Polizeisirene den Feierabendverkehr. »Walter Kaminski? Der soll hier seinen Wagen zu stehen haben?« Der Blick ihrer stahlgrauen Augen ist schon keine Anklage mehr. Er ist ein Urteil. Höchststrafe.

Ja, sicher, will Kiepenkötter ausrufen. Aber sicher ist er sich plötzlich nicht mehr. Ist das hier wirklich der Platz, auf dem der Wohnwagen steht, den sein Ex-Kollege Kaminski ihm für die nächsten drei Monate überlassen hat? Es gibt mehrere Plätze hier in Drüpplingsen an der Ruhr, mit verschiedenen Betreibern und Wiesen dazwischen. Tatsächlich sieht der Zaun hier ein bisschen anders aus als der gestern, als Kaminski ihm alles gezeigt hat. Hat er sich im Tor vertan? Er hätte es am Schlüssel merken müssen, aber das Tor war ja nicht verriegelt, also steckt sein Schlüsselbund noch in seiner Hosentasche.

Sein Schlüsselbund, seine Schlüsselgewalt! Mächtiger als jeder Zauberstab. Ja, damals! Vorbei. Ratlos irrt Kiepenkötters Blick die Straße auf und ab. Sein Mund klappt wortlos auf und zu.

Erstaunlicherweise scheint diese Verwirrung für ihn zu sprechen. Jedenfalls in den Augen der Handfegerfrau mit dem Kläffer-Trio. Mildernde Umstände. »Walter Kaminski sein Wagen steht doch nicht hier«, klärt sie ihn auf, immer noch barsch, aber nicht mehr ganz so bedrohlich. »Der steht dahinten bei Kampmeier. Das hier, das ist ›Hasenruh‹ vom OC Dortmund. Nur für Vereinsmitglieder.«

Will die mich verarschen, denkt Kiepenkötter. Hat sich was mit Hasenruh! Das ist doch … Aber dann fällt sein Blick auf ein

Schild am Zaun. Tatsächlich, der Platz hier heißt »Hasenruh«! Betrieben vom OC Dortmund. Die Autos, die hier stehen, haben fast alle Dortmunder Kennzeichen. Hier ist er falsch, da hat der Besen völlig recht.

»Sehen Sie, Sie sind hier falsch!«, röhrt die tapetenbunte Hundeführerin. Ihr Kläffer-Trio erleidet einen Tobsuchtsanfall. Ein heftiger Ruck lässt die Hündchen durcheinanderpurzeln. »Sie haben hoffentlich nicht das Schloss kaputt gemacht«, knurrt die Frau. Kiepenkötter kann nur hilflos den Kopf schütteln. Der Besen wirkt auf ihn wie Kryptonit auf Superman. So fühlt es sich also an, denkt er, völlig ausgeliefert zu sein.

Endlich tritt die Frau den Rückzug an, das Hunde-Trio hinter sich herschleifend. Sie wirft Kiepenkötter noch einen finsteren Blick zu. Keine Frage, sie wird ihn im Auge behalten.

Als er eilig weiterläuft, links die windgepeitschte Ruhr mit ihren verwaisten Paddelbooten und Badestellen, rechts offenes Wiesengelände, über ihm die rauschenden Baumkronen, stellt Kiepenkötter fest, dass seine Knie zittern. Ob das seinen Kunden früher ebenso ergangen ist? Wieder spürt er sein Schlüsselbund in der Hosentasche. Damit – vielmehr mit dessen landeseigenem Vorgänger – hat er nicht nur Türen geöffnet und verschlossen, sondern auch Münder. Ganz, wie es ihm gefiel. Und ob ihm das gefallen hat! Damals war er wer. Und jetzt? Nichts als ein armer Hund. Ein heimatloser.

Endlich steht er vorm richtigen Tor; jetzt erkennt er es sofort. Der geliehene Schlüssel passt. Neue Heimat, denkt er, Unterschlupf auf Zeit. Besser als nichts. Aber nicht viel.

Vom Campen hat Kiepenkötter nie etwas gehalten. Im Urlaub nur all-inclusive! Konnte er sich locker leisten, trotz bescheidenen Gehalts als Vollzugsbeamter. Hatte ja die billige Dienstwohnung direkt neben seinem Arbeitsplatz! Brauchte nicht mal ein Auto, konnte immer zu Fuß zur Arbeit. »So ist es doch perfekt«, hat er immer zu seiner Hildegard gesagt. »Hier ziehen wir nie mehr aus, nie im Leben! Auch nach der Pension nicht. Zusage hab ich.«

Seine Frau war derselben Meinung. Warum auch nicht? Kinder hatten sie keine, da waren drei Zimmer mehr als genug. »Nie im Leben!«, hatte Hildegard ihm zugestimmt. Dann starb sie, kurz vor der Rente. Schlaganfall. Kiepenkötter war geschockt.

Danach hat er ein paar Dinge verpasst. Dass es plötzlich hieß, sein Knast, die JVA Iserlohn im Stadtteil Drüpplingsen, müsse erweitert werden. Von zweihundertzweiundneunzig auf dreihundertvierzig Plätze. Neubau bis 2027, Abriss der alten Gebäude bis 2020. Inklusive der landeseigenen Dienstwohnungen. Deren Grundstücke würden für die Erweiterung der JVA gebraucht.

Heute ist Kiepenkötter klar, dass er damals nicht nur zu spät reagiert hat, sondern auch falsch. Hat auf eine Zusage gepocht, die nicht belastbar war, weil niemals schriftlich fixiert. Andere waren schlauer, sicherten sich Zuschüsse und Beihilfen, kauften oder bauten anderswo. Natürlich schwächten sie damit die Position derer, die bleiben wollten. Deren Zahl aber schrumpfte schnell. Als auch Kiepenkötter rausmusste, als Letzter, weil alle Fristen verstrichen waren, gab es nirgendwo mehr etwas Bezahlbares zu mieten. Nur noch einen alten Wohnwagen zum Unterschlüpfen. Immerhin auf einem Campingplatz in Drüpplingsen.

Endlich kommt das Ding in Sicht. Wird auch Zeit, denkt Kiepenkötter, dem die Beine und der Tütenarm lahm geworden sind. Mit der freien Hand kramt er nach seinem Schlüsselbund. Dann bleibt er wie angewurzelt stehen.

Aus dem Wohnwagen neben seinem tritt ein Mann, den er kennt. Nur zu gut. Ein Typ Ende zwanzig, mittelgroß und kräftig, mit Türsteherfrisur, rundem Gesicht und dünnem Klobrillenbart. Holger Hamel. Ehemaliger Kunde von ihm. Keiner von den netten.

Hamel schließt sorgfältig ab, lässt sein Schlüsselbund wie einen Colt um seinen Zeigefinger kreisen und versenkt es elegant in der Tasche seiner Jogginghose. Dann geht er nach rechts in einen Seitenweg, wobei er seine Fingernägel inspiziert, und verschwindet zwischen zwei aufgebockten Wohnwagenveteranen.

Jetzt erst traut sich Kiepenkötter auszuatmen. Himmel, das war knapp! Eilig verschwindet er in der geborgten Unterkunft, verriegelt hinter sich die Tür und schiebt die Jalousien der Seitenfenster hoch, gerade so weit, dass er noch rausgucken kann, ohne selbst gesehen zu werden. Dann gönnt er sich auf den Schreck das erste Pils des Tages.

Holger Hamel, seinerzeit überstellt vom Lübecker Hof, was nichts anderes war als ein Spitzname für die JVA Dortmund in der Lübecker Straße. Einsitzend wegen wiederholter BTM-Delikte, dazu Körperverletzung, Betrug, Einbruch – die üblichen Nebengeräusche. Kleiner Dealer, der die Finger nicht von der eigenen Ware lassen kann, hat Kiepenkötter gedacht. Dutzendware.

In Wahrheit war dieser Typ aber ganz anders. Wacher, neugieriger, manchmal auch frech. Einer, der sofort das Netzwerken anfing, ohne dass man ihm draufkam, wozu. Er dealte im Knast, aber so geschickt, dass man nie ein Krümelchen bei ihm fand, sooft man seine Zelle auch durchsuchte. Kiepenkötter hätte ihm gern einen reingewürgt, aber das schaffte er nie.

Das ärgerte ihn, also setzte er Hamel unter Druck. Mit der Macht des Schlüsselbunds. Er konnte Privilegien entziehen und den Umschluss verkürzen, er konnte Besuchszeiten kappen und DVD-Player wegschließen. Wenn er jemandem die Schlüssel über die Fingerknöchel zog, im toten Winkel der Überwachungskameras, tat das höllisch weh; die Schrammen galten als Arbeitsunfall. Kiepenkötter zog alle Register – ohne Erfolg. Noch heute kann er sich an den Blick erinnern, den Hamel ihm bei seiner Entlassung zuwarf. Genauso finster wie der der Handfegerfrau vorhin.

Und jetzt wohnt der Kerl im Nachbarwagen! Kiepenkötter köpft das nächste Bier. Waldstadt-Pils, eigentlich zu teuer für ihn, hatte er sich zum Einzug gönnen und genießen wollen.

Jetzt kippt er den guten Stoff, ohne etwas zu schmecken. Was will Hamel hier? Bestimmt nicht Urlaub machen, hier in Iserlohn, er als Dortmunder! Obwohl, das tun diese Dortmunder vom Platz »Hasenruh« auch. Ob es so schlimm ist, in dieser Großstadt zu wohnen?

Aber nein, Holger Hamel ist bestimmt kein Großstadtflüchtling mit Hang zur Natur, da ist sich Kiepenkötter sicher. Einer wie der hat immer etwas vor, so umtriebig, wie er ist! Ein Wohnwagen ist ein guter Rückzugsort, um in Ruhe einen Coup zu planen. Bloß was für einen?

Auf jeden Fall keine One-Man-Show. Hamel ist ein Netzwerker. Wer war denn sein dickster Kumpel im Knast? Klar, dieser große Typ, der auch einige Zeit sein Zellengenosse war, wie hieß der noch? Panzer, Marcel Panzer. Genannt »Panzerknacker«, sehr witzig. Aber nicht ganz falsch. Panzer war einer von der altmodischen Sorte, saß wegen Raubüberfalls. Einer von den schwereren Jungs. Hing an der Nadel. Gleich nach seiner Entlassung hat er sich den goldenen Schuss gesetzt. Mist, denkt Kiepenkötter, Sackgasse.

Er späht durch den Fensterschlitz; es dämmert schon, trotzdem ist deutlich zu erkennen, dass sich da jemand bewegt. Kommt Hamel zurück? Nein, der da ist kleiner, schlanker. Ein Junge, dreizehn oder vierzehn Jahre alt. Ein zweiter stößt dazu, etwa gleichaltrig. Sie klopfen an die Tür von Hamels Wohnwagen. Wollen sie zu ihrem Dealer? Sie zeigen nicht das typische Verhalten von Süchtigen, sind weder zappelig noch verhuscht. Eher betont cool. Wissen wohl, dass sie gut aussehen.

Kiepenkötter läuft es kalt über den Rücken. Campingplatz in NRW, waren die Zeitungen nicht voll davon? Missbrauch von Kindern und Jugendlichen in unzähligen Fällen, inklusive Kontaktvermittlung in zahlungskräftige Kreise? Die beiden Jungs da draußen tragen Markenjeans und teure Sneakers. Läuft da etwas in dieser Richtung? Klar, nicht jeder Campingplatz in NRW ist eine Lasterhöhle. Aber das ist wie mit belgischen

Kinderheimen und katholischen Priestern. Ist der Ruf erst ruiniert ...

Da erscheint Hamel. Kiepenkötter zuckt von seinem Fensterschlitz zurück, aber der Ex-Knacki schaut nicht in seine Richtung. Er begrüßt die Jungs betont lässig, schließt auf und verschwindet mit ihnen in seinem Mobilheim. Dem einen legt er dabei die Hand auf die Schulter. Kameradschaftlich? Plump vertraulich? Anzüglich?

Kiepenkötter macht sich noch ein Bier auf. Was geht da wohl ab im Nachbarwagen? Die Jalousien sind blickdicht. Das heizt die Phantasie noch weiter an, ebenso wie das gute Bier. Einmal Beamter, immer Beamter, denkt sich Kiepenkötter. Muss er jetzt etwas tun?

Drei Schlucke Bier später geht die Wohnwagentür wieder auf. Die beiden Jungs erscheinen; Kiepenkötter erleidet einen Hustenanfall. Wie sehen die denn aus? Von Hals bis Fuß in so ein Kunststoffzeug gehüllt! Was für eine Perversion ist das denn? Und was hat es mit den Gerätschaften auf sich, die die beiden in den Händen halten?

Das Husten dauert noch an, als auch Hamel auftaucht. Diesmal fixiert er eindeutig Kiepenkötters Wohnwagen und runzelt die Stirn, ehe er den Jungs nachläuft. Der erschrockene Kiepenkötter platzt beinahe bei dem Versuch, weitere Geräusche zu unterdrücken. Danach braucht er ein paar Minuten, um zu einem Entschluss zu kommen. Dann erst geht er den dreien nach.

Inzwischen ist es fast dunkel. Kiepenkötter schleicht den Hauptweg entlang, späht in jede Abzweigung: nichts. Nach einigen Minuten erreicht er das Haupttor. Auf der anderen Straßenseite fließt die Ruhr.

Der Wind hat nachgelassen, die ruppigen Wellen sind verschwunden. Einladend strömt das Flüsschen zwischen seinen grünen Ufern dahin. Mehrere Badeplätze mit Steg und Leiter bieten Zugang, der Untergrund ist sandig und an den Seiten seicht. Kiepenkötter fühlt sich erhitzt, eine kleine Abkühlung täte ihm gut. Aber noch ist das Wasser zu kalt zum Baden, das tut sich doch kein Mensch an.

Von wegen! Vom Ufer her hört er es platschen, hört leise Rufe und unterdrücktes Gelächter. Sind sie das? Und was für Schweinereien treiben sie dort? Er pirscht sich heran, nimmt Deckung hinter Büschen und Bäumen. Karl May wäre stolz auf ihn gewesen. Oder vielleicht doch nicht, denn als Kiepenkötter endlich sieht, was es zu sehen gibt, da spürt er auch im Dunkeln, wie sich sein Gesicht rötet. Er schämt sich. Im Krebsgang tritt er den Rückzug an, froh, dass ihn niemand bemerkt hat.

Niemand? Von wegen. Kaum hat er die Straße erreicht, geht eine ohrenbetäubende Kläfferei los. Natürlich, die Handfegerfrau mit ihrem Tapetensack und dem Köter-Trio an der Drillingsleine! Sie würdigt ihn keines Grußes, aber ihr Blick geht ihm durch und durch. Kiepenkötter flüchtet sich in seine Unterkunft und verriegelt die Tür hinter sich. Wenn er gekonnt hätte, dann hätte er noch schwere Möbel davorgeschoben, aber hier drin ist ja alles festgeschraubt. Es dauert, bis sich sein Puls normalisiert hat; das kostet ihn den ganzen Biervorrat, der für das Wochenende gedacht war. Trotzdem schläft er schlecht. Er träumt von ganzkörpergummierten Jungs, die ihn mit phallischen Instrumenten durchs Wasser jagen, das sich an seinen Beinen wie Honig anfühlt, während ein riesenhafter Holger Hamel ihn höhnisch auslacht.

❊❊❊

Am nächsten Morgen erwacht er mit dickem Kopf vom Klingeln seines Handys. Walter Kaminski ist dran, erkundigt sich, wie alles so läuft beim Campen, und überschüttet ihn mit guten Ratschlägen. Die meisten davon betreffen die Bordtoilette, deren Funktionstüchtigkeit wohl nicht über jeden Zweifel erhaben ist.

»Möglichst nur fürs kleine Geschäft, verstehst du? Alles, was du da reintust, das holst du auch wieder raus!«

Kiepenkötter sagt zu allem Ja und Amen, während seine Blase nach den vielen Bier vom Vorabend auf ein kleines Geschäft in großem Maßstab drängt. Eigentlich möchte er das Gespräch schnell beenden, aber eine Frage brennt ihm auf der Seele: »Sag mal, Walter, wusstest du, dass es hier Leute gibt, die mit Metalldetektoren auf Schatzsuche gehen? Sogar in der Ruhr, mit Neoprenanzügen an?«

Kaminski lacht. »Was, auch schon im Fluss?« Tatsächlich weiß Kiepenkötters Ex-Kollege einiges über die Schatzsucherei mit »elektrischen Wünschelruten«, wie er sie nennt. Zum Beispiel, dass diese Tätigkeit im Prinzip durchaus legal ist. »Du musst dich nur mit den zuständigen Archäologen abstimmen. Natürlich auch mit den jeweiligen Grundbesitzern. Und du musst deine Funde melden.« Dabei tauge längst nicht alles, was gefunden wird, auch fürs Museum. Vieles dürften die Finder behalten.

»Aber um Altertümer geht es den meisten Schatzsuchern gar nicht«, erzählt Kaminski. »Viele suchen nach verlorenen Münzen, Ringen und anderem Schmuck. Und immer mehr sind auf Nazikram aus.«

»Nazikram? Orden und so 'n Zeug?«

»Zum Beispiel.« Kaminski ist gut informiert. »Ritterkreuze, Ehrendolche, Parteiabzeichen, Sachen eben, die man bei Kriegsende loswerden wollte, um sich vor den Alliierten nicht als Mittäter zu belasten. Hier ist eine Menge von dem Zeug vergraben worden damals. Oder in den Fluss geflogen. Heute ist man wieder scharf darauf und sucht danach. NS-Devotionalien sind gefragt. Gibt ja immer mehr Nazis heutzutage.«

»Aber wieso sollte man hier so was finden? In Iserlohn wurde doch 1945 gar nicht gekämpft!« Kiepenkötter hat in Geschichte aufgepasst. »Im ganzen Kessel nicht! Wurde alles kampflos übergeben.«

»Na eben«, erwidert Kaminski. »So hatten die Nazis hier jede Menge Zeit, das belastende Material loszuwerden, ohne dass ihnen schon die Amisoldaten auf den Zehen standen! Wer weiß, wozu die ihre Gnadenfrist noch genutzt haben?« Er lacht. »Vielleicht ist hier an der Ruhr auch das berühmte Nazigold versteckt, nach dem man schon in halb Europa gesucht hat. Ich glaube ja, es liegt in der Schweiz, aber wer weiß? Am Ende macht einer in Drüpplingsen den sensationellsten Fund aller Zeiten!«

Beide lachen, dann nimmt Kiepenkötters Blasendruck überhand. Lange sitzt er auf dem Campingklo. Viel länger als nötig. Unter seiner Schädeldecke arbeitet es.

***

Während der nächsten Tage liegt Kiepenkötter hinter seiner Jalousie auf der Lauer, sooft es geht. Er sieht Hamel kommen und gehen, ebenso die beiden Jungs, die er schon kennt, und noch zwei oder drei andere. Sie holen sich Suchgeräte ab, manchmal auch Neoprenanzüge, und bringen die Sachen meist nach zwei oder drei Stunden zurück. Manchmal haben sie dann weiter nichts dabei, manchmal aber auch Tüten oder Beutel mit irgendetwas drin. Dann sind sie meistens fröhlich, wenn sie Hamels Wohnwagen wieder verlassen, einmal schlagen sich zwei sogar gegenseitig auf die Schultern. Sonnenklar, denkt Kiepenkötter, wer etwas findet, bekommt Geld dafür, je toller der Fund, desto mehr Kohle. Von wegen Schatzsuche sei legal, wenn man sich an die Bestimmungen halte! Das tut Hamel bestimmt nicht. Würde gar nicht zu ihm passen. Der sackt alles ein, was seine Jungs ihm bringen, und beteiligt sie am Erlös. Klar, dass er den Löwenanteil selbst behält. Und nicht versteuert. Genau dort liegt sein Schwachpunkt.

Natürlich hatte Kiepenkötter zunächst vermutet, dass der Handel mit Nazidevotionalien an sich schon illegal wäre. Dem aber scheint nicht so zu sein. Klar, man darf NS-Symbole nicht öffentlich zeigen, aber in seinen eigenen vier Wänden kann sich offenbar jeder dieses Zeug dahin stecken, wo es Spaß macht.

Eklige Vorstellung, denkt Kiepenkötter, so rein politisch. In seinen Augen ist das eine Gesetzeslücke, die Hamel sich zunutze macht, um mit Nazizeug Geld zu machen. Seine Version des Nazigoldes sozusagen. Nazigold in Iserlohn, ha! So herum wird ein Schuh draus.

Aber mit der Steuersache kann er ihn kriegen. So wie einst die Amis den Al Capone. Reihenweise Morde hatte der auf dem Gewissen, aber verurteilen konnte man ihn nur wegen seiner Steuervergehen. Im Knast ist er dann gestorben. Holger Hamel will bestimmt nicht, dass es ihm genauso ergeht. Also wird er ihm, Eduard Kiepenkötter, lieber etwas von seinem Profit abgeben, damit er ihn nicht verpfeift.

Moralisch fühlt sich der ehemalige Beamte dabei völlig im Recht. Schon allein, weil es um Nazikram geht, aber auch wegen der zugesagten Wohnung, die sie ihm weggenommen haben. Dafür hat er eine Entschädigung verdient, jawohl! Und die geht er sich jetzt holen.

Gerade kommt Hamel wieder einmal aus seinem Wohnwagen. Kiepenkötter hat seine eigene Tür schon entriegelt, da sieht er einen der jungen Schatzsucher kommen, im Laufschritt und ganz aufgeregt, einen Klappspaten in der Hand. Er wartet lieber ab. Hamel und der Junge stecken die Köpfe zusammen, der Junge redet und gestikuliert. Jetzt ist auch Hamel aufgeregt. Er fasst den Jungen bei den Oberarmen, fragt etwas, lässt es sich mehrmals bestätigen. Kiepenkötter wünscht sich ein Horchmikrofon. Worüber reden die bloß?

Jetzt zückt Hamel sein Portemonnaie. Drei grüne Scheine wechseln den Besitzer. Der Junge ist happy, drückt dem Älteren den Spaten in die Hand und rennt davon. Dreihundert Euro, Donnerwetter, wofür wohl? Bestimmt nicht für den Klappspaten.

Nun läuft auch Hamel los. Jetzt oder nie. Bei fortschreitender Dämmerung eilt Kiepenkötter seinem Wohnwagennachbarn nach. Nichts mehr los auf dem Platz, schlechte Voraussetzungen für eine Observation, aber Hamel dreht sich kein einziges Mal um, läuft zielstrebig und schnell wie einer, der sein großes Ziel vor Augen hat. Wieder geht es zum Fluss. Kiepenkötter kommt kaum hinterher. Einmal verliert er seine Zielperson sogar aus den Augen, aber lautes, mehrstimmiges Gebell bringt ihn wieder auf die richtige Fährte. Hamel ist beinahe mit der Handfegerfrau und ihrem Trio infernale zusammengerasselt. Strafend glupscht sie ihm nach, dann schiebt sie zur Seite ab. Kiepenkötter bleibt im Baumschatten unverbellt.

Aha, wieder ein Badeplatz, ein anderer diesmal. Etwas abgelegener und stärker bewachsen. Wo ist Hamel, etwa im Wasser? Nein, dort hinter den Büschen, dicht am Ufer. Hat er diese Grube selbst ausgehoben? Kann nicht sein, das war bestimmt der Junge von vorhin. Hat er dafür die dreihundert Flocken kassiert? Was ist denn in der Grube drin?

Hamel hebt den Spaten, zerschmettert ein Schloss, hebt einen Deckel. Rostige Scharniere quietschen. Im Restlicht des Tages blitzt es auf. Golden. Das ist Gold! Das Nazigold?

Kiepenkötter schleicht sich näher heran. Nazigold in Iserlohn?

Es sind Goldmünzen; sie stecken in Kunststoffhüllen. Ein Metallkoffer voll. Sehr groß ist der Koffer nicht, aber immerhin. Der Inhalt dürfte mehr als eine Million wert sein. Was für eine Wohnung man sich dafür kaufen könnte!

Der Anblick des Goldes macht Kiepenkötter gierig. Und unvorsichtig. Als er es merkt, ist es zu spät. Hamel wirbelt herum und haut ihm den Klappspaten flach auf den Kopf. Kiepenkötter sieht Sterne, kreisende Sterne. Und dann den Vollmond.

Der Vollmond hat einen dünnen Klobrillenbart und ein Gesicht, das Hamel gehört. Der sitzt auf Kiepenkötters Bauch. Kiepenkötter liegt rücklings in der Grube, direkt neben dem offenen Goldkoffer. Die Münzen sind zum Greifen nah.

»Guck sie dir ruhig noch mal an, du Spacken«, sagt Hamel und lädt eine Pistole durch, deren Mündung er Kiepenkötter auf die Stirn setzt. »Ausgerechnet du wolltest mir in die Parade fahren, Alter! Nicht zu fassen. Wie hast du das mit Panzerknacker rausgekriegt?«

Mit Panzerknacker? Marcel Panzer? Kiepenkötter weiß nur, dass Hamels ehemaliger Zellengenosse tot ist. Aber wenn er das jetzt sagt, dann stirbt er auch, und zwar sofort. Solange Hamel fürchtet, dass er etwas weiß, was niemand wissend darf, lebt er weiter.

»Wegen der Drogen«, krächzt Kiepenkötter. »Ist doch klar.«

Der Druck der Pistolenmündung verstärkt sich. »Klar hab ich Marcel im Knast Drogen besorgt«, knurrt Hamel. »Meth und Heroin. Wusste doch jeder! Hatte einen hohen Verbrauch, der Junge. War kein Geheimnis. Also wie hast du es rausgekriegt?«

»Marcel hat mehr gebraucht, als du ihm gegeben hast.« Kiepenkötter lügt um sein Leben. »Er hat alles genommen, was er kriegen konnte, egal, von wem. Und ich hatte immer etwas. Weißt du doch, dass wir ständig die Zellen gefilzt haben.« Gut, die Story ist gut. Aber etwas fehlt noch. Hamel hat seine Drogen doch nicht verschenkt! Was konnte Panzer ihm dafür geben?

»Warum solltest du Marcel Heroin gegeben haben?« Hamel hat angebissen. »Wofür denn?«

»Weil er es mir auch verraten hat«, behauptet Kiepenkötter.

Hamel schnappt nach Luft. Die Mündung rutscht von Kiepenkötters Stirn. »Dir auch? Er hat dir davon erzählt?«

»Genau«, sagt Kiepenkötter. »Er hat mir auch von dem Nazigold erzählt.«

»Von dem – was?« Hamel stutzt, dann lacht er laut. »Du Spinner! Gar nichts weißt du, hätte ich mir ja denken können.« Schon zeigt die Pistole wieder auf Kiepenkötters Stirn. »Von wegen Nazigold! Das war Marcels Anteil an dem Banküberfall seinerzeit. Hat er hier vergraben, weil er nicht wusste, wie er das Zeug zu Geld machen sollte. Dann haben sie ihn eingebuchtet. Im Knast brauchte er dringend Stoff, ich hatte welchen, aber nicht für lau! Da hat er mir die Info angeboten.« Er wickelt ein altes Tuch um den Pistolenlauf. »Pech für ihn, dass er vor mir entlassen wurde und ich einem Junkie wie ihm nicht trauen konnte! Darum hab ich ihm noch gesteckt, wo er gleich nach der Entlassung einen Schuss bekommen konnte. Einen goldenen Schuss – dafür hab ich gesorgt. Das hab ich ihm natürlich nicht erzählt. Später hab ich gemerkt, wie ungenau seine Beschreibung des Verstecks war! In Iserlohn an der Ruhr, direkt beim Campingplatz – hallo? Hier gibt es drei davon! Daher die Nummer mit den Jungs und den Suchgeräten. Hat mich ein paar Tausender gekostet, alles in allem, aber es hat sich gelohnt.«

»Dann hast du Marcel Panzer also umgebracht?«, stößt Kiepenkötter hervor.

»Nicht direkt«, erwidert Hamel. »Aber irgendwie doch. Ja, da hast du recht. Deshalb kommt es auf einen mehr auch nicht an.«

Wieder drückt die Mündung auf Kiepenkötters Stirn. Das alte Tuch stinkt. Jetzt also, denkt er.

»Hallo? Ist da jemand?«, ruft eine Frauenstimme, laut wie eine Sirene. »Das ist hier nur für Berechtigte!« Eine dreistimmige Bell-Orgie untermalt ihre Worte.

Hamel erschrickt, fährt herum, reißt die Pistole hoch. Aber die Frau ist nicht zu sehen, ihre Deckung ist dicht und sicher. Bestimmt hat sie vorhin nur das Lachen gehört. Schnell wendet er sich wieder dem Mann zu, auf dessen Bauch er sitzt. Und der sich gerade bewegt hat.

Eine Pranke fährt durch Hamels Gesicht, eine Pranke mit vielen stählernen Krallen. Und gleich noch einmal, von der anderen Seite. Hamel ist geblendet. Kiepenkötter stößt ihn zur Seite, wälzt sich über ihn und drückt ihn mit dem Gesicht in den Sand. Dabei achtet er darauf, dass er sein Schlüsselbund nicht verliert.

»Hallo?«, ruft die Frauenstimme noch einmal. Und noch einmal, während das Bellen weitergeht. Dann scheint sie zu resignieren, jedenfalls hört das Rufen auf, und das Gebell wird leiser.

Kiepenkötter wartet noch zwei Minuten, dann wuchtet er den Goldkoffer aus der Grube und legt Hamels Leiche zurecht. Ehe er die Grube zuschaufelt, leert er die Taschen des Toten. Handy, Geld, Papiere. Als er Hamels Adresse sieht, pfeift er durch die Zähne. Weidenstraße, oho, womöglich ein Loft! »Das wäre doch mal was«, murmelt er. Dieses Objekt wird er im Auge behalten. Nicht, dass ihm jemand zuvorkommt!

Wulf Dorn

Der letzte Anruf

»Na gut, ich bin nur eine einfache Hausfrau, also lassen Sie mich das mal kurz wiederholen, ob ich Sie richtig verstanden habe: Ihr Name ist Lorenzo, und Sie haben dieselbe Handynummer wie der Asia-Lieferservice, nur dass bei der Vorwahl die Eins und die Zwei vertauscht sind. Richtig?«

»Si … das heißt, ja, ich heiße Lorenzo. Lorenzo Martinelli. Das mit der Telefonnummer weiß ich nicht, aber es muss ein Zeichen des Himmels sein. Ich bitte Sie von Herzen, jetzt nicht aufzulegen!«

»Und Sie wollen tatsächlich, dass ich die Polizei anrufe und zum Friedhof schicke?«

»Si, bitte subito!«

»Weil man Sie dort lebendig begraben hat?«

»Si, Signora! So ist es!«

»In Letmathe?«

»Si.«

»Auf dem Dümpelacker?«

»Essattamente! Ganz genau.«

»Mal im Ernst: Ist Ihnen nichts Besseres eingefallen?«

»Wie bitte?«

»Wir sind doch jetzt nicht auf Sendung, oder?«

»Signora, bitte! Ich weiß, wie sich das alles für Sie anhören muss, aber ich schwöre Ihnen, dass es die Wahrheit ist!«

»Na klar. Falls das gerade eine Live-Sendung sein sollte: Bekomme ich denn wenigstens etwas dafür, dass jetzt die ganze Welt über mich lacht? Eine Kaffeetasse, ein T-Shirt, ein neues Digitalradio?«

»Sie bekommen von mir alles, was Sie wollen. Wenn Sie nur endlich jemanden rufen, der mich ausgräbt. Bitte!«

»Alles, was ich will?«

»Si, alles! Darauf gebe ich Ihnen mein Wort.«

»Ich könnte ein neues Auto brauchen. Mein Golf wird es wohl nicht mehr durch den TÜV schaffen.«

»Sie bekommen ein Auto, Signora. Ein nagelneues, frisch aus dem Werk. Sobald ich hier raus bin. Also würden Sie jetzt bitte …«

»Wie wär's mit einem Mercedes?«

»Von mir aus auch ein gottverdammter Maserati!«

»Oh! Im Ernst?«

»Si, ganz im Ernst. Was immer Sie wollen.«

»Können Sie sich den überhaupt leisten?«

»Certo! Ich kann mir sehr viel leisten. Immerhin wollte ich mich zur Ruhe setzen. Deswegen bin ich jetzt ja hier. In dieser engen, muffigen Kiste, weiß Gott wie tief unter der Erde. Und mir wird allmählich die Luft knapp!«

»Das müssen Sie mir jetzt schon genauer erklären.«

»Dass ich in diesem Sarg ersticken werde? Porca miseria, was gibt es da zu erklären?«

»Nein, ich meine, warum man Sie überhaupt begraben hat.«

»Weil man in meiner Branche nicht einfach mal eben so in den Ruhestand gehen kann. Jedenfalls nicht so wie ein normaler Mensch. Irgendjemand muss davon Wind bekommen haben, dass ich mich absetzen will, und jetzt –«

»In Ihrer Branche? Sie meinen doch nicht etwa die –«

»… Mafia. Si, genau die meine ich.«

»Die gibt es hier in Iserlohn?«

»Wir sind überall. Ein Weltunternehmen, wenn Sie so wollen.«

»Oh! Tatsächlich? Wie beunruhigend!«

»Bitte, Signora, hören Sie mir zu! Ich hätte Ihnen auch irgendeine Lügengeschichte auftischen können, aber ich bin *ehrlich* mit Ihnen. Also, um der Liebe Gottes willen, helfen Sie mir!«

»Das heißt, das ist wirklich kein Scherz?«

»Cazzo! Höre ich mich etwa so an, als würde ich Scherze machen?«

»Nein, Sie klingen sehr überzeugend. Trotzdem weiß ich nicht so recht ... Wenn es tatsächlich stimmt, was Sie da behaupten, warum sollte ich dann ausgerechnet einem Mafioso helfen?«

»Weil ich kein schlechter Mensch bin. Wirklich, die heilige Madonna sei mein Zeuge!«

»Mit Verlaub, Lorenzo, aber das sagen sie alle.«

»Es ist aber so. Hätte ich Sie sonst jetzt am Apparat?«

»Tja, offen gesagt glaube ich nicht an so etwas. Ich bin nicht religiös. Es war einfach nur Zufall, mehr nicht.«

»Trotzdem bin ich ein guter Mensch, das müssen Sie mir glauben!«

»Ach ja? Nun, Sie arbeiten ja nicht gerade für eine Wohltätigkeitsorganisation.«

»Das hatte seine Gründe, Signora.«

»Und die wären?«

»Oh, das ist eine lange Geschichte, und so viel Zeit und Luft habe ich nicht mehr. Bitte, es riecht hier schon ganz seltsam, und das kommt nicht nur von meiner Angst.«

»Dann machen Sie es eben kurz. Ich will schon wissen, wem ich da gerade helfen soll.«

»Also gut. Ich bin in einer armen Gegend aufgewachsen, in der man keine Arbeit bekommen hat. Wenn man über die Runden kommen wollte, gab es nur die Mafia. Und wenn man da mal drin ist, hört man nicht so einfach auf. Selbst wenn man es will, geht das nicht. Darum liege ich jetzt ja auch hier in –«

»Im Dunkeln, in einem Sarg. Das haben Sie mir ja schon erklärt. Trotzdem weiß ich noch immer nicht, weshalb ich Ihnen helfen sollte. So rührselig Ihre Geschichte auch klingt, aber wir sind hier schließlich nicht in Sizilien oder wo auch immer sonst Sie herkommen.«

»Napoli. Meine Familie stammt aus Neapel.«

»Aha, sehen Sie! Und das hier ist Iserlohn. Da verdienen sich die Leute auf redliche Weise ihr Geld. Sie bekommen sicherlich nicht so viel wie ein Mafioso, und sie müssen ihr Einkommen versteuern, aber man kann auch mit weniger klarkommen. Sie hätten sich hier eine anständige Arbeit suchen können. Aber das haben Sie nicht getan. War es wegen dem Geld, aus reiner Habgier?«

»Signora, bitte! Ich will Ihnen nicht zu nahe treten, aber in diesem Punkt sind wir uns doch sehr ähnlich.«

»Na, aber hallo! Das ist ja jetzt ein starkes Stück! Wie kommen Sie denn darauf?«

»Allora, ich habe Ihnen vorhin ein neues Auto versprochen. Und was wollten Sie? Nicht *irgendein* Auto, sondern einen Mercedes oder einen Maserati. Vielleicht sogar einen Lamborghini oder einen Ferrari? Va bene, können Sie haben. Das ist Ihr gutes Recht. Man wäre dumm, wenn man die Gelegenheit nicht nutzt, die sich einem bietet. Nur so bringt man es zu etwas im Leben. Moral war da noch nie hilfreich.«

»Puh! Jetzt haben Sie mich aber erwischt. Sie haben schon recht, ich könnte Ihnen ja auch einfach so helfen.«

»Si, das könnten Sie.«

»Bleibt es trotzdem bei dem neuen Auto?«

»Certo, certo! Ich habe es Ihnen doch versprochen. Würden Sie jetzt bitte Hilfe für mich rufen?«

»Warum tun Sie das eigentlich nicht selbst? Sie haben doch ein Handy. Immerhin sprechen wir gerade miteinander.«

»Weil ich mit diesem verfluchten Ding nicht raustelefonieren kann.«

»Aha, da haben wir's! Sehen Sie, Lorenzo, und genau deshalb glaube ich Ihnen nicht. Wieso sollte Ihr Handy auf einmal nur in eine Richtung funktionieren? Das ist doch Blödsinn!«

»Weil es nicht *mein* Handy ist! Es ist irgendein Einweghandy, das man für ausgehende Telefonate gesperrt hat. Sie haben es mir in den Anzug gesteckt, wie man es bei allen anderen auch gemacht hat.«

»Und wozu sollte man das tun?«

»Für den letzten Anruf. Das gehört dazu.«

»Zu was?«

»Also gut, Signora, bei uns läuft das so ab: Jemand beauftragt uns, und kurz bevor der Kandidat aus dem Leben scheidet, überreicht man ihm ein Handy. Bei diesem letzten Anruf erklärt ihm der Auftraggeber, warum es jetzt zu Ende geht. Das gebietet der Anstand. Schließlich soll der Betreffende wissen, wofür er büßen muss.«

»Aber bei Ihnen hat bis jetzt niemand angerufen. Nur ich, oder?«

»Si, das stimmt. Wahrscheinlich wundert sich der Auftraggeber jetzt, weshalb er nur das Besetztzeichen hört.«

»Oh! Wissen Sie denn, wer dahinterstecken könnte?«

»Bestimmt mein ehemaliger Partner. Quello stronzo! Aber darum geht es jetzt nicht. Wenn ich nicht bald hier rauskomme, werde ich sterben!«

»Hm, verstehe. Dann liegt es jetzt also an mir.«

»Si, und ich flehe Sie an, mir endlich zu helfen! Bitte!«

»Erzählen Sie mir zuerst noch, wie Sie das viele Geld verdient haben. Was mussten Sie dafür tun?«

»Echt jetzt?«

»Ja.«

»Ich hatte eine Geschäftsidee, und sie hat funktioniert. Mehr gibt es dazu nicht zu sagen.«

»Oh doch! Jetzt haben Sie mich neugierig gemacht, und ich will alles darüber wissen.«

»Per carità! Kann das denn nicht warten?«

»Nein, ich fürchte, das kann es nicht. Wissen Sie, Lorenzo, Sie klingen wirklich nett und ehrlich und so. Aber ich traue Ihnen trotzdem nicht. Wenn man Sie herausholt, werden Sie bestimmt alles abstreiten. Dann bekomme ich vielleicht noch mein neues Auto von Ihnen, denn das sind Sie mir dann schließlich schuldig – und in Ihrer *Branche*, wie Sie es nennen, sind Sie bestimmt ein Ehrenmann –, aber mehr werden Sie mir dann bestimmt nicht verraten.«

»Und wenn ich es Ihnen verspreche?«

»Lorenzo, ich bitte Sie! Ich bin nicht so naiv, wie Sie vielleicht denken. Wenn ich für jedes gebrochene Versprechen in meinem Leben auch nur einen Euro bekommen hätte, müsste ich Sie jetzt nicht nach Ihrer Geschäftsidee fragen.«

»Va bene, ich sag es Ihnen. Aber dann werden Sie Hilfe für mich holen, ja?«

»Schießen Sie los! Ich bin ganz Ohr.«

»Die Idee ist an und für sich ganz simpel. So wie wohl jede gute Geschäftsidee, bei der man sich denkt: Dass ich da nicht schon längst darauf gekommen bin.«

»Sie meinen so etwas wie den Rollkoffer?«

»Si, so in der Art. Nur, dass mir ein effizienter Weg eingefallen ist, wie man … nun ja, *unliebsame Zeitgenossen* spurlos verschwinden lässt.«

»Indem man sie auf dem Friedhof verscharrt?«

»Essattamente, und zwar in einem frischen Grab. Unter dem eigentlichen Sarg, der dort hineingehört. Da würde nie jemand suchen.«

»Aber was sagt denn da die Friedhofsverwaltung dazu? Die stecken doch nicht etwa mit der Mafia unter einer Decke?«

»No, nur der Totengräber. Und der hält natürlich still, solange er gut daran verdient.«

»Ah, deshalb fährt der Kerl diesen neuen BMW!«

»Si. Er hat auch ein Ferienhaus in Messina, aber das weiß niemand. Außer Ihnen jetzt.«

»Und warum werden diese Leute *lebendig* begraben? Das ist doch … brutal, unmenschlich, ja, geradezu … Ach, mir fehlen die Worte!«

»Das ist nur für den Fall, dass man irgendwann doch noch den Sarg entdeckt. Ich weiß schon, es ist extrem grausam, aber es soll so aussehen, als wäre die Person darin eines natürlichen Todes gestorben. Er wurde begraben, ist verwest, basta. Mit einer Kugel im Kopf würde das nur unangenehme Fragen aufwerfen. Liegt da aber nur einer drin, der nicht registriert ist, kann man das wie einen Buchungsfehler hindrehen, verstehen Sie?«

»Oh ja, auch wenn das sehr makaber ist.«

»Allora, so ist nun mal mein Geschäft. Schließlich verkaufe ich keine Rollkoffer. Also, wenn Sie jetzt bitte den Anruf für mich machen würden, wäre ich Ihnen sehr dankbar! Sagen Sie denen, dass sie nach einem frischen Grab Ausschau halten müssen. Die Beerdigung muss gestern stattgefunden haben. Und sehen Sie um Himmels willen zu, dass der Totengräber nichts davon mitbekommt!«

»Eines würde mich aber schon noch interessieren.«

»Dio mio, und was ist das?«

»Warum ausgerechnet der Dümpelacker?«

»Na, der Boden dort ist gut. Locker, capito? Der Totengräber hat nicht viel Mühe. Und es gibt ständig Nachschub. In Ihrer Region wird viel gestorben. Niemand käme auf die Idee, dort nach einem Verschwundenen aus, sagen wir, zum Beispiel Dortmund oder Colonia zu suchen.«

»Mhm, das leuchtet ein. Das heißt, Sie kommen auch nicht aus Iserlohn?«

»No, ich habe keinen festen Wohnsitz. In meinem Beruf muss man mobil bleiben, wie Sie sich wahrscheinlich denken können.«

»Bedeutet das, dass Sie niemand vermissen würde?«

»Ähm, no. Da ist niemand.«

»Nicht mal Ihre Familie?«

»Ich war ein Einzelkind, und meine Eltern sind schon lange tot.«

»Auch ermordet?«

»No, no, no, Gebärmutterkrebs und Herzinfarkt.«

»Oh! Das ist aber traurig. Dann sind Sie ja ganz allein.«

»Si, das ist die Schattenseite meines Geschäfts. Deshalb will ich auch aussteigen. Ich bin erst sechsundvierzig, da ist es noch nicht ganz zu spät für … na ja, ein schönes Haus, eine nette Frau, vielleicht auch ein paar Bambini.«

»Sie wollen also aufhören, weil Sie sich einsam fühlen?«

»Si, das kann man so sagen.«

»Und sonst gibt es keinen Grund?«

»Ich verstehe nicht, worauf Sie hinauswollen.«

»Nun, zum Beispiel auf die vielen unschuldigen Menschen, die Sie ermordet haben. Bereuen Sie *das* denn nicht?«

»Da war keiner unschuldig, Signora. Kein einziger! Jeder von denen hat gewusst, was ihm blüht, wenn er sich nicht an die Regeln hält. Und wenn er trotzdem dagegen verstoßen hat, war es seine eigene Schuld.«

»Nun, Lorenzo, das mag vielleicht Ihrem verqueren und überaus rachsüchtigen Rechtsverständnis entsprechen. Trotzdem gibt es Ihnen noch lange nicht das Recht, sich als Herr über Leben und Tod aufzuspielen.«

»Sie missverstehen das, Signora. Ich habe nur meine Pflicht getan. Wie eine Art Vollzugsbeamter. Sehen Sie, die Mafia hat ihre zehn Gebote, so wie es auch in *Ihrer* Gesellschaft Gesetze gibt. Und wenn man bei Ihnen jemanden ins Gefängnis stecken muss, braucht man einen, der das tut, oder? So einen wie mich.«

»Mag sein, aber damit überzeugen Sie mich nicht.«

»Merda! Was muss ich tun, damit Sie mir endlich helfen? Mir ist schon ganz schummrig im Kopf!«

»Erzählen Sie mir von Ihrem letzten Opfer. Dann werde ich mich entscheiden, was ich tue. Versprochen.«

»Mein letztes Opfer?«

»Ja, wie war sein Name?«

»Äh, momento ... Er hieß ... ja, genau: Andreas! Sein Name war Andreas.«

»Und wie noch?«

»Äh ... Weitbrecht!«

»Und warum mussten Sie ihn verschwinden lassen?«

»Weil er die Organisation betrogen hat. Er hatte eine Autowerkstatt, aber die lief nicht sonderlich gut. Also war er für uns als Geldkurier tätig. Das hat er gut gemacht, aber irgendwann ist man ihm auf die Schliche gekommen, dass er einen Teil des Geldes für sich abgezweigt hat. Immer nur kleine Beträge, aber über die Zeit summiert sich das. Und dann fällt es auf.«

»Hat er Ihnen gesagt, warum er das getan hat?«

»Angeblich wegen seiner Tochter. Die litt an irgendeiner Immunkrankheit oder so, und er brauchte Geld für eine Therapie, die von der Krankenkasse nicht übernommen wird.«

»Das wäre doch ein verständlicher Grund, oder? Um es in Ihren Worten zu sagen, wäre er doch dumm gewesen, wenn er diese Gelegenheit nicht genutzt hätte. Hätten Sie da nicht ein Auge zudrücken können?«

»Signora, Sie haben es vorhin doch schon gesagt: Ich habe für keine Wohltätigkeitsorganisation gearbeitet. Die Mafia verzeiht nicht, wenn man sie bestiehlt.«

»Mhm, verstehe ich. Ich übrigens auch nicht.«

»Wie bitte?«

»Ich verzeihe auch nicht, Lorenzo. Schon gar nicht Ihnen.«

»Aber ... was soll das heißen?«

»Das soll heißen, dass ich Sie angeschwindelt habe. Ich hatte mich gar nicht verwählt. Ich bin diejenige, die den letzten Anruf mit Ihnen führt. Mein Name ist Sabine Weitbrecht. Andreas war mein Mann. Sie liegen jetzt übrigens genau da, wo Sie ihn vor zwei Monaten und sechs Tagen vergraben haben.«

»No! Oh heilige Madonna, no! Bitte, das dürfen Sie mir nicht antun!«

»Genau genommen hat Ihnen das *Ihr Partner* angetan. Der *stronzo*, wie Sie ihn nennen. So nennt er Sie übrigens auch. Er war ganz begeistert und hat mir sofort einen Sonderpreis gemacht. Ich soll Ihnen ausrichten, dass er nicht mehr so knausrig mit dem Betäubungsmittel sein wird wie Sie. Dann kann man bei den Handys sparen und es gibt auch keine Kratzspuren am Sargdeckel mehr, meinte er. Sie hingegen sollen noch ganz in den Genuss der alten Methode kommen. Sie wissen schon: Wer anderen eine Grube gräbt und so weiter und so fort. Darauf habe ich bestanden. Und wenn Sie am Deckel kratzen, denken

Sie einfach an meinen Mann und an unsere kleine Tochter. Sie heißt Anna und ist vier Jahre alt.«

»Signora Weitbrecht! Ich flehe Sie an! Ich habe viel Geld. Es gehört Ihnen! Sie bekommen alles von mir, was Sie wollen. Tun Sie das nicht!«

»Aber Lorenzo, was glauben Sie denn? Ich tue doch gar nichts. Überhaupt nichts. Ich lege jetzt einfach nur auf.«

Nachbemerkung:
Die Handlung und die Personen in dieser Geschichte sind frei erfunden. Das gilt ganz besonders für den Totengräber. Auch wenn er mal in einem neuen BMW an Ihnen vorbeifahren sollte.

Rudi Müllenbach

Hahnenkampf

Freitagabend am Seilersee. Derbytime in der Eissporthalle. Die DEG zu Gast in der einstmals finstersten »Puckhöhle« Deutschlands. Spielbeginn war zwar erst um neunzehn Uhr dreißig, aber erste Fangruppen waren bereits am späten Nachmittag unterwegs.

Bekannte Gesänge hallten über die Wermingser Straße im Zentrum der Waldstadt.

»Wir sind der IEC, olé, olé, olé! Wir sind die Kufencracks vom Seilersee, wir nageln jeden Gegner an die Bande.«

Die ganz hartgesottenen Fans erwarteten die Gäste aus Düsseldorf schon zu ersten Scharmützeln am Bahnhof.

Auf der A 46 quälten sich die Wagen mit IEC-Aufklebern im Schneckentempo durch die Ausfahrten am Seilersee. Eishockey gehörte einfach zum Leben der Stadt und der Region. Die Fans waren stolz auf ihren Club und lebten für ihren Sport.

Gerrit war einer von ihnen. In seinem Büro hatte er vom Wimpel bis zum signierten Poster alles, was der Roosters-Fanshop hergab. Seine Mitarbeiter taten das hinter vorgehaltener Hand als Spinnerei ab. Und das war noch das Netteste, was man über ihn dachte! Jeder wusste, dass Gerrit im Betrieb ein richtiges Arschloch war, schließlich erlebten sie es täglich.

In den letzten Jahren hatte er seine kleine metallverarbeitende Firma im Industriegebiet Sümmern zu einem stattlichen Unternehmen ausgebaut. Zwei Dinge erfüllten ihn mit Stolz: sein Unternehmen und der IEC.

Heute war Derby angesagt, und Gerrit streifte sich sein geliebtes Trikot mit der Nummer 21 über, das er vor mehr als zwanzig Jahren vom damaligen Torwart Radek Todt ersteigert hatte. Gerrit schätzte die Torhütertradition seiner Roosters. Neben Todt dachte er dabei gerne an Ian Wood, Norm Maracle und den legendären Jimmy Waite.

»Achten Sie mir ja darauf, dass die Jungs nicht wieder vorzeitig den Betrieb verlassen, nur weil sie wissen, dass ich zum Eishockey bin«, wies er seine Sekretärin beim Rausgehen an. »Und wenn es doch vorkommt, erwarte ich eine Liste mit den Namen dieser Leute.«

Barbara Schmoll nickte kurz und war froh, als ihr Chef endlich das Haus verließ. Das vergangene Wochenende haftete immer noch unangenehm in ihrer Erinnerung. Er hatte sie abgefüllt und schamlos ausgenutzt, um sie anschließend davonzujagen. Sie schickte ihm einen hasserfüllten Blick hinterher.

Als Barbara sicher sein konnte, dass ihr Chef den Firmenbereich verlassen hatte, stand sie auf und packte einige Dinge in ihre Tasche. Eins davon hielt sie für einen Moment liebevoll in der Hand. Auch sie wollte zum Seilersee.

Zielsicher parkte Gerrit in der Nähe der Tennisanlage des TC Iserlohn und schloss sich einer Gruppe Fans an, die die Fußgängerbrücke über die Seilerseestraße überquerten. Anschließend holte er sich das übliche Spieltagsgedeck, Bratwurst und Pils. Sobald die Eingangstore geöffnet wurden, bezog Gerrit seinen Platz im oberen Stehplatzrang und genoss das komplette Vorprogramm zur Einstimmung der Fans. Das Organisationsteam der Roosters ließ sich Jahr für Jahr etwas Neues einfallen.

Obwohl er sich schon längst eine Sitzplatzkarte leisten konnte, war Gerrit über die Jahre seinem Stehplatz treu geblieben. Er mochte die Atmosphäre, und er mochte es, die immer gleichen Bekannten zu treffen. Beim Aufwärmen seiner Mannschaft stellte er fest, dass sein Lieblingsspieler, Julian Lautenschlager, wieder mit von der Partie war – er hatte einige Spiele pausiert. Super. Seine Jungs würden heute Abend die Düsseldorfer vom Eis fegen!

Endlich wurde es dunkel in der Halle. Aus den Lautsprechern dröhnte der Zoff-Dauerbrenner »Sauerland«. Und dann, im Licht eines Scheinwerfers, betrat Icey, das Maskottchen der Iserlohner, das Eis und begrüßte jeden Spieler, den der überdimensionale Hahnenkopf am Rande der Halle ausspuckte.

Jeder Spielername wurde lautstark skandiert. Gerrit liebte diese Momente voller Emotionen.

Auch Waldi war voller Emotionen. Eigentlich hieß er mit bürgerlichem Namen Waldemar Harthoff, aber seit seiner Schulzeit nannten ihn alle nur Waldi. Einige mit Respekt und Zuneigung, andere eher despektierlich. Vor allem sein Chef ließ keine Gelegenheit aus, ihn zu schikanieren und sich über seinen Namen lustig zu machen.

»Aus dir wäre besser ein Hund geworden, den richtigen Namen und die Beinstellung hättest du«, war noch eine der harmlosen Bezeichnungen bei den ständigen Demütigungen. Alle niederen Arbeiten in der Firma wurden immer nur ihm auferlegt.

Er hasste den Chef von Tag zu Tag mehr. Das Fass zum Überlaufen hatte das kleine Betriebsfest des vergangenen Wochenendes gebracht, als er sich demonstrativ an seine Freundin Barbara herangemacht und nicht eher Ruhe gegeben hatte, bis sie mit ihm verschwunden war. Ich bringe ihn um, waren Waldis Gedanken gewesen, als er am späten Abend allein in seinem Bett lag.

**

Auch Friedhelm, Klaus und Heinz ließen ihrer Begeisterung freien Lauf, als sie vom Stehplatz aus ihre Jungs begrüßten. Natürlich war der Mann mit dem 21er-Trikot, den sie nur »Todt« nannten, auch da. Heute wirkte er besonders aufgekratzt.

»Lauti ist wieder dabei, das ist gut fürs Team.«

Die drei wussten, dass Julian Lautenschlager der aktuelle

Lieblingsspieler ihres Tribünennachbars war. Umso euphorischer wurde der Mann mit dem Todt-Trikot, als genau dieser Lautenschlager mit zwei blitzsauberen Toren für die 2:0-Führung nach dem ersten Drittel sorgte.

»Heute haben die Dummdorfer keine Chance«, befand Todt. »Ich hol mir ein Bier, Jungs.« Sprach's und trottete Richtung Bierstand.

»Todt nicht mehr da?«, meinte Friedhelm, als ihr Platznachbar zu Beginn des zweiten Drittels nicht mehr neben ihnen stand.

Das hatte es in den letzten Jahren nie gegeben. Man kannte sich nicht persönlich, aber zum Bejubeln der Roosters-Tore lagen sich alle in den Armen. Friedhelm, Klaus, Heinz und auch der Mann mit Trikot 21.

✲✲✲

Waldi war verzweifelt. Zu spät an der Halle und die freundliche Dame im Kassenhäuschen hatte ihm leider mitteilen müssen, dass das Spiel ausverkauft war.

Ich muss da rein, dachte er, als er um die Eissporthalle lief in der Hoffnung, vielleicht im rückwärtigen Bereich ein Schlupfloch zu finden. Waldi wusste genau, dass *er* in der Halle war, denn *er* war bei jedem Spiel da. Genau da wollte er es ihm heimzahlen. Im Tempel seiner Glückseligkeit, mit den Spielern im blau-weißen Trikot, die er abgöttisch liebte.

Waldi hörte die Jubelschreie und beschloss zu warten. Wenn die Fans in der ersten Pause zum Bratwurststand drängten, bekäme er seine Chance, in die Halle zu gelangen.

Dann würde er zuschlagen. Mit Befriedigung fühlte er den Griff der Waffe in seiner Hosentasche, heute würde er allen Demütigungen ein Ende bereiten.

✲✲✲

Eismeister Reiner Sill kurvte mit der Eismaschine über die ramponierte Fläche, um sie für das zweite Drittel zu präparieren. Gemeinsam mit seinem Kollegen auf der zweiten Maschine drehte er seine Runden und überprüfte zufrieden das Ergebnis. Langsam steuerte er das Fahrzeug zum Lager, um dort die abgetragenen Eisreste zu entladen. Behäbig glitt die schwere Eismaschine in den Lagerraum, als Sill plötzlich bremste. Etwas versperrte den Weg. Er hielt an und sprang von seinem Sitz.

»Oh mein Gott!«, entfuhr es ihm, und er zuckte erschrocken zusammen. Im Wasser-Eis-Gemisch lag jemand.

Das passende Trikot hat er ja an, dachte Sill, als er den Namen »Todt« las.

Die verrenkte Haltung und das Messer, das zwischen den Schultern steckte, sprachen eine eindeutige Sprache. Der Typ hier war tot. Über zwanzig Jahre erledigte Sill seinen Job schon, aber eine Leiche im Eis, das hatte es noch nie gegeben.

»Was ist los, warum fährst du nicht weiter?«, rief sein Kollege. »Wir sind spät dran, die Schiedsrichter kommen schon wieder auf das Eis.«

Sills Gedanken rasten. Er wusste, dass 4.967 Zuschauer in der Halle waren. Wenn die Masse das jetzt mitbekommen würde, wäre hier die Hölle los. Nur keine Panik auslösen. Also fuhr er langsam weiter, bis ganz nah an die Leiche. Sein Kollege hielt hinter ihm, sprang ebenfalls vom Sitz und machte eine »Hast du sie noch alle?«-Geste. »Was ist los?«

Sill deutete mit dem Kopf nach vorn, wobei seine Hände immer noch zitterten.

»Sieh dir das an!«

✳✳✳

Waldis Verzweiflung wuchs von Minute zu Minute. Euphorisierte Eishockeyfans strömten ihm aus der Halle entgegen, aber er fand keine Lücke, durch die er schlüpfen konnte. Dann war da noch die Security, die den Eingang bewachte.

Er musste versuchen, im Schutze einiger Zuschauer an den Aufpassern vorbeizukommen. Im Hintergrund sah er, dass beide Mannschaften wieder die Eisfläche betraten, sodass es in wenigen Minuten weitergehen würde. Sein Plan, in der ersten Drittelpause zuzuschlagen, zerbröckelte wie trockener Kuchen. Plötzlich spürte Waldi einen Arm, der sich um seine Schulter legte. Ein blauer Trikotärmel, aus dem eine gelb-rote, plüschige Krallenhand ragte. Waldi schaute auf und sah einen großen gelb-schwarz-roten Hahnenkopf mit einem riesigen gelben Schnabel. Icey, das Maskottchen der Roosters, hatte ihn fest im Griff. Waldi witterte seine Chance, doch noch in die Halle zu gelangen. Das Maskottchen musste herhalten, ob es wollte oder nicht. Waldi zog den überdimensionalen Hahn um die Ecke der Halle. Der junge Mann, der seit Jahren im Hahnenkostüm vor allem die jungen Zuschauer in der Halle begeisterte, nahm den großen Kopf ab und sah Waldi böse an.

»Was soll das werden, du Vollpfosten?«

Aber er schwieg sofort, als er den kleinen Revolver in Waldis Hand sah, der drohend auf seinen verschwitzten Kopf zeigte.

»Los, raus aus dem Kostüm, Gockel, und zwar zügig!«

Mittlerweile hatten alle Fans die Halle zum zweiten Drittel betreten, und seit einigen Minuten lief auch das Spiel wieder. Die Ansagen des Hallensprechers konnte Waldi bis hier draußen hören.

»Hast du es an den Ohren, Kollege, ich sagte ausziehen!«

Entgeistert pellte sich der junge Mann aus seinem Kostüm und stand schließlich schweißdampfend in Shirt und Boxershorts vor Waldi. Der kam einen Schritt näher, und ehe Icey sich's versah, traf ihn der Griff des Revolvers an der Schläfe. Außer Gefecht, sank er zu Boden. Schnell legte Waldi das Kostüm an und machte sich auf den Weg in die Halle.

»Wird Zeit, dass du aufläufst!«, scherzte einer der Aufpasser an der Tür. »Das Spiel läuft schon wieder, und die Fans brauchen Aufmunterung.«

Ungelenk stolperte Waldi im Inneren des Hahnenkostüms

vorwärts. Darin atmete er schwer und hatte große Mühe, durch die Sehschlitze zu blicken. Trotzdem versuchte er, sein Opfer auszumachen. Aber der Schweiß lief ihm in die Augen, und alles war verschwommen.

»Der hat in der Pause wohl einen genommen«, rief der Mann vom Rettungsdienst, als das Maskottchen an ihm vorbeistolperte.

***

Sill und sein Mitarbeiter standen mit zitternden Knien vor der Leiche. Kopfüber lag sie in einer Lache aus Wasser und Eis, die sich langsam rot färbte.

»Wie ist der denn hierhergekommen?«, fragte Peter Fuchs seinen Chef. »Und was machen wir nun? Wenn das jemand mitbekommt, ist hier die Hölle los.«

Sill dachte kurz nach. »Du bleibst und achtest darauf, dass niemand näher kommt. Solange die Eismaschine hier steht, kann man ja von vorn nichts sehen. Ich suche die Polizisten, die in der Halle sind.«

Er machte sich auf den Weg zum überdachten Gang am hinteren Hallenende, wo die diensthabenden Polizisten während des Spiels Stellung bezogen. Unterwegs vernahm er irritierende Rufe von den Tribünen. »Icey, Icey, hahaha!« In der Regel wurden die Auftritte des Maskottchens mit Begeisterung bejubelt, jetzt schien man sich über ihn gerade zu beömmeln. Sill erreichte die Polizeibeamten, die auch beobachteten, wie der riesige Hahn unkontrolliert durch die Halle eierte.

»Was ist denn mit Icey los, hat der in der Drittelpause gesoffen?«

Sill sah genauer hin. Tatsächlich, da stimmte was nicht!

»Den sollten wir uns gleich mal genauer ansehen«, meinte POK Lumke zu seinem Kollegen Truck, während Icey sich beim Versuch, eine Tribünenstufe zu erklimmen, der Länge nach hinlegte.

»Später«, ging Sill dazwischen. Eilig führte er die beiden Polizisten Richtung Eismaschinenraum, während in der Halle die Masse weiter das torkelnde Maskottchen auspfiff.

* * *

Waldi schwitzte wie ein Schwein. Er war für das Kostüm schlichtweg zu klein und konnte mit seinen vom Schweiß brennenden Augen nichts mehr sehen. Von allen Seiten wurde er hin und her gestoßen. Zu allem Unglück war ihm seine Waffe durch den Ärmel in das Kostüm gerutscht und drückte an seinen Fuß. So würde es nichts aus seiner Rache und Vergeltung! Verzweiflung machte sich breit, als er immer schlechter Luft bekam und sein Herz bis zum Hals schlug. Er war anscheinend doch das, für das ihn sein Arschloch-Chef immer gehalten hatte: ein kleiner, krummbeiniger Versager. Sicherlich hätte er sich trotzdem besser gefühlt, wenn er gewusst hätte, was in der Zwischenzeit, einige Meter von ihm entfernt, passiert war. Sein Kopf begann zu dröhnen. Er konnte die Laute, die an seine Ohren drangen, nicht mehr filtern. Ihm wurde schlecht, alles um ihn herum begann sich zu drehen. Waldi spürte einen letzten Stoß in seinen Rücken, aber nicht mehr, wie er der Länge nach auf den Boden klatschte. Sehr zur Freude der Gästefans, die das Aus des Hahns lautstark bejubelten, genauso wie das dritte Tor, das ihre Mannschaft in diesem Augenblick erzielte. Pure Verzweiflung bei den Iserlohner Fans – und auch bei Sill und den beiden Polizeibeamten, die in diesem Moment vor der Leiche im Eis-Wasser-Blut-Gemisch standen.

* * *

Vor der Halle erwachte in diesem Augenblick ein junger Mann und brauchte einige Sekunden, um sich zu erinnern, was mit ihm geschehen war. Er fror, da er nur noch das nasse T-Shirt und seine Boxershorts trug. Langsam rappelte er sich hoch und nahm verschwommen eine junge Frau wahr, die, eine Shopper-Tasche unter dem Arm, aus der Halle gerannt kam.

»Hallo, Hilfe!«, rief er mit zittriger Stimme. »Hey, warten Sie, haben Sie ein Handy, ich müsste mal telefonieren!«

Die Frau schien ihn gar nicht zu bemerken und lief Richtung Seilersee davon. Dann musste er halt so in die Halle und Hilfe holen. Er schleppte sich zur großen Tür und öffnete sie langsam. Drinnen war die Stimmung auf dem Siedepunkt, die Roosters lieferten sich einen heißen Kampf mit dem ewigen Rivalen aus der Landeshauptstadt. Aber viel wichtiger: Drüben auf den Stufen der Gegentribüne lag lang ausgestreckt das riesige Maskottchen! Eins war schon mal klar: Was immer dieser verrückte Typ in seinem Kostüm auch vorgehabt hatte, es war gescheitert.

»Felix? Häh?« Der Leiter des Orga-Teams stand plötzlich vor ihm. Klar, der musste sich wundern!

»Wer liegt denn dann im Hahn dahinten auf der Tribüne?«

»Das wüsste ich auch gerne«, murmelte Felix und stolperte in die Kabine der Rote-Kreuz-Helfer.

∗∗∗

Lumke und Truck hatten in mehreren Lehrgängen gelernt, wie sie sich in außergewöhnlichen Situationen zu verhalten hatten, deshalb wussten sie sofort, was zu tun war.

»Habt ihr irgendwo eine Plane?«, fragte Lumke den Eismeister, der sich sofort auf den Weg machte.

Truck verdrängte die aufkommende Nervosität. Ruhig bleiben, beschwor er sich, auf keinen Fall dürfen die Leute in der Halle merken, was passiert ist.

»Sollen wir das Spiel abbrechen?«

Lumke schüttelte den Kopf. »Nichts überstürzen! Was meinst du, was dann hier los ist! Ich informiere die Leitstelle. Die Kripo muss her. Die können immer noch entscheiden, ob sie das Spiel vorzeitig beenden. Mehr können wir nicht tun.«

Sill brachte eine große, dunkle Plane, die Truck über den Toten legte.

Lumke informierte die Leitstelle und machte sich dann auf den Weg zum Roten Kreuz – Notfallplan besprechen. Was er dort von einem jungen Mann in Boxershorts erfuhr, ließ ihn erbleichen. Wenn es da mal keinen Zusammenhang mit dem Toten im Eishaufen gab!

Gemeinsam mit zwei Mitarbeitern des Ordnungsdienstes eilte Lumke zur Tribüne. Der Hahn lag lang ausgestreckt dort. Schnell zogen sie das Maskottchen in den unbeobachteten Gang neben der Tribüne und drehten ihn auf den Rücken. Lumke nahm ihm den großen Kopf ab und starrte in zwei leblose Augen.

***

Barbara musste den See zweimal umrunden, um halbwegs zur Ruhe zu kommen. Aus der Halle drangen weiter Jubelgesänge zu ihr nach draußen.

Erledigt ließ sie sich auf eine Bank sinken und wählte Waldemars Nummer. Er meldete sich nicht. Verdammt, wo steckte er bloß?

Es war ganz anders gekommen als geplant. Okay, leicht war es gewesen, Gerrit in die Katakombe der Halle zu locken. Sein Erstaunen darüber, dass sie plötzlich am Bierstand war, hatte sich zunächst in Abweisung verwandelt. »Was willst du hier? Du störst, verschwinde!«

Sie hatte ihm etwas ins Ohr geflüstert, dann hatten sich Gier und Geilheit durchgesetzt, und er war mitgegangen.

Aber dann auf einmal war der Typ mit dem Messer aufgetaucht! Alles war so schnell gegangen! Sie hatte sich losgerissen und war weggerannt.

»Mach keine Zicken, her mit Smartphone und Geld!«, war das Letzte, das sie mitbekommen hatte.

Sie selbst war kopflos raus aus der Halle und zum Seilersee gelaufen.

Mit zittrigen Fingern drückte sie erneut Waldis Nummer. Wieder nur die Stimme der Mailbox. »Der Teilnehmer ist derzeit nicht erreichbar.«

»Waldi«, flüsterte sie tonlos, »du bist doch … du bist doch sonst immer erreichbar …«

Marlies Ferber

Kratzer im Lack

Unfassbar! Ein hässlicher Kratzer im nagelneuen Lack! Die
Überstunden von vier Jahren stecken in der kleinen Fiat 500
Cabrio. Nicht der, sondern *die* Fiat. Sie ist ein Mädchen, in
Eisdielen-Mintgrün mit schwarzem Verdeck. Mein Mann
und ich lieben Italien, und wir haben lange mit ihr geliebäu-
gelt. Eigentlich war es ja unvernünftig, ich arbeite bei einem
VW-Händler, komme günstig an deutsche Autoqualität. Andererseits – die besten Entscheidungen, die, die einen glücklich machen, sind die aus dem Bauch heraus. Ciao, Bella! Als
wir sie heimholten zu uns, war das schon ein Vorgeschmack
auf den kommenden Urlaub, wenn wir unbeschwert mit ihr
um den Lago Maggiore brausen werden, die Sonne auf der
Haut und den milden Fahrtwind in den Haaren. Schnulzige
italienische Fünfziger-Jahre-Lieder wie »Nel blu dipinto di
blu« werden wir hören, in kleinen Sehnsuchtsorten wie Luino
oder Cannobio frühmorgens vor einer Bar parken, unseren
Espresso schlürfen, hinausschauen, wie sie da in der Morgen-
sonne vor dem glitzernden See auf uns wartet, und uns auf
die nächste Etappe freuen. Eine vergleichsweise bescheidene
Freude, natürlich. Wir sind nicht reich, aber wir arbeiten und
haben unser Auskommen und freuen uns, dass ein bisschen
was für den einen oder anderen Wunsch, für eine Extraportion
Luxus übrig bleibt. So geht es allen hier. Einer leistet sich mal
ein neues Auto, der Nächste baut sich eine Außenküche oder
einen Pool für die Kinder. Neid und Missgunst, dachte ich
immer, sind kein Thema.

Vor zehn Jahren sind wir ins Kirschblütendorf gezogen.
Kirschbäume wurden gepflanzt, als das Ackerland am Rand
von Iserlohn-Sümmern zu Bauland gemacht wurde. Viele Stra-

ßen wurden nach Schriftstellern benannt, wir selbst wohnen im Astrid-Lindgren-Weg. Es gibt lauter Einfamilienhäuser, einen Sportplatz, einen kleinen Park, zwei Spielplätze, und wir waren mit die Ersten, die ein Grundstück kauften. Ein ansprechendes Viertel mit netten Nachbarn versprach es zu werden, ruhig, durch einen hohen, begrünten Erdwall von der Landstraße getrennt, eine Heimat mit Villa-Kunterbunt-Esprit, im April in das Rosarot der üppig blühenden Kirschbäume getaucht. Mein Mann und ich fühlten uns von Anfang an wohl hier. Man lernt sich schnell kennen in einem Neubaugebiet. Gleich nach dem Einzug kommen die Sandkästen, Schaukel- und Klettergerüste, von den Hausherren stolz selbst aufgebaut und einzementiert, oft helfen auch die Nachbarn von rechts und links. Dann wachsen die Sträucher und Hecken und Bäumchen, festgebunden an geraden Stöcken. Es wurde von Jahr zu Jahr grüner hier, und ich habe mir immer eingebildet, alle fühlten sich so wohl wie wir und beobachteten das Wachsen und Werden mit Freude. Nachbarn lernen sich über das Hausbau-Fachsimpeln kennen, kommen sich näher, laden sich gegenseitig ein, die Kinder freunden sich an. Es gibt auch eine Seniorenresidenz. Mein Mann arbeitet dort als Pfleger. Felix gehört zu den wenigen hier, die morgens nicht in ihr Auto steigen, um zur Arbeit zu fahren. Einen Aldi und einen Rewe haben wir auch, und ein paar Schritte weiter, im alten Kern von Sümmern, gibt es die Raiffeisen-Genossenschaft, die Apotheke, den Bäcker, einen Kiosk, die Grundschule, den Kindergarten und so weiter. Alles da für ein friedliches Leben in der Gemeinschaft der Generationen. Doch man sieht den Leuten nur vor den Kopf. Es kann der Beste nicht in Frieden leben, wenn es dem bösen Nachbarn nicht gefällt.

Ich habe in unserem alten VW übernachtet. Ich will wissen, wer das war und warum: im Alkoholrausch entfesselte Gewalt? Wut auf die Welt? Wer ist zu so etwas imstande? Wer so perfide und gemein? Will da einer Misstrauen säen unter den Nachbarn? Hat er seine perverse Freude daran, wenn alle sich plötzlich gegenseitig verdächtigen? Wie krank und böse kann man sein? Waren es Jugendliche? Inzwischen sind die meisten kleinen Kirschblütendörfler zu Teenagern mutiert, die auf ihren Mopeds stinkend durch die Straßen knattern oder sich abends zum Trinken auf dem Spielplatz zusammenrotten.

Vierzig Autos wurden in der letzten Nacht in unserem Viertel zerkratzt. Ist das zu fassen? Die reine Lust daran, anderen etwas kaputt zu machen. Wer hat so viel Hass in sich? Und meine kleine Fiat war unter den Opfern. Ein langer, hässlicher Kratzer quer übers Heck, direkt über der Stoßstange. Ausgerechnet gestern stand sie nicht in der Garage. Wenn ich das gewusst hätte. Aber wer ahnt das denn? Anja aus der Nachbarschafts-WhatsApp-Gruppe hat eine Andeutung gemacht: Weiter hinten gebe es eine neue Familie, da scheine es Probleme zu geben. Unübersichtlich viele Kinder, immer Lärm und Geschrei, offensichtlich überforderte Eltern. Ein paarmal sei schon die Polizei da gewesen, meinte sie, und wohl auch das Jugendamt.

Natürlich haben wir die Polizei gerufen, aber passiert ist nichts. Denn niemand hat etwas gesehen. Und zerkratzte Autos sind nichts, weswegen die Polizei sich nachts auf die Lauer legen würde. Thomas von gegenüber textete in die Gruppe, wir sollten uns keine Sorgen machen, er werde die Sache in die Hand nehmen. Felix war froh, denn er hat heute Nachtdienst. Aber von wegen »Thomas macht das schon«, leeres Gerede, gestern Abend habe ich gesehen, wie Thomas und Anne abends fernschauten, dann die Weinflasche und das Knabberzeug wegräumten und ins Bett gingen. Annes Auto steht genauso allein und verlassen vor dem Haus wie gestern. Wahrscheinlich ist es ihnen egal, ihr Auto ist sowieso alt und Anne keine Einparkkünstlerin, auf eine Schramme mehr oder weniger kommt es da nicht an. Vielleicht denken die beiden auch, dass das eine einmalige Sache war? Sie täuschen sich, das habe ich im Gefühl. Da passiert noch mehr. Deshalb habe ich spätabends noch unseren alten VW genau dorthin gestellt, wo gestern die Fiat stand. Man kann die Sitze ganz nach hinten drehen und eigentlich ganz gut schlafen. Aber ich bin zu aufgeregt. Jetzt ist es schon fünf, es wird langsam hell. Das Handy für die 110 liegt neben mir. Ein Pfefferspray habe ich auch. Zur Not, wer weiß, wie viele, wie gewaltbereit oder alkoholisiert die sind?

Ein leises Kratzen, und ich bin hellwach. Ich richte mich im Auto auf, taste nach dem Handy, schaue vorsichtig von unten in den Rückspiegel, damit ich nicht entdeckt werde – und sehe einen alten Mann! Er geht weiter, hat einen kleinen Hund dabei, einen West Highland White Terrier. Den kenne ich doch! Der wohnt neben der Kirschblütenresidenz in einer der seniorengerechten Wohnungen. Selbstständiges, barrierefreies Wohnen, und wenn das mit der Selbstständigkeit nicht mehr so klappt, kann man den Rundum-sorglos-Service von nebenan dazubuchen. Er und seine Frau sitzen oft auf dem Balkon an der Ecke, trinken Kaffee oder dösen vor sich hin. Ein Pärchen wie Philemon und Baucis. Ich sehe dem Greis nach, wie er langsam weitergeht, und kann es nicht fassen. Vielleicht habe ich mich geirrt und ein Vogel war auf dem Dach gelandet, das gab das kratzende Geräusch, und er ist nur zufällig in diesem Augenblick vorbeigeschlichen? Leise steige ich aus und schaue mir das Auto an. Er hat es tatsächlich getan. Ein neuer hässlicher Kratzer nun auch auf dem VW. Der Alte nimmt sich gerade das Auto der Nachbarn vor. Unglaublich. Beim harmlosen Gassigehen! Alter schützt vor Bosheit nicht. Er weiß genau, der miese alte Sack, dass niemand ihn verdächtigt. Ich greife zum Handy, will die 110 wählen, halte inne. Er wird alles abstreiten, ich brauche einen Beweis. Schnell schalte ich das Handy auf Kamerafunktion, schleiche hinter ihm her. Der Hund bemerkt mich, der Alte auch.

»Guten Morgen!«, ruft er mir zu. Aufgeräumt, fast fröhlich.

Er hat überhaupt kein schlechtes Gewissen. Er denkt, ich hätte es nicht gesehen. Könnte ihm nichts. Er ist sich so sicher. Und ich merke, wie die Wut über mich kommt wie ein Gewitter. Ich zwinge sie nieder, erwidere den Gruß nicht, gehe ruhig zurück zum Auto. Beim Anlassen spiele ich mit dem

Gedanken, den Wagen rachedurstig aufbrüllen zu lassen wie ein verletztes Tier, beherrsche mich aber, warte und schaue. Der Mann zerkratzt jetzt keine Autos mehr, natürlich nicht, er ist ja nicht blöd und wird ahnen, dass ich ihn beobachte. Leise lasse ich den Golf an, hole den Mann ein und lasse die Fensterscheibe herunter.

»Steigen Sie ein«, sage ich. Nichts weiter, nur dieser Befehl, der »Ich weiß Bescheid« heißt.

Er scheint zu überlegen, welche Optionen er hat, dann steigt er tatsächlich ein, ganz ohne Diskussion. Ertappt auf frischer Tat! Vielleicht hofft er, mich milde zu stimmen? Mich von einer Anzeige abbringen zu können? Da hat er sich geschnitten. Er nimmt seinen Hund auf den Schoß und schnallt sich an. Schweigend fahren wir Richtung Iserlohn, automatisch nehme ich meinen Weg zur Arbeit. Wo ist überhaupt die nächste Polizeidienststelle? Die Gedanken gehen durcheinander, ich bin so voller Wut und Empörung, dass ich keinen klaren Gedanken fassen kann. Was, wenn der einfach alles abstreitet? Ich habe immer noch keinen Beweis. Noch nicht mal ein Foto. Ich brauche einen ruhigen Ort. Den Parkplatz vor der Eissporthalle. Als ich den Motor ausstelle, steigt er sofort aus mit seinem Hund. Ich bin überrumpelt, stelle noch schnell die Parkscheibe ein, folge ihm, umklammere in der Manteltasche das Pfefferspray. Er marschiert seelenruhig Richtung Seilersee. Will der mich verarschen? Am Uferweg angekommen, kackt sein Köter erst mal auf die Wiese. Der Mann lächelt stolz, zieht eine kleine Tüte aus seiner Manteltasche, nimmt das Häufchen und packt es säuberlich ein. Dann macht er einen ordentlichen Knoten in die Tüte, geht ein paar Schritte zu einem Mülleimer und lässt die Scheiße verschwinden.

»Das mache ich immer sofort«, bemerkt er. »Man will ja keinen Ärger.«

»Ach was«, sage ich.

Er rückt seine Schirmmütze zurecht. »Solche Sachen muss man sofort machen, sonst vergisst man es. Und dann regen sich die Leute auf. Ist ja verständlich. Ich trete auch nicht gern in Hundehäufchen.«

Bemerkenswert, dieses Einfühlungsvermögen, diese Rücksichtnahme. »Ja, so ist das«, sage ich. Meine Stimme klingt ungewohnt dunkel. »Was du nicht willst, das man dir tu, das füg auch keinem anderen zu, nicht wahr?«

Er scheint eine Reaktion nicht für nötig zu halten, geht zum Uferweg, dreht sich halb zu mir um. »Kommen Sie ein paar Schritte mit am See entlang? Ich war lange schon nicht mehr hier.«

Aha, denke ich. Er ist kackendreist und versucht jetzt die Harmloser-alter-Mann-Nummer durchzuziehen. Ich gehe neben ihm her, und er fängt an, über seinen Hund zu plaudern, als wäre nichts. Schnitzel heißt er und ist acht Jahre alt, sagt er. Schnitzel mag gern Bananen, Pommes frites und – wer hätte es gedacht? – Schnitzel. Der Köter schläft bei seiner Frau im Bett, erfahre ich. Wie überaus interessant. Im Morgengrauen mache er jeden Tag mit Schnitzel seine Runde, schwatzt er unverdrossen weiter. Schnitzel würde ihn wecken, sobald die Vögel mit ihrem Morgenkonzert beginnen. »Dann ist es am schönsten. Alle schlafen noch, alles ist an seinem Platz. Man kann in Ruhe seinen Gedanken nachgehen.«

Ich bleibe abrupt stehen. »Ja«, sage ich leise. »Und deinem perfiden, feigen Hobby, du bösartiger alter Mann.«

Der Hund bleibt auch stehen, er schaut zu mir hoch und knurrt. Der knurrt mich an! Der Mann bückt sich schwerfällig und streichelt dem Köter über den Kopf. »Na, na, Schnitzelchen. Niemand tut dir was, hör auf zu knurren.« Er hat anscheinend nicht gehört, was ich gesagt habe, und lächelt mir entschuldigend zu. »Weiß nicht, was er auf einmal hat. Das macht er sonst nie.«

Er geht weiter. Ich folge ihm, schätze die Gefahrenlage ein. Tagsüber ist immer etwas los am See, doch jetzt in der Morgendämmerung sind noch nicht einmal Jogger unterwegs. Kein Mensch hier außer uns. Ich werde es ihm auf den Kopf zusagen.

Doch was, wenn der ausrastet und mich einfach in den See stößt? Ich hab früher Jiu-Jitsu gemacht. Nein, wenn hier einer den anderen in den See schubst, dann bin ich das, verdammt. Bei dem Köter würde schon ein gezielter Tritt genügen. Bei ihm eigentlich auch.

»Warum haben Sie das gemacht?«

Er wendet mir sein faltiges Gesicht zu. Dieser leere Gesichtsausdruck. Das perfekte Unschuldslamm. »Was meinen Sie?«

Mein Handy meldet eine ankommende WhatsApp. Ich ziehe es aus der Manteltasche, die Nachricht kommt von Thomas. »Heureka!« steht da. »Erwischt, mit meiner Dashcam im Auto!« Anbei ein Filmchen, es zeigt den Alten und den Köter von hinten, sie gehen langsam vom Auto weg, aufs nächste Auto zu, und dann sieht man, wie er sich ein wenig bückt und kratzt.

Der Alte ist inzwischen zügig weitergegangen mit seinem Hund. Bald werden sie das Waldstück erreicht haben, dort, wo die Brückenpfeiler hinaufragen und hoch über dem See die Autos rasen. Ich folge ihm mit einigem Abstand, bis die Bäume uns vor Blicken schützen, dann hole ich ihn mit schnellen Schritten ein, halte ihm mein Handy vor die Nase. »Das hier meine ich.«

Er blinzelt, während er die Filmsequenz ansieht. »Was ist das?« Blinzelt wieder. »Ist das Schnitzel?«

»Ja«, sage ich. »Und Sie, wie Sie Autos zerkratzen.«

Er sagt nichts, blinzelt nur wieder. Anscheinend überlegt er, wie er den Hals aus der Schlinge ziehen kann, doch ihm fällt nichts ein.

»Warum haben Sie das gemacht?«, wiederhole ich meine Frage von eben. Meine Stimme klingt wieder unnatürlich dunkel, im Gaumen habe ich den Geschmack von Magensäure. Plötzlich hört er auf zu blinzeln, sieht mir in die Augen und verzieht das Gesicht zu einem Grinsen. »Hab mir den Weg markiert.«

Mir bleibt die Luft weg vor so viel Dreistigkeit. Die Hand

in meiner Tasche umkrampft das Pfefferspray. Der See ist tief hier. In diesem Moment meldet mein Handy ein ganzes Feuerwerk von eingehenden WhatsApps. Allesamt aus der Nachbarschaftsgruppe, Reaktionen auf das Überführungsvideo. »Ich weiß, wer das ist!« – »Den Köter kenne ich!« – »Gut gemacht, Thomas!« – »Made my day, Tommi!« – »Dem müsste man mal was ganz anderes zerkratzen!« – »Wow, der hat verschissen hier, oder?« – »Aber so was von!« – »Hat der sie nicht mehr alle?« – »Sozialer Selbstmord!« – »Der kann sich nichts mehr begucken!« – »Hätte Lust, mir den Hund vorzunehmen!« – »Bist du bekloppt, was kann das Tier für das Arschloch am anderen Ende der Leine!« – »Hoffentlich stirbt der bald an seiner Bösartigkeit.« – »Dann zerkratzen wir ihm den Grabstein!« – »Demnächst auf der Straße: Ich bremse nicht für Arschgeigen.« – »Ob der das auch noch lustig findet, wenn morgen sein Hund 'nen Giftköder frisst!« – »Wie gesagt, lasst den Hund aus dem Spiel, der Typ ist der Arsch!«

Ich sehe die immer weiter eingehenden WhatsApps mit den vielen hochgereckten Daumen, Zorn- und Galgen-Smileys, Blitzen und Totenköpfen dazwischen. Da kommt eine WhatsApp von Felix. Nicht in die Gruppe, sondern direkt zu mir. »Hi, bin gerade nach Hause gekommen. Wo bist du?«

Ich will antworten, da sehe ich, dass wieder eine Nachricht in der Nachbarschaftsgruppe eingegangen ist. Sie ist von Felix. »Der Mann ist dement.«

»Spazieren«, schreibe ich an Felix zurück. Ich brauche lange für das eine Wort, meine Hand zittert.

»Hast du den Gruppenchat gelesen?«, schreibt er. »Unheimlich, oder? Und das wegen KRATZERN IM LACK!«

Ich sehe den alten Mann mit seinem Hund weiterziehen, setze mich ans Ufer und weine und kann nicht mehr aufhören.

Und dann irgendwann sitzt der Hund plötzlich neben mir, und eine Hand legt sich mitfühlend auf meine Schulter. »Haben Sie sich verlaufen?«

Carsten Sebastian Henn

Iserlohner Pragmatismus

Ich sag mal so: Wir wollten einen Junggesellinnenabschied, aber
stilvoll. Also nicht mit dem Bauchladen auf dem alten Rathaus-
platz Kondome, Gleitcreme und Dildos verkaufen. Sondern
schön essen gehen, natürlich auch schön Prosecco trinken, halt
Mädels unter sich. Die Orga hatte ich, da die Braut, also Bettina,
ja meine Schwester ist. Bettina ist echt der absolute Oberhammer.
Wobei »Bettina« stimmt ja gar nicht mehr, sie lässt sich ja seit
einiger Zeit Bibi nennen. Sie sieht aber auch nicht mehr aus wie
eine Bettina, hat sich völlig runderneuern lassen: neue Spoiler,
Hochglanzpolitur, tiefergelegt, wenn Sie wissen, was ich meine.
Also Lid- und Bauchdeckenstraffung, Lippen- und Nasenkor-
rektur, auch eine Intimkorrektur (ich hab da lieber nicht weiter
nachgefragt) und vor allem die Brüste, gleich dreimal. Was da
entstanden ist, muss man schon als Kunst bezeichnen, die Natur
bekommt so was auf jeden Fall nicht hin. Schwerkraft ist für
diese Dinger kein Thema. Und da Männer optische Wesen sind,
ist es auch kein Wunder, dass quasi ganz Iserlohn hinter ihr her
war. Auch Dirki, der Bräutigam, ehemals mein Dirki, der dann
eben das neuere Top-Modell aus demselben Haus gewählt hat.
Bevor Sie fragen, ich bin da längst drüber weg. Mein Slogan war
immer schon: Nur das Beste für mein Schwesterherz!

Deshalb auch Gut Lenninghausen in Drüpplingsen. Das
liegt so idyllisch über dem Ruhrtal. Und es gab noch einen
anderen Grund: Wir konnten die Männer in der Brennerei auf
dem Anwesen parken. Das war meine Idee, ich bin immer für
pragmatische Lösungen. Die Kerle sollten Dirkis Abschied
vom Junggesellenleben mit einer Schnapsprobe feiern, während
wir Mädels im Gewölbekeller nebenan sind und bis spät in die
Nacht gesittet trinken. Oder auch ein bisschen ungesittet.

Das war zumindest der Plan.

Das Ergebnis kennen Sie ja.

Aber Sie haben ja gesagt, ich soll noch mal alles erzählen, damit für den Prozess alles klar ist, also mach ich das. Ist ja wichtig, dass Sie von der Staatsanwaltschaft keine falschen Schlüsse ziehen.

An dem Tag haben wir Bettina natürlich zuerst bei sich abgeholt, ganz stilvoll in der Stretchlimo mit Chauffeur im dunklen Anzug. Dann in den Beautysalon und so richtig aufstylen – nicht, dass Sie denken, Bettina würde immer aussehen wie eine russische Luxusnutte! Das war das Melania-Trump-Special! War im Angebot. Da bin ich ganz pragmatisch.

Dann haben wir rund ums Gut Lenninghausen noch ein Fotoshooting mit uns allen gemacht. Ich hatte Accessoires besorgt, also bunte Perücken, lustige Brillen, Schminke, falsche Wimpern. Das war total funny und hat uns allen viel Spaß gemacht. Bevor Sie fragen, weil Sie bei Bettina so extrem viel Promille im Blut gefunden haben: Da haben wir schon angefangen, ein bisschen was zu trinken. Also eigentlich schon in der Limo. Ganz eigentlich bei Bettina in der Wohnung, als wir sie überrascht haben. Man muss ja erst mal anstoßen und vorglühen!

Wo war ich? Ach ja, Fotoshooting rund ums Gut Lenninghausen. Da waren auch ein paar gewagte Aufnahmen dabei, das haben Sie ja vielleicht schon gesehen.

Danach ging es für uns Mädels in den Gewölbekeller vom Restaurant, den hatten wir an dem Abend ganz für uns. Mit »wir Mädels« meine ich die Bettina, also die Bibi, die Annika, also die Anni, die Dini, die heißt eigentlich Daniela, dann die Tanja, die Andrea, die Vanessa, die Henny, die Anke und die Elsbeth, also die Oma von Bettina und mir. Die hört und sieht zwar kaum noch was, aber ist immer gern unter Menschen. Da sie auch nix isst, hat das nicht extra gekostet.

Von dem Fotoshooting hatten wir alle total Hunger. Das Menü hatte ich vorher mit dem Koch abgesprochen: ganz traditionell sauerländisch, also Potthucke, Himmel und Erde, Bockwurst, Pumpernickel, so ein Best-of Heimat. Auch um eine ordentliche Grundlage für den Alkohol zu schaffen. Da bin ich ganz pragmatisch!

Der Abend lief auf jeden Fall superduper. Ich hatte noch einen Film auf einer Leinwand gezeigt, den ich über Bettina und Dirki gemacht hab, also Kindheitsvideos zusammengeschnitten, Interviews mit dem Freundeskreis und den Eltern, total funny. An Musik liefen an dem Abend nur Bettinas Lieblingsbands, also dieser ganze Rap- und Hip-Hop-Kram. Und dann, nach dem Dessert, da war es so halb elf, kam dann der Höhepunkt: der Stripper!

Und ja, den hatte ich auch ausgesucht. Natürlich! Da müssen Sie gar nicht so gucken, ich hab die ja nicht vorher bei mir Probe tanzen lassen. Ich bin da nur nach den Fotos gegangen. Da gab es Kurt Klöte, Lasse Latte und natürlich Rudy Rohr. Auch einige amerikanische Stripper waren im Angebot wie Dickie Big Balls und Woody McStiff. Warum mir gerade Captain Long John and his Ding-Dongs am besten gefallen hat, kann ich Ihnen gar nicht mehr sagen, wahrscheinlich weil er als Pirat auftritt. Einen Feuerwehrmann, der mit seinem – zwinker-zwinker – Schlauch spielt, fand ich zu öde. Feuerwehrmänner sieht man in Iserlohn ja manchmal, aber Piraten? Nie! Also außer damals im Stadtrat.

Auf jeden Fall erklingt plötzlich Piratenmusik, und er kommt rein in kompletter Jack-Sparrow-Montur. Bettina musste sich auf einen Stuhl setzen, und dann flog bei dem Piraten ein Fetzen nach dem anderen, die waren alle mit Klettverschlüssen festgemacht. Voll pragmatisch, fand ich gut. Vor dem Gesicht hatte er aber die ganze Zeit so einen Schleier mit Segelschiff drauf. Allerdings hab ich bei ihm, da muss ich ganz ehrlich sein, eigentlich kaum ins Gesicht geguckt. Aber was will frau auch machen? Diese Muskeln überall! Und das ganze Geschlackere untenrum. Von links nach rechts, sogar in Kreisen! Er rieb sich auch an Bettina und wurde erregt, also zum Teil.

Wie nennt man das? Mittelerregt? Mediumhart? Halbsteif? Ja, ich komm zum Punkt, ist ja gut. Bettina hat super mitgemacht, ihm die Brust eingeölt und so.

Dann zog er theatralisch die Maske ab.

Und es war, Sie wissen das jetzt natürlich schon, Christoph Wüschel. Bettinas Ex. Der immer noch total in Bettina verschossen ist und ihr ständig WhatsApps schickt. Der Mann, auf den Dirki so gar nicht kann.

Die Mädels kannten ihn natürlich auch alle und kreischten auf – also alle bis auf Elsbeth, die hat von dem Ganzen kaum was mitbekommen und die ganze Zeit nur glücklich vor sich hin gelächelt und an ihrem Bierchen gesüppelt. Alle anderen schossen Fotos mit ihren Handys oder filmten die ganze Chose. Und Bettina, zu diesem Zeitpunkt schon lattenstramm, also wortwörtlich ... 'tschuldigung, dass ich lachen muss! Hier ist natürlich gar nichts zum Lachen ... So ... bin wieder ernst!

Wenn jetzt einige behaupten, ich hätte vorher gewusst, dass der Stripper Bettinas Ex ist, sag ich: Moment mal! Wie hätte ich bitte wissen können, dass hinter Captain Long John der Christoph steckt? Ein Pfarrerssohn aus Griesenbrauck?

Da wasche ich meine Hände in Unschuld, aber porentief!

Jetzt kommen Sie mir bloß nicht mit dem Video, das Dirki in dem Moment sofort auf sein Handy bekommen hat. Ich kann nur sagen: Da ist eine an meinem iPhone gewesen und hat das gemacht. Das Ding lass ich ja immer irgendwo rumliegen, und alle wissen, dass mein Geburtsdatum das Kennwort ist.

Aber wer immer das gemacht hat, böse war es ganz sicher nicht gemeint. Sondern nur lustig, so neckisch lustig halt.

Dirki bekam auf jeden Fall diesen Videoclip geschickt, auf dem der Christoph der Bettina gerade seinen Long John und seine Ding-Dongs präsentiert und sie ihm an den Po packt.

Als Dirki das sieht, ist er schon nicht mehr ganz nüchtern.

Normalerweise verkostet man bei einer Probe in der Brennerei nur fünf Schnäpse oder Liköre. Aber Norbert, also der andere Trauzeuge, hat dafür gesorgt, dass die Jungs die ganz große Hafenrundfahrt bekommen haben, also alles, was das Haus zu bieten hat. Zwetschge, Himbeere, Mirabelle, Williams, Obstler, Wacholder, Doppelwacholder, Korn, Doppelkorn, Schlehenlikör, Kümmellikör, Weihnachtslikör, Gin-Bim und Eierlikör. Und bei dem Eierlikör, das hat der Norbert mir nachher erzählt, da war das Gegröle dann so richtig losgegangen. »Mehr davon! Männer brauchen Eiweiß!« und »Ist gut für meine Eier!« oder »Wer am meisten davon säuft, hat die dicksten Eier!«. Sie können sich das ja sicher gut vorstellen. Die bekamen sich gar nicht mehr ein und pfiffen sich das Zeug rein wie nix Gutes. Und das hat zwanzig Umdrehungen! Merkt man nicht, ist aber so. Dazu gab es noch eine kleine Zaubershow – als hätten die nicht so schon lauter Sternchen gesehen!

Als Dirki den Videoclip sah, hielten sich die Jungs auf jeden Fall nur noch mit Mühe in der Senkrechten.

Als Erstes hat Dirki sein Handy volle Möhre an die Wand geschmissen. Und als Zweites ist er zu uns in den Gewölbekeller rübergerannt, wobei »gerannt« … Also sagen wir mal: schnell getorkelt. Die Bettina bekam davon natürlich gar nichts mit, die hatte gerade einen Piratenpopo mit Totenkopf-Tattoo vor dem Gesicht. Also auf einer Backe war das Totenkopf-Tattoo, auf der anderen ein Pfeil, über dem geschrieben stand: »Captain Long John befiehlt: Hier knutschen!« Und da die Bettina für jeden Spaß zu haben ist, hat sie das dann auch gemacht. Die hat ihn richtig abgeschlabbert, unter lautem Gejohle von uns natürlich.

Da war es dann auch vorbei mit halbsteif, das kann ich Ihnen aber sagen.

Auftritt Dirki.

Ich frag mich bis heute, woher er das Messer hatte. Muss er sich von einem der anderen Tische gegriffen haben. War so ein kleines, gar nicht besonders spitz. Um damit irgendwo reinzustechen, muss man schon ziemlich viel Kraft aufwenden, um … also … eigentlich Respekt, dass er das geschafft hat!

Dirki also mit Messerchen stürmt auf Bettina und Captain Long John los. Oder besser: Er fällt eher auf sie los. Der Captain bringt sich im letzten Moment in Sicherheit, Bettina nicht. Weil: sitzt ja auf dem Stuhl, gefesselt mit Seidentüchern. So schwarzen, die aussehen wie kleine Piratenflaggen. Total süß irgendwie. Egal, Dirki also mit ausgestrecktem Arm und Messer in Bewegung, total unaufhaltsam, und zack, steckt das Messer tief in Bettinas Busen. Also dem linken. Dem, wo das Herz ist. Gibt es bei Busen eigentlich einen Singular? Buser? Buso? Also die linke Titte, sagen wir es, wie es ist!

Bettina verlor sofort das Bewusstsein, vermutlich wegen des Schocks.

Dirki, der sich gerade wieder vom Boden aufgerappelt hatte, sieht das, schreit auf, will zu Bettina, rutscht auf dem Blut und so aus, fällt und schlägt dabei mit dem Hinterkopf auf eine Tischkante. Das ist so richtig doof für ihn gelaufen.

Aus der Bettina spritzt es währenddessen die ganze Zeit.

Zuerst rot, aber dann viel mehr so beige. Das ist ja eigentlich gar keine richtige Farbe, aber das war so beige halt. Wir dachten, die Bettina hat es erwischt, aber denkste! Das Silikonimplantat hat sie gerettet. Mit echten Möpsen wär sie erledigt gewesen, garantiert.

Ich bin natürlich direkt zu Bettina und hab versucht, die Blutung, also die Spritzung, zu stoppen und sie wach zu bekommen, währenddessen haben die anderen sie losgemacht und den Notarzt gerufen. Erst durch einige wirklich feste Schläge hab ich sie wieder unter die Lebenden prügeln können. Schön war das nicht, aber musste ja sein. Ich bin da ganz pragmatisch.

Und was sieht Bettina als Erstes, nachdem sie die Augen wieder aufhat? Ihren Dirki auf dem Boden liegen, bewusstlos, Blut um seinen Kopf. Ich möchte an der Stelle noch mal erwähnen, dass auch die Bettina schon richtig knülle war. Wir hatten ja nicht nur Prosecco getrunken, sondern auch den Eierlikör, müssen Sie wissen. Und da kann man sich so richtig festtrinken! Das ist ein teuflisches Zeug, wirklich.

Bettina sieht also Dirki, bekommt einen Kreischanfall, zittert am ganzen Leib, greift sich das Messer und geht auf Captain Long John los. Wenn Sie jetzt fragen, warum da keiner dazwischengegangen ist: Das ging alles so schnell! Auch der splitterfasernackte Captain Long John – das heißt den Piratenhut, den hatte er immer noch auf –, also der wusste nicht, was passierte, als die Bettina schreiend auf ihn zukam, ihn umrannte, sich auf ihn setzte und ihm das Messer in die Brust rammte.

Und der hatte natürlich keine Silikonmöpse.

Die Bettina hat dann auch nicht nur ein Mal zugestochen, die macht ja keine halben Sachen. Die hat den so richtiggehend perforiert. Wie im Wahn. Dafür war das Messer natürlich gar nicht gemacht, und irgendwann, so nach dem zwanzigsten, dreißigsten Mal, ist es abgebrochen. Sonst würde die Bettina wahrscheinlich heute noch zustechen … 'tschuldigung, dass ich schon wieder lache, aber ist doch wahr.

Jetzt kommt Dirki wieder zu Bewusstsein, sieht Bettina auf dem nackten Captain sitzen, voller Blut, und fällt wieder in Ohnmacht. Dabei hat er sich wieder gestoßen, diesmal zwar mit dem Hinterkopf nur auf den Steinfußboden, aber da war wohl so eine fiese spitze Kante an der Fußleiste, auf jeden Fall fing das Bluten wieder an. Das war eine Riesensauerei, kann ich Ihnen sagen! Die Rechnung für die Endreinigung war so richtig happig.

Dirki kam dann ja erst im Notarztwagen wieder zu sich. Da war der Tod vom Captain schon festgestellt worden. Haben Sie die Spitze vom Messerchen eigentlich mittlerweile wieder aus ihm rausbekommen, oder war die zu tief …? Ist jetzt ja auch egal. Tot ist tot und Schnaps ist Schnaps! Die Sanitäter haben Dirki dann wohl erklärt, dass die Bettina in Gewahrsam genommen worden ist, aber er hat das wegen seiner Kopfverletzungen nicht richtig verstanden. Das ist auch bis heute so geblieben. Er lächelt immer glücklich, schafft es aber nicht mehr, seine Schuhe zuzubinden.

Das war es natürlich mit der Hochzeit.

Also mit der von Dirki und Bettina. Ich heirate nächste Woche den Norbert. Ich sehe in Ihren Augen, dass Sie das dumme Gerede über ihn gehört haben. Aber es ist eine dreiste Lüge, was die anderen Jungs da erzählen, dass Norbert dem Dirki immer nachgeschüttet hätte, obwohl der gar nicht wollte. Der Dirki ist schließlich erwachsen, da kann man seinen Rausch niemand anderem als sich selbst zuschreiben. Also ehrlich! Und der Norbert hat ihm auch nicht das kleine Messer in die Hand gedrückt. Dass es gar nicht zum Besteck vom Restaurant passt, sondern zu dem in seiner Wohnung, ist ein blöder Zufall. Das sagt sein Anwalt auch. Das Messer ist von Ikea, das hat jeder Zweite in der Schublade.

Meinen Junggesellinnenabschied feiere ich auf jeden Fall schön im Gut Lenninghausen.

Trotz allem hab ich gute Erinnerungen daran. Vor allem an den Eierlikör.

Ich bin da ganz pragmatisch!

Katja Bohnet

The New Black Power

»Ist das ein Arm?« Dino hatte die Mittagsschicht im Über-
wachungsraum des Müllheizkraftwerkes erwischt.

»Was?« Zlatko Iwanowitsch schrieb gerade eine WhatsApp.
Er hatte eine neue Freundin, die im Iserlohner Bahnhofskiosk
arbeitete. Die Beziehung war noch jung und Diskussionen an
der Tagesordnung. Bis zu diesem Zeitpunkt hielten sich Streit
und Versöhnung die Waage. Dafür musste Zlatko viele Nachrichten verfassen.

Dino beugte sich näher zum Monitor. »Da!«

Zlatko beendete seine Textnachricht, drückte auf »Senden«
und folgte mit seinem Blick Dinos Fingerzeig. »Möglich«, sagte
er ohne jegliche Emotion. Als wäre ein menschlicher Arm im
Müllbunker des Heizkraftwerkes nur Teil des täglichen Geschäfts.

»Anhalten?«, fragte Dino.

»Weiß nicht«, antwortete Zlatko, der offenkundig lieber mit
seiner Freundin schreiben wollte.

Dino wählte zuerst eine Nummer, dann eine zweite, unter-
hielt sich jeweils kurz, drückte einen roten und danach zwei
blaue Knöpfe. Auf dem Bildschirm baumelte der gestoppte
Greifer der Krananlage über dem Müllberg wie ein monströses
Windspiel hin und her. Der Lastwagen am Rand der Kippe
stand still. Der Rost lief leer. Unten im Bunker leuchtete Haut.
Alter! Vielleicht nicht nur ein Arm, dachte Dino, sondern zwei.

***

Der nächste Anruf galt Markus Vedder, dem neuen Geschäfts-
führer des Heizkraftwerkes. Ein ehrgeiziger Mensch, der schon

den Stadtwerken Pirmasens zu neuem Aufschwung verholfen hatte. Alle Angestellten wussten: Man schaltete die Krananlage nicht ab, ohne dafür seinen Kopf beim Chef zu riskieren. Körperteilfunde waren keinesfalls an der Tagesordnung. Iserlohn galt als eine ruhige Stadt. Beinahe so beschaulich wie das ganze Sauerland.

In dem Müllwagen, der an der Kippe tuckerte, saß Clive Norris, den alle nur Chuck nannten. Clive hatte sich eine Weile gegen den Spitznamen gewehrt. Aber lohnte es sich, gegen Windmühlen zu kämpfen? Nein.

Also fügte er sich. Auf Formularen trug er aus Versehen über der klein gedruckten Schrift den Vornamen »Chuck« ein, so sehr hatte er sich an den Spitznamen gewöhnt. Seitdem er in der Firma arbeitete, erzählten seine Kollegen in der Müllentsorgung vor Ort – es waren fast ausschließlich Männer, nur eine Frau fuhr den MAN-Laster für das Altpapier – Chuck-Norris-Witze. Es kam Clive so vor, als könnte er mittlerweile bei jedem Witze-Quiz den ersten Platz belegen. Tatsächlich hatte er mit dem harten Typen, Kämpfer und Schauspieler nur wenig gemeinsam. Er war eher schmal, hatte krause dunkle Haare und dunkle Haut. Haut und Haare hatte er von seinem Vater geerbt, der als amerikanischer Soldat in Spangdahlem stationiert gewesen war. Zweiundfünfzigstes Jagdgeschwader, für das er Wartungsarbeiten verrichtete. Nach einer durchtanzten Nacht war Clives Vater in einer Samstagnacht mit halb besoffenem Kopf von einer Deutschen angebaggert worden. Es folgten hilflose Erklärungsversuche, Treffen mit und ohne Sprachbarriere, drei Wochen später Schwangerschaft. Das Kondom war gerissen und die Pille danach noch nicht auf dem Markt. Dafür kam Clive zur Welt. Seine Eltern trennten sich, als er zwei Monate alt war. Seine Mutter zog zurück zu ihren Eltern nach Iserlohn. Sein Vater wechselte den Stützpunkt. Clive kannte nur Fotos von seinem Erzeuger. Ein junger Afroamerikaner posierte mit gequältem Gesichtsausdruck vor einem Kampfjet. Als wären das Fliegen und Warten der

Flugzeuge unangenehme Pflichten und der nächste Krieg nur eine Frage der Zeit.

***

Clive stieg aus. Auf dem Armaturenbrett des MAN-Lasters gab es einen Bildschirm. Aber der zeigte nur, was hinter dem Wagen geschah. So sollte verhindert werden, dass er eine Mülltonne hinter sich herschleifte oder dass genau das mit Bernd Ziegenmelker, der die Tonnen aufsetzte, passierte. Clive Norris näherte sich vorsichtig dem Rand des Mülltrichters und erkannte deutlich, was der Kollege aus der Zentrale meinte. Ein Arm, fünf Finger. Die Krümmung der Hand, die helle Marmorierung der Haut. Selbst auf die Entfernung hin – circa fünf Meter – sprach alles gegen ein künstliches Gliedmaß. Teile von Schaufensterpuppen landeten oft im Abfall. Aber das hier sah anders aus. War das daneben eine Hand? Wo zwei Hände waren, gab es vielleicht auch einen Kopf. Einen ganzen Menschen, nur tot. Clive schauderte es.

Wie damals in der Turnhalle ergriff ihn ein Fluchtinstinkt. Wie damals an der Universität wollte er lieber weglaufen. Wie immer entschied er sich zu bleiben.

***

1993 fanden die Regionalmeisterschaften im Leistungsturnen statt, und Chuck-Norris-Witze waren noch nicht in aller Munde. Clive hatte sich qualifiziert, trat aber nur an zwei Geräten an.

Im Vorraum der heimischen Sporthalle hatten die Eltern mitgebrachte Salate und Kuchen aufgebaut. Würstchen und Brötchen. An einer Tafel angeschrieben: »Negerkuss-Brötchen 1 DM«, deutlich – um das Wort zu betonen – mit einem Bindestrich getrennt. Clive lehnte neben der Tafel an der Wand. Er hatte die Aufschrift nicht beachtet. Soweit er sich erinnern konnte, stand sie schon immer da. Eine Trainerin fragte, ob ihn diese Bezeichnung nicht beleidigte.

Clive zuckte mit den Schultern. Er wurde nicht gern von Fremden angesprochen. Von Frauen schon gar nicht. Mädchen waren peinlich und anziehend zugleich. Einige dieser fremden Geschöpfe aus seiner Klasse beobachteten ihn mit Interesse, andere schien sein Anblick fast zu ekeln. Sie verwirrten ihn. Beleidigte ihn das Wort »Neger«? Er war es schlicht und ergreifend gewohnt.

Es störte ihn erst, als eine wohlbetuchte Dame es zu ihm sagte und danach ausspuckte. Als sein Englischlehrer es benutzte und ihn danach durchdringend ansah. Wie ein Insekt, wie etwas Hässliches. Als ein über achtzigjähriger Nachbar, an dessen Grundstück Clive nur vorüberging, »Negerbrut« murmelte. Wie anders doch das Gleiche sein konnte. Clive dachte jedes Mal an Flucht.

An der TU Dortmund schrieb er sich für das Fach Architektur ein.

»Mach was Kreatives«, hatte seine Mutter gesagt. »Mulatten waren schon immer als Musiker und Sänger erfolgreich.« *Mulatten.* Erst später fragte sich Clive, ob auch seine Mutter eine Rassistin war. Musik und Malerei kamen nicht in Frage. Er war in diesen Fächern nie durch Talent aufgefallen. Also Architektur.

Sein Professor sprach immer noch von »Negern«, als er einen afroamerikanischen Architekten vorstellte. Der Lehrplan verlangte es, wie er nie aufhörte zu betonen. Mehrere Studenten beklagten sich über die Wortwahl beim Dekan. Es gab Diskussionen, einen Zeitungsartikel und Rügen. Eine Entschuldigung des Professors gab es nie. Clive hielt sich raus, so wie er es immer tat. Er wählte ein anderes Seminar. Später sogar einen anderen Beruf.

***

»Hey«, sagte Clive am Telefon.

»Was'n?«, fragte seine Tochter Leona.

»Komme heute früher heim«, erklärte er.

»Na und?«

»Gibst du Mama bitte Bescheid?«, fragte er.

»Geht klar«, sagte Leona und legte auf.

Die Müllheizkraftanlage war abgeschaltet, der Mülltrichter abgesperrt. Menschen in weißen Schutzanzügen kletterten in den Abfallbergen umher und sicherten Spuren.

Dino und Zlatko schauten dem Treiben über die Monitore zu. Sie schlossen Wetten ab, wie viele Leichen noch gefunden würden. Und ob die Frau des Chefs darunter wäre.

»Bis morgen!«, sagte Clive. Er warf das Brotpapier seines mitgebrachten Frühstücks in den dafür vorgesehenen Papierbehälter und die Plastiktüte in einen anderen, gelben. Clive trennte seinen Müll.

»Du bist deutscher als jeder Deutsche«, sagte Dino.

»Ich bin Deutscher«, sagte Clive.

Wenn Clive seinen Abfall sortierte, reagierte Zlatko sofort: »Das wird ohnehin in Taiwan wieder alles zusammengeworfen.«

Manchmal erstaunte es Clive, wie wenig sie diese Dinge kümmerten. Obwohl sie doch täglich dafür schufteten.

»Was wollten sie von dir wissen?«, fragte Dino.

»Den Streckenverlauf«, antwortete Clive, »ob wir irgendwo angehalten haben, meine Adresse.«

»Racial Profiling«, sagte Dino.

Es klang konspirativ. Dino hatte gegenüber Clive noch nie Fremdwörter benutzt. Clive war sich unsicher, ob Dino überhaupt wusste, was »Racial Profiling« bedeutete. Immerhin hatte er die Bezeichnung richtig eingesetzt. Es klang so definitiv, als gäbe es in Clives Fall dazu keine Alternative.

Die Polizisten waren Clive höflich begegnet. Sie hatten ihn nicht auf seine Hautfarbe angesprochen. Warum auch? Er selbst hatte die menschliche Fracht zur Anlage gefahren. Clive empfand es als natürlich, dass sie besonders ihm ihre Aufmerksamkeit widmeten.

»Eigentlich …« Aber er hatte keine Lust, sich zu erklären.

»Wissen Sie schon, wer es war?«, fragte Dino.

»Die Leiche oder der Täter?«

»Wissen Sie schon irgendwas?«, korrigierte Dino sich.

Clive schüttelte den Kopf.

Dino wirkte enttäuscht. »Mach's gut, Chuck! Bis morgen.« Als rechnete er nicht damit. Aber die Tonnen mussten geleert werden. Ob die Anlage lief oder nicht.

»Hey«, sagte Zlatko, »kennt ihr den schon: Chuck Norris kann ein Feuer entfachen … indem er Eiswürfel aneinanderreibt.« Zlatko bekam sich kaum noch ein.

Dino lachte, und Clive verzog den Mund. Es gab wirklich keinen Chuck-Norris-Witz, den er noch nicht kannte.

Wenn Clive nach Hause kam, überprüfte er die Umgebung. Aber niemand folgte ihm, als er den Bus verließ. Er öffnete die Haustür, lauschte kurz. Die Tür fiel leise ins Schloss. Clive öffnete den Briefkasten. Wie so oft in den letzten Wochen fand er weder Werbung noch Post. Ob Leona schon zu Hause war? Er erklomm die Stufen zu der Drei-Zimmer-Wohnung, die er mit Frau und Tochter am Löbbeckenkopf bewohnte. Keine Exkremente auf der Fußmatte, keine Kritzeleien. Ein guter Tag.

Das Viertel galt als Hochburg der AfD. In diesem Jahr hatte die Partei auf Anhieb fünfundzwanzig Prozent der Wählerstimmen auf sich vereint. Seitdem hatten Belästigungen und Übergriffe zugenommen. Selbst bis dahin unauffällige Nachbarn traten jetzt vor Mikrofone, äußerten sich in Zeitungsartikeln besorgt zum Thema Überfremdung. Überfremdung. Clive war in Deutschland geboren und aufgewachsen. Er war hier zu Hause. Zugegeben, er fühlte sich oft fremd. Aber war Überfremdung nicht ein Zustand, der die Deutschen selbst betraf? Weil die Fremdheit von ihnen ausging? Weil sie nichtweiße Menschen stets mit Misstrauen betrachteten?

Clive grüßte die leere Wohnung mit einem lauten »Hallo«. Niemand antwortete. In den großen Schulferien traf er seine Tochter Leona nur noch selten zu Hause an. Abhängen mit Freundinnen. Mal am Seilersee, mal im Café del Sol, mal an Orten, die Clive nicht kannte. So erklärte sie ihre späte Rückkehr, wenn er und seine Frau sich schon vor Sorgen verzehrten. Leonas Verhalten hatte sich seit einigen Wochen drastisch verändert. Wann hatte das angefangen? Kommunikation fand kaum noch statt.

* * *

Wie immer hatte Leona den Frühstückstisch nicht abgeräumt. Clive wusch sich die Hände. Mit einem Seufzer griff er nach dem leeren Quarkbecher auf dem Tisch, warf ihn in den Eimer mit dem gelben Deckel, nicht ohne vorher die Papierbanderole gelöst und in dem Eimer mit dem blauen Deckel entsorgt zu haben. Teller und Tassen räumte er in die Spülmaschine ein, Lebensmittel in den Kühlschrank. Er setzte sich an den Küchentisch, seufzte erneut. Fragte sich wie jedes Mal, wenn er in diesen Tagen die Wohnung betrat, wo sich seine Tochter wohl herumtrieb. Als es klingelte, rechnete er mit dem Schornsteinfeger. Für die Postbotin war es zu spät.

»Was machst du denn hier?«, hörte er sich selbst fragen. Leona hatte einen Schlüssel, klingelte aber immer noch aus Bequemlichkeit.

»Versteh einer Väter«, antwortete seine Tochter. »Sonst beschwerst du dich.« Sie kramte in ihrer Tasche. »Hab die Post mitgebracht.« Sie warf zwei Umschläge auf den Tisch. Als Clive danach griff, sagte sie: »Nichts Besonderes. Nur Rechnungen.«

Früher hatte sich Leona nie um die Post geschert. Jetzt war es das Einzige im Haushalt, worum sie sich noch kümmerte. »Wo warst du?«, fragte er.

»Och«, antwortete sie unverbindlich. »Hier und da.«

Clive liebte seine Tochter auf eine widersprüchliche Art

und Weise. Seitdem sie in die Pubertät gekommen war, entglitt sie ihm mehr von Tag zu Tag. Nichts erinnerte mehr an das niedliche Geschöpf, das sie bis zum Augenblick ihres sexuellen Erwachens gewesen war. Seitdem trug sie ihren Afro ausladend und wild. Die Kleidung wurde kürzer, sowohl die Tops als auch die Shorts. Sie bevorzugte die Farbe Schwarz, legte schräges Make-up auf. Seit zwei Monaten wusch sie sich mit beinahe religiösem Wahn, verbrachte Stunden in der Dusche und im Bad. Auf harmlose Fragen reagierte sie aggressiv, Diskussionen suchte sie förmlich, manchmal beendete sie diese mit einem wütenden Schrei und dem Knallen von Türen. Sie verschanzte sich in ihrem Zimmer oder verließ wortlos das Haus. Von befreundeten Eltern hörte er, dass Leona sich politisch engagierte. Zu Hause bekundete sie nichts als Unmut. Sie weigerte sich, die Tageszeitung zu lesen, die Clives Frau als eine der letzten Leserinnen noch abonniert hatte. Clive wunderte sich darüber, wie unberechenbar seine Tochter geworden war.

»Hier und da?«, wiederholte er. Ein hilfloser Gesprächsversuch.

Leona war schon beinahe in ihrem Zimmer verschwunden, da drehte sie sich nochmals um. »Du weißt schon«, sagte sie.

»Abhängen mit Freundinnen?«, unterbrach er.

Sie lächelte. »Genau.«

Clive hörte, wie sich die Tür zu ihrem Zimmer schloss. Er hatte rein gar nichts erfahren. Ihrem Charme erlag er zuverlässig wie vermutlich jeder Junge, der Augen hatte. Clive fühlte sich stolz und niedergeschlagen zugleich. Wenn Kinder großzuziehen doch nur so einfach wäre, wie Wertstoffe zu trennen.

»Leona!«, rief er.

Ein gedämpfter Ton drang aus ihrem Zimmer.

»Heute wurden Leichenteile in der Anlage gefunden.« Er wunderte sich selbst, warum er es berichtete. Er sagte es mehr zu sich selbst.

Innerhalb von Sekunden lehnte sie an der Wand des Korridors. »Erzähl!«, sagte sie interessiert.

***

Clive erfuhr es ein paar Tage später aus der Tageszeitung. Bei dem Toten aus der Müllverbrennungsanlage handelte es sich um einen stadtbekannten Rechtsextremisten, Josef Nagelmann. Seine Frau hatte ihn als vermisst gemeldet. Sie wohnten zusammen mit den sieben Kindern auf einem Bauernhof am Stadtrand in Stenglinsen als Selbstversorger. Bauten Getreide und Gemüse an, hielten Hühner, Schweine und Kühe. Sie unterrichteten die Kinder selbst. Nagelmann verdiente Geld, indem er Selbstfindungscamps organisierte. Alle dort trugen weiße Leinenkleidung, Männer machten Feuer, bauten Zelte auf, die Frauen kochten und tanzten. Alle dort waren verrückt nach Runen. Kinder lernten, nach dem Vorbild einstiger nordischer Völker zu leben. Zu dieser Lebenseinstellung, die Clive nie richtig durchdrungen hatte, hielt Nagelmann in rechten Kreisen Vorträge. Auch er benutzte gern das Wort »Überfremdung«. Er leitete es aus dem Anspruch ab, dass Deutschland den Deutschen gehöre. Er drängte darauf, die deutsche Vergangenheit nicht zu vergessen, sondern daraus Lehren zu ziehen. Clive wunderte sich, wie anders er diese Botschaft auslegte.

Clives Frau nahm die Nachricht mit einem Kopfschütteln zur Kenntnis. Sie kommentierte mit »Seine armen Kinder« und »Solch sinnlose Gewalt«. Leona wirkte unberührt, las aber zum ersten Mal jeden Artikel zu dem Thema, seit die Tageszeitung zu ihnen kam. Clive ging weiter zur Arbeit. Die Verbrennungsanlage lief wieder. Die Menschen produzierten Müll, Clive entsorgte ihn. Auf das Zwingende, Systemrelevante dieser Vorgänge war Verlass.

***

Als Clive zwei Wochen später vorgeladen wurde, fühlte er sich zum ersten Mal seit dem Leichenfund alarmiert. *Nur eine Befragung, reine Routine.* Worthülsen?

Nach der Frühschicht – er trug noch die orangefarbene Warnkleidung betrat er das Polizeipräsidium in der Friedrichstraße. Er meldete sich an der Pforte und wurde kurze Zeit später von einer durchtrainiert wirkenden Beamtin in Zivil abgeholt.

»Kennen Sie den, Herr Norris?«, fragte sie, ohne seine Antwort abzuwarten. »Chuck Norris ist so cool, dass es hinter ihm schneit.«

Clive lachte. Einer der Besseren. Sie brachte ihn in ein trist aussehendes Besprechungszimmer, und er nahm Platz. Von nebenan erklang das asthmatische Röcheln einer Kaffeemaschine. Der Duft von frisch aufgebrühtem Kaffee war das einzig Erfreuliche, das Clive hier verzeichnete. Ein übergewichtiger Beamter in einem altmodischen Norweger-Strickpullover stellte sich mit Titel vor. Zusammen mit der Durchtrainierten nahm er Clive gegenüber Platz.

Clives Frau hatte ihn gewarnt. *Pass auf, dass sie dir nichts in die Schuhe schieben.* Sie hatte ihm die Nummer eines Anwalts herausgesucht, was er als völlig überzogen erachtete. Als man ihm keine Tasse von dem frisch aufgebrühten Kaffee anbot, regte sich in ihm ein Verdacht. Darum gebeten, gab er erneut das zu Protokoll, was er bereits erzählt hatte.

Die Beamten erklärten etwas von Müllanalyse. Davon, wie sie alles im Umfeld der Leichenteile durchsucht und gesammelt hatten, wie sich manchmal die Herkunft dessen, was Menschen wegwarfen, ganz einfach feststellen ließ. Müll zu sammeln, damit kannte Clive sich aus. Wie sich ihre Berufe doch glichen.

Die Durchtrainierte erhob sich, um einen Fernseher samt Rekorder in das Zimmer hineinzuziehen. Clive verstand, warum das erst jetzt geschah. Das Warten sollte ihn mürbe machen. Nachdem alle Geräte mit Strom verbunden waren, betätigte die Frau eine Fernbedienung. Das Summen einer Aufnahme ertönte. Clive sah die Bilder, Aufnahmen bei Nacht in schlechter Auflösung. Vier Menschen, die etwas Schweres trugen. Eine Mülltonne, deren Deckel geöffnet wurde. Die vier, die sich – um etwas Schweres erleichtert – flüsternd, die Aufnahme lief gänzlich ohne Ton, wieder entfernten. Clive konnte nur auf die eine Silhouette starren, die sich durch die Frisur deutlich abzeichnete. Eine neue Aufnahme, ein anderer Teil der Stadt, wieder das gleiche Prozedere. Diesmal, erläuterte der Mollige, die Überwachungskamera einer Sparkasse.

»Wussten Sie«, fragte die Durchtrainierte, »dass Ihre Tochter Leona sich bei der New Black Power engagiert?«

Clive schluckte trocken. »New was?«, fragte er tonlos.

Die Beamtin wiederholte: »New Black Power.«

»Freunde haben mir erzählt, dass sie politisch –«

»Wussten Sie«, unterbrach ihn die Durchtrainierte, »dass Ihre Tochter den Frauennotruf kontaktiert hat?« Sie legte ihm mit Textmarker beschriebene Verbindungsnachweise vor.

Clive erkannte die Telefonnummer seiner Tochter und begann unter der Berufskleidung zu schwitzen. Wie ihm jetzt das Denken schwerfiel. Stumm schüttelte er den Kopf.

»Wussten Sie, dass Ihre Tochter vor zwei Monaten hier eine Vergewaltigung angezeigt, dann aber widerrufen hat?«

Übelkeit durchflutete ihn. *Das ewige Duschen, das nötig war, weil manche Erfahrungen sich einfach nicht abwaschen ließen. Leonas Launen.* Er sagte »Nein«, aber es kam ihm eher wie ein Flüstern vor. Kaum hörbar fragte er: »Wer?«

»Josef Nagelmann. Wir haben Sie angeschrieben, aber die Briefe kamen jedes Mal mit dem Vermerk ›Empfänger unbekannt‹ zurück.«

Mit einem Gummiband zusammengehaltene Briefumschläge landeten vor ihm auf dem Tisch. Clive dachte nur: *Da ist sie ja, die Post.* Wo zauberte die Durchtrainierte sie auf einmal her? In Clives Magen zog sich ein Knoten schmerzhaft zusammen. Er hätte gern etwas getrennt. Papier von Plastik, Haus- von Biomüll, Gut von Böse. Aber er legte seine Hände nur in den Schoß.

Wussten Sie …?

Clive würde diese zwei Worte nie mehr vergessen.

»Wussten Sie, dass Ihre Tochter das Mordopfer mehrfach in den sozialen Medien verunglimpft hat?«

Clive hatte keine Ahnung. Wer ahnte schon, was die eigenen Kinder im Netz taten?

»Haben Sie auf dem Video jemanden erkannt?« Die Stimme der Durchtrainierten klang eindringlich, fast schneidend. *Pass auf, dass sie dir nichts in die Schuhe schieben.* Nur, dass es sich nicht um seine Schuhe handelte. Wie doch stets das passierte, womit man niemals rechnete.

War das hier noch eine Befragung oder schon mehr?

Haben Sie auf dem Video jemanden erkannt?, hallte die Frage in ihm nach.

Haben Sie auf dem Video jemanden erkannt?

Clive dachte an den Afro, der ihm so vertraut war. Er wollte aufstehen und weglaufen. Aber er würde bleiben, so wie jedes Mal. In seiner Tasche tastete er nach der Telefonnummer des Anwaltes, die ihm seine Frau gegeben hatte. »Kennen Sie den?«, hörte er sich fragen.

Die Durchtrainierte und der Strickpullover antworteten gleichzeitig mit »Wie bitte?«. Halb neugierig, halb streng sahen sie ihn an.

»Chuck Norris trägt keine Uhr.« Clive erhob sich. »Er entscheidet selbst, wie spät es ist.«

Herbert Knorr

Das Nadelgrab von Iserlohn-Valley
oder der Massenmord von Barendorf

Erschütternde Auskünfte über ein schreckliches Jahrhundertverbrechen – gegeben, erzählt, kommentiert, verfälscht, erstunken und erlogen von frei erfundenen Personen, jedoch direkt beteiligten, und ihrem Autor natürlich als aberwitzige Groteske. Falls sich jemand wiedererkennen sollte, liegt dies einzig und allein daran: Alles ist eitel!

> *Wir werden sie nadeln.*
> *Nein, nicht nudeln,*
> *auch nicht nageln.*
> *Nadeln, nadeln, nadeln!*

Chris M.: In mir war nur noch Trauer und Einsamkeit.

Ragnar der Große: Als ich im Mai 2020 erstmals von dem Treffen erfuhr, fühlte ich unmittelbar die Ungeheuerlichkeit des annoncierten Ereignisses. Heerscharen von Toten würde es geben und der Wind den schwelenden Leichenodem, diese süßliche Fäulnis, brutal durch unsere Täler in die Welt wehen.

Bürgermeisterin: Ob die Stadt und ihre Menschen sich jemals davon erholen werden, wird die Zeit zeigen.

Nele A.: Ich bereue nichts.

Chris M.: Ich bereute alles.

Barbara »Babsi« B.: Einkehr, Reue, Buße? Sind das nicht überholte Seelenrekonstruktionskonzepte?

Chris M.: Wie dekadent wir waren, Ragnar hatte recht, alles ist so … vergänglich. Meinen Mordberuf gab ich damals auf. Wenn meine dunklen Stimmungen es zuließen, trug ich nun Zeitungen aus. Weiter eingehende Tötungstantiemen spendete ich dem Weißen Ring.

Bürgermeisterin: Mit bürgerlichem Namen hieß er Rainer Ratayczak. Er galt in der Stadt als schräger Typ, harmloser Troll, Künstler halt, Prepper soll er auch gewesen sein. Als er in Barendorf eingezogen war, legte er sich ein Pseudonym zu: Kian Janus Kasimir von Eisenwald-Baarbach. Bis dahin war er nur durch seine Kunst aufgefallen.

Chris M.: Für mich fing alles so an: Es war Juni, als ich die Nachricht erhielt. Ich war dabei, im Auftrage des SYNDI-KATs, was für eine Ehre! »Wir freuen uns auf deine Teilnahme am Verbrechen in der Waldstadt!« Wie liebenswürdig das formuliert war. Großartig, ich durfte einen der zwanzig Iserlohner Exklusivmorde begehen!

Ragnar der Große: Dass alles noch weit schlimmer kommen sollte als befürchtet, lag außerhalb selbst meiner Vorstellungskraft.

Barbara »Babsi« B.: Es war der Tag der Sommersonnenwende, der Himmel strahlte prächtig blau über dem Seilersee, als ich mit der Reportagenserie für das Lifestyle-Magazin des Kreisanzeigers beauftragt wurde. »Ein Jahr mit Mördern unterwegs« sollte sie heißen und in allen Details über die Iserlohner Jahrestagung der Vereinigung berichten. Meine Chefin war hellauf begeistert.

Nele A.: Ich heulte tagelang. Die Serie war meine Idee gewesen.

Bürgermeisterin: Kein einziger Iserlohner hatte Ratayczak wirklich ernst genommen, ich aber musste die Konsequenzen tragen.

Barbara »Babsi« B.: Okay, einer Kollegin Idee und Konzept zu klauen, ist nicht fair. Andererseits, was ich getan habe, war gesunder Wettbewerb, absolut identisch mit unserem darwinistisch-kapitalistischen Gesellschaftsprojekt. Ich weiß, dass ich damals einen Champagner köpfte und auf mich anstieß: »Babsi, den hast du dir verdient.«

Nele A.: Als keine Tränen mehr flossen, verfluchte ich ihren Namen.

Bürgermeisterin: Ich ebenfalls ... später dann ...

Ragnar der Große: Ich hatte gewarnt, hatte Eingaben und Leserbriefe geschrieben, die a-sozialen Schrottmedien bombardierte ich mit Posts und Tweets und wie der Schund noch so heißt. Als ich einsam vor dem Rathaus demonstrierte, lachte man mich aus. Drinnen entblödete sich die Bürgermeisterin nicht, auf einer PK ihre große Freude kundzutun, dass diese Mafiatruppe nach Iserlohn komme und die Stadt sie bei der Organisation ihres Treffens gerne unterstütze.

Bürgermeisterin: Ich wollte für unsere Stadt immer nur das Beste!

Barbara »Babsi« B.: Jeden Monat durfte ich über die Vorbereitung des mörderischen Meetings eine Story schreiben; ich bereitete Hintergründe auf, traf VIPs, führte Interviews, beschrieb mögliche Mordschauplätze, stellte Täter und potenzielle Opfer vor. Ein Traumjob. Die Auflage stieg, und ich bekam viel Lob und Anerkennung.

Nele A.: Warum ich mich nicht beschwert habe? Wie denn, alle in der Redaktion wussten, dass sie mit der Chefin – sie war zweiundsechzig – ins Bett ging. Vermutlich schlief sie sogar mit Leichen, egal ob weiblich, männlich oder divers, wenn es ihr irgendwie helfen würde. Klischees sind eben doch die wahre Welt.

Barbara »Babsi« B.: Ich hatte nie ein schlechtes Gewissen. Eigentlich war Nele selbst schuld, sie kannte mich doch, wie blöd, gerade mir von dem Projekt zu erzählen. Sie war ein Sensibelchen, höchstens für Artikel über Taubenscheiße auf öffentlichen Plätzen zu gebrauchen.

Bürgermeisterin: Dass er im Sommer mit diesen Idioten demonstriert und den Reichstag gestürmt hatte, wusste hier niemand, das kam erst heraus, als er gesucht wurde. Aber mir wurde ein Strick daraus gedreht.

Nele A.: Mit jeder Beilage des Lifestyle-Magazins wurde meine

Verbitterung größer. Mein Plan war nicht mehr wiederzuerkennen, die Reportagen waren reißerisch und schmierig.

Barbara »Babsi« B.: Ein Gesetz der Autoindustrie lautet: Wer schmiert, fährt gut!

Chris M.: Warum ich so glücklich war? Die SYNDIKATler belohnten die sie jeweils fördernde Stadt mit einer Reihe von Auftragsmorden, die – in einem Buch dokumentiert – in der Ausrichtergemeinde begangen und während der mehrtägigen Versammlung unter dem – wie der empörte Ratayczak meinte – niederträchtigen Label »Krimilesung« öffentlich performt werden. Auch so war ich nahe daran, in die Premier-Killer-League aufzusteigen. Letztes Jahr war ich in den Vorstandsbeirat gewählt worden, meine Delikte erregten in den Zielgruppen zunehmend Aufmerksamkeit, meine barbarische, ja perverse Handschrift überzeugte neue Auftraggeber. Als Mordwaffen bevorzugte ich Nägel, Schraubenzieher, Messer, aber auch Morgensterne oder leistungsstarke Bohrhämmer. Bei mir mussten Knochen splittern, Blut und Hirn spritzen. Mein Nickname im Netz war Schädelknacker.

Ragnar der Große: Gut siebenhundertfünfzig Mitglieder hatte das SYNDIKAT, bevor ich … Mehr als zweihundertfünfzig Killer würden zum Treffen erwartet, schrieb der Anzeiger in der Hochglanzbeilage. Diese unsägliche »Babsi« B. schätzte die Vereinigung auf bisher gut siebentausendfünfhundert Morde, viertausend Vergewaltigungen, zweitausendfünfhundert Raubüberfälle, vom kriminellen Kleinscheiß ganz abgesehen. Und da sollte ich tatenlos zusehen?

Nele A.: Um ihr aus dem Weg zu gehen, hatte ich mich krankgemeldet. In dieser Zeit machte ich viele Spaziergänge, vor allem durchs Baarbachtal. Ich wollte Ruhe finden, meine Wut bändigen.

Chris M.: Anfang Juli war es, da teilte mir die SOKO SPASY, das »Sonderkommando Spezial-Aufgaben Syndikat«, mit, wo ich genau in Iserlohn töten durfte. Es war Maste-Barendorf, ein Museums-, Künstler- und Industriedorf, das vor Schönheit nur so strotzte. Der Ort lag wie gemalt im Tal des Baarbachs, wie mir die Internetrecherche zeigte. Ausschließlich Fachwerk, große und alte, kleine und junge Bäume, wildes Buschwerk, Gräser- und Blumenfelder – die reinste Idylle. In restaurierten Häusern waren ein Industriemuseum und vier, nein, neuerdings sogar fünf Künstler untergebracht, die vor und hinter ihren Ateliers und auf den Wiesen drumherum ausstellten. Eine attraktive Location, befand ich und rief mir eines unserer Branchengesetze in Erinnerung: Je prächtiger ein Tatort, desto scheußlicher das Verbrechen.

Ragnar der Große: Mein Gefühl war damals, und auf meine Gefühle lasse ich nichts kommen: Die Bürgermeisterin war entweder gekauft oder eine Trantüte mit Spatzenhirn.

Bürgermeisterin: Kultur ist ein bedeutender Standort- und Imagefaktor. Da muss man doch auch mal was wagen.

Ragnar der Große: Diese Mordleute verschleiern ihre wahren Absichten, aber niemandem fällt es auf. Auf ihren Treffen vergeben sie sogar Preise für die besten Taten, selbst für gelungene Kinderverbrechen. Als ich das in diesem Magazin las, musste ich kotzen.

Nele A.: In Barendorf entdeckte ich auf einer Wiese irgendwann das Outdoor-Kunstwerk »Die sieben Nadeln«. In einem Kreis waren sieben fünf Meter hohe, oberschenkeldicke Holznadeln, die sich nach oben verjüngten, schräg in den Boden gesteckt; mit ihren Spitzen, die mit Nadelkronen versetzt waren, bildeten sie himmelwärts erneut einen Kreis, eine Art imaginären Nadelkranz. Ein Gewaltmysterium! Rachegedanken stellten sich ein.

Ragnar der Große: Die Verwaltung führte die Meinungsdiktatur ein. Ich hatte vor einem Atelier eine Fahne mit der Forderung »Mörder raus« aufgehängt. Ordnungsamt, Stadtmarketing und Immobilienmanagement verschworen sich daraufhin und befanden, sie verschandele unsere Idylle. Über die Straßenzufahrt zum Künstlerdorf hängten sie stattdessen ein riesengroßes Transparent mit der Aufschrift: »Wir mögen Verbrecher – willkommen in Iserlohn!« Nachts nahm ich das Banner ab und verbrannte es auf dem Marktplatz.

Barbara »Babsi« B.: Kian Janus Kasimir von Eisenwald-Baarbach war für meine Serie ein Glücksfall. Allein schon sein Name! Für die neue Folge titelte ich: »Ziviler Ungehorsam eines einsamen Mahners – wie viel Mord verträgt Iserlohn?«

Bürgermeisterin: In einem dieser weltweiten Guggenheime soll immer noch das prominenteste Werk des Massenmörders, genannt »Nadelstecher*in«, ausgestellt sein! In unserer post-postmodernen Copy-and-paste-Epoche ist eben alles möglich. Nur ich … ich übernahm Verantwortung. Aber wen interessiert das schon?

Chris M.: Grundsätzlich war das SYNDIKAT für meine Weiterentwicklung eine gute Sache. Ich nahm während der Treffen stets an den so vielfältig interessant ausgerichteten Seminaren teil, die zwecks Optimierung von Schandtaten aller Art angeboten wurden. Qualitätsmanagement war unserer Organisation wichtig, unser Handwerk musste fehlerfrei sein! Ich machte bei Schießtrainings mit, hörte Vorträge über Giftstoffe in der Natur und ihre fachgerechte Dosierung, hockte bis tief in die Nacht an der berühmt-berüchtigten SYNDIKATs-Bar und heckte mit Kollegen perfekte Verbrechen aus. Jede Nacht rockten wir den Tresen. Was auch immer auf unseren Zusammenkünften geschah … die Omertà, das Gesetz des Schweigens, war fürs SYNDIKAT oberstes Gebot. Als ich nach meiner spektakulären Rettung im Krankenhaus aus dem künstlichen Koma aufwachte, verfiel ich sofort in Depressionen. Wie morbid wir alle sind, hatte ich gedacht und einen Schlussstrich unter meine kriminelle Karriere gezogen.

Nele A.: »Die sieben Nadeln« zogen mich magisch an. Jedes Mal, wenn ich das Werk aufs Neue bewunderte, wollte ich sie auf der Korona aufgespießt sehen.

Barbara »Babsi« B.: Ich schrieb im Magazin ein Loblied auf ihn. »Kian Janus Kasimir von Eisenwald-Baarbachs Werk ›Nadelstecher*in‹ gilt in Kunst- und Geschichtskreisen als Hommage auf Iserlohn, das ehemalige Zentrum der südwestfälischen Nadelindustrie, insbesondere im frühen 19. Jahrhundert. Ratayczaks Hardcore-Anhänger, insbesondere seine Anhängerinnen, feiern sein Werk vor allem als emanzipatorisch-feministisch-diversen, herausragend ikonischen Beitrag zum Political-Correctness-MeToo-Cancel-Culture-Mischmasch der Zeitgeschichte. Die Plastik besteht aus einer kleinwüchsigen, grobschlächtigen, rostignadeligen Gestalt mit schmierig-gelben Haaren, die einer überdimensionierten, aus edlen Nadeln gefügten Gestalt, einer Frau ähnlich, letztlich eher eine Art Zwittergebilde, rüde in den Schoß greift; diese reagiert, indem sie ihrem sexuellen Schinder mit langen Fingern, bestehend aus feinen Platinnadeln, in Augen und Eier sticht. Wahnsinn! Ich sage voraus: Dieser Künstler wird Kult und berühmtester Bürger unserer Stadt werden!«

Bürgermeisterin: Sie sollte recht behalten.

Nele A.: Eines Tages sprach er mich an. Wieso ich immer wieder an diesen Ort käme. Ich fand Zutrauen zu ihm, weil er zuhörte und Verständnis für mich hatte. Wir redeten und redeten. Er zog mich in seinen Bann. Meine Gefühle für ihn wurden größer und größer.

Barbara »Babsi« B.: Aber deshalb musste sie doch nicht zur Furcht und Schrecken verbreitenden Gewaltverbrecherin mutieren?

Chris M.: Ich arbeitete damals parallel gleich an mehreren guten und ertragversprechenden Auftragsarbeiten, so an dem »Lanzenmord von Ludwigslust«, dem »Bluthirntod vom Biggesee«, der »Giftgeisel von Geilengirchen« oder an »Bonner Beile töten top«. Zwischendurch beschäftigte ich mich mit Barendorf. In unserem Geschäft ist gute Vorbereitung der halbe Mord. Nachdem ich mir im Internet die Lage der Gebäude, die Wegeverläufe in und um die Historische Fabrikanlage eingeprägt hatte, schaute ich mir an, was im Industriedorf eigentlich zur Schau gestellt wurde. Es waren Nadeln und ihre Produktionsabläufe. Was es da nicht alles gibt: Nähnadeln, Stopf-, Haar-, Strick-, Häkel-, Steck-, Maschinen-, Filz- und Fokkernadeln, Gewand-, Leder-, Pack-, Radier-, Platten-, Tacho- oder Rouladennadeln. Viele Arten noch mehr. Sie passten zu meinen damaligen Methoden, Nadeln können ganz schön piksen.

Nele A.: Als ich gesundgeschrieben wurde, kündigte ich. Ich wollte ihr nie begegnen. Rainer bot mir an, seine Assistentin zu werden. Ich nahm an, zwei Wochen später zog ich bei ihm ein. »Die sieben Nadeln« besuchte ich jetzt fünfmal täglich.

Barbara »Babsi« B.: Die SOKO SPASY, das »Sonderkommando Spezial-Aufgaben Syndikat«, hatte mir mitgeteilt, dass einer ihrer Mörder Barendorf besichtigen wolle. Ich rief ihn an, ich würde gerne über ihn schreiben, außerdem kenne ich mich dort aus. Seine Stimme erregte mich sofort, auch die Optik auf seiner Website entsprach meinem Beuteschema. Erfolg kostet, seit Ewigkeiten hatte ich keinen richtigen Sex mehr gehabt. Die Befriedigung der Mumie konnte ich nicht als solchen bezeichnen. Es wurde Zeit, dass ich ins Leben zurückfand.

Chris M.: Ihre Stimme hatte ein irres sinnliches Timbre. Ich googelte sie, ihre geilen Fotos machten mich erst recht an. In letzter Zeit hatte ich überreichlich und fesselnd gemordet, da hatte ich Entspannung verdient. Ob sie das auch so sehen würde?

Ragnar der Große: Ich war höchst alarmiert, als ich davon hörte. Warum wird von einem Abgesandten des Killerclans als Allererstes unser heimeliges Baarbach-Tal aufgesucht? Da musste Exzeptionelles dahinterstecken. Ich fühlte tief in mich hinein, kurz darauf spürte ich: Es ging gar nicht nur um eine Mordorgie, es ging um etwas ganz anderes. Iserlohn war ausgesucht, Experimentierfeld eines der größten

Verbrechen der Weltgeschichte zu werden. Und Barendorf war dafür der Schlüssel. Es roch nach Bill Gates.

Barbara »Babsi« B.: Chris wollte Plätze ausfindig machen, wo er eine Leiche platzieren könne. Ich überlegte, was ich ihm zeigen sollte. Sicherlich das alte Steinbecken, in dem sich einstmals ein energiespendendes Wasserrad drehte, heute aber nur noch eine vermoderte Brühe steht. Was für einen Spaß Morden machen kann, dachte ich. Schämen tue ich mich nicht dafür, dann müssten ja auch Krimis verboten werden.

Nele A.: Meine Gewaltphantasien wurden nicht weniger. Im Gegenteil, in meinen Träumen stülpte ich ihr jede Nacht die berühmte, oben spitz-zulaufende, gespenstig-rostige Nadelkappe aus dem Museum über den Kopf! Leiden sollte sie, viel leiden!

Ragnar der Große: Nadeln symbolisieren die fragile Ordnung der Welt.

Nele A.: Eines Abends bat mich Rainer um Hilfe. Ich spürte ganz heftig, dass jeder Mensch, der einigermaßen bei Gefühl war, seinen Ausführungen glauben musste. Ob belegt oder nicht – unwichtig! Allein der Gedanke, unser Blut, vor allem das Blut der Kinder, zu verseuchen, war Schrecken pur.

Ragnar der Große: Es war so was von einfach: Der Impfverbrecher aus Silicon Valley und seine korrupten Partner aus aller Welt benötigten für ihre frevlerischen Zwecke die Abgeschiedenheit eines unauffälligen Ortes. Was eignete sich besser als unsere durch die Berge abgeschirmte, etwas versteckte Siedlung? Und dann unser Nadelmuseum! Schon bevor ich hier eingezogen war, begeisterten mich Dorne und Spieße, hier war ich endgültig zum Nadelfetischisten geworden und hatte für meine Kunst an Material aufgekauft, was zu kriegen war, tonnenweise Nadeln; hinter meinem Atelier stapelten sich Berge davon. Das musste sich definitiv bis zu Bill Gates herumgesprochen haben, der hatte seine Späher überall. Er und Konsorten wollten für ihre geheime Aktion autark sein und nicht auffallen. Und das Zusammenspiel von Vereinigung und Verwaltung … So offensichtlich! Die Beamten würden den Iserlohnern mit den Pestnadeln in die Hälse ritzen, die Mafiamörder mit ihren Hiltis daneben würden jeden ins Jenseits bohren, der sich wehrte. Es ging um die Weltherrschaft, eindeutig!

Nele A.: Ich war auch gegen die Weltherrschaft. Nach einer durchliebten Nacht war am nächsten Morgen unser Plan fertig. Wir würden sie nadeln. Nein, nicht nudeln, auch nicht nageln. Nadeln, nadeln, nadeln. Alle, auch sie! Gleiches war mit Gleichem zu vergelten!

Ragnar der Große: Ich legte mir einen Nom de Guerre zu, und zwar die germanische Form meines Vornamens, der »Krieger der Götter« bedeutet. Ich nannte mich »der Große«, denn das, was ich vorhatte, war gigantisch!

Chris M.: Es war ein heißer Augusttag, ich kam etwas vor der Zeit an und schlenderte durchs Tal. Mitunter hatte ich den Eindruck, dass mir jemand folgte. Schließlich begab ich mich zum Treffpunkt, genannt »Die sieben Nadeln«. Was für ein Werk – herrlich, himmlisch und höllisch zugleich! Die ganze Wucht, mit der Ratayczak später sein Massengrab gestaltete, war bereits vorhanden.

Bürgermeisterin: Ganz ehrlich, das muss auch mal gesagt sein, ich wäre froh und glücklich, wenn Bill und seine Melinda tatsächlich einmal unsere märkische Heimat besuchen oder sich gar hier niederlassen würden. Iserlohn-Valley – das wäre ein Label! Und urteile niemand, ich wäre eine Träumerin: Elon Musk baut auch in Brandenburg.

Barbara »Babsi« B.: Wir duzten uns sofort. Ich zeigte ihm das Dorf und ging irgendwann steil mit der Frage, ob er eigentlich noch ein Opfer suche. Das Vorspiel war eröffnet. Mit einem Grinsen im Gesicht fragte er zurück, ob ich mir vorstellen könne, auf den spitzen Pfählen dieser »Sieben Nadeln« – gleichsam on top – nackt und in horizontaler Lage durchgespießt zu enden. Ich antwortete: »Ein geheimnisvoller Kunstmord? Ja, aber höchstens in meinem unschuldigen Sommerkleid. Das gibt weit mehr Rätsel auf.«

Chris M.: Als Babsi kurz darauf auf einer kleinen Waldlichtung mit hochgeschobenem Sommerkleid vor mir stand und ich vor ihr mit heruntergelassenen Hosen, tauchte ein Mann auf. Babsi glättete ihren Fummel und stellte mir den berühmten Künstler Kian Janus Kasimir von Eisenwald-Baarbach vor. Er lud uns zu Kaffee und Kuchen ein, er habe Wichtiges zu verkünden. Ich zog enttäuscht mein Beinkleid hoch.

Barbara »Babsi« B.: Im Museumscafé teilte Ratayczak zerknirscht mit, dass er alle seine Kampagnen gegen das SYNDI-KAT aufrichtig bereue. Ich fand das gut, man muss verzeihen können! Ich dachte dabei auch an Nele.

Ragnar der Große: Spitzenkräfte der Vereinigung wollten im Oktober im sogenannten Haupthaus von Barendorf ihr Jahrestreffen im Detail vorbereiten. Eigentlich natürlich die illegale Impfkampagne. Noch heute kursieren im Netz Fotos davon, welche eindeutig als eindeutige Beweise für meine Theorie anzusehen sind. Chris M. gehörte dem Beirat des SYNDIKATs an, die sogenannte Reporterin »Babsi« B. würde über die Beratung schreiben, sie waren die angemessenen Boten meiner Buße.

Chris M.: Seine Einladung zu einem Versöhnungsgrillfest zu Beginn des Jahrestreffens wurde mehr oder weniger hingenommen. Warum nicht? Als er jedoch ausrichten ließ, dem SYNDIKAT zehntausend Euro zu spenden und zur Huldigung der Vereinigung ein kriminelles Kunstwerk mit den Anwesenden zu planen, kam richtig Bewegung in die Sache.

Bürgermeisterin: Ich hatte eher ein ungutes Gefühl. So ein jäher Sinneswandel muss doch zu denken geben. Da er auch der Kulturverwaltung zehntausend Euro überwies, blieb mir allerdings nichts anderes übrig, als die Offerte zu akzeptieren. Welche Stadt schlägt schon Spendengelder aus, noch dazu in dieser Höhe?

Chris M.: Babsi berichtete groß in der Lifestyle-Beilage.

»Reuiger Sünder will Buße tun – Kian Janus Kasimir von Eisenwald-Baarbach plant interaktive künstlerische Aktion und verspricht, dass die Weltpresse über Iserlohn berichten wird!« Die Anmeldezahlen zum Jahrestreffen schossen exponentiell nach oben. Einige SYNDIKATler schlugen vor, dem Künstler die Ehrenmitgliedschaft anzutragen.

Ragnar der Große: Bis zum Treffen waren noch gut sechs Monate Zeit, sodass ich die große Grube ausheben und auch alles andere sorgfältig vorbereiten konnte. Der ferngesteuerte Mechanismus, der das Kunstwerk auslösen und in Bewegung bringen sollte, funktionierte letztendlich ebenfalls reibungslos.

Nele A.: Ich half, wo ich nur konnte, kümmerte mich auch ums Catering, um Stehtische und Pavillons. Dann füllte ich die Vorräte in Rainers heimlicher Prepperburg auf. Im Bunker nur er und ich, ich und er. Wahre Liebe!

Chris M.: Als es dann endlich so weit war, lief das Fest super. Schließlich, es war bereits dunkel, bat der Künstler alle Anwesenden darum, sich auf dem großen, extra fürs Abtanzen erbauten Holzboden zu einem Gruppenfoto mittig aufzustellen. Wir würden nun endlich und ganz unmittelbar Teil des angekündigten Kunstwerkes werden. Das klang so spannend wie mysteriös. Grelles Licht erhellte plötzlich die Szenerie. Alle stolperten Richtung Tanzfläche, der Tumult um die besten Plätze war groß.

Bürgermeisterin: Im Nachhinein wissen wir: Er hatte seine Tat angekündigt. Überall auf dem Gelände lagen Totenköpfe herum, Dutzende, Hunderte, schauderhaft anzusehen mit den von innen flackernden Teelichtern. Höllenfarben angeleuchtete Mottoschilder waren aufgestellt, etwa: »Alles ist nichtig« oder »Vergänglichkeit ist das einzig Überdauernde« … Wie auch immer, mein Unbehagen war wieder da, da kam mir die Journalistin gerade recht, auf dem Gruppenfoto würde ich sowieso untergehen.

Barbara »Babsi« B.: Im Gedränge verlor ich Chris, mit dem ich mich in den letzten Monaten ab und zu noch, wenn es irgend passte, zum ungestümen Austausch unserer Geschlechtsorgane getroffen hatte. Wo war er? Ich suchte ihn, fand ihn aber nicht, stand stattdessen unvermittelt neben der Bürgermeisterin, die ich sowieso noch interviewen wollte.

Bürgermeisterin: Was für eine Ironie: Barbara B. rettete mir an jenem Tag mein Leben, das sie anschließend peu à peu zerstörte, wenn auch mit Hochglanz versehen.

Nele A.: Ich hatte die Szenerie die ganze Zeit vom Atelier aus beobachtet, da ich eine Begegnung mit ihr unbedingt vermeiden wollte. Natürlich wussten wir, dass wir nicht alle umbringen konnten – einige lagen betrunken in den Wiesen, andere entleerten sich oben wie unten auf den Dixi-Klos –, aber doch fast alle!

Barbara »Babsi« B.: Ich zog die Bürgermeisterin hinterrücks fort vom Holzplateau, bat sie um einen kleinen Spaziergang, um ungestört reden und ein paar Fotos machen zu können, vielleicht vor den Totenschädeln. Ich deutete an, dass ich demnächst viel und gerne über sie berichten würde. Was ich ja dann auch tat, nur anders als geplant.

Bürgermeisterin: Dass sie die Aufnahmen später gegen mich verwendete, hätte ich nie für möglich gehalten.

Nele A.: Als meines Erachtens die meisten und wichtigsten Personen versammelt waren, funkte ich Ragnar an.

Chris M.: Wo war nur Babsi, wir wollten doch zusammen aufs Bild und danach noch …? Die Lichter blendeten mich. Schließlich beruhigte sich das Chaos, alle lächelten in die Kamera. Warum eigentlich machte *er* das Foto, er müsste doch auch darauf, klickte es noch in meinem Kopf, als er bereits auf den Auslöser drückte …

Nele A.: Sie fielen wie in Zeitlupe.

Chris M.: Wir fielen wie in Zeitlupe.

Ragnar der Große: Wer nicht von meinen massiven, hundertfach in die Grube gestanzten, dicken spitzen Holznadeln aufgespießt wurde, den erschlug das Holzgestell, das – wie vorgesehen – durch den ausgelösten Mechanismus jeweils seitlich nach unten wegklappte, sich dann von den Grubenwänden löste und herunter auf die Menschenmenge fiel.

Bürgermeisterin: Barbara B. wollte die Zusage, Leiterin der städtischen Öffentlichkeitsarbeit zu werden. Erbost schrie ich sie an: »Niemals, Bürgermeisterinnen und Bürgermeister von Iserlohn sind nicht korrupt!« Dann lief ich in die Dunkelheit des Tals, ich brauchte Abstand.

Ragnar der Große: Tausende Morde hatten sie begangen, Millionen wollten sie begehen. Als sie selbst dran glauben mussten, schrien und winselten diese Weicheier.

Chris M.: Das eingeschossene Adrenalin ließ keinen Schmerz zu. Irgendwann merkte ich, dass ich nicht gepfählt war, auch die einstürzenden Holzbauten hatten mir nichts angetan. Doch meine Beine waren eingeklemmt. Aber ich war nicht tot, noch nicht tot.

Bürgermeisterin: Ich habe die Schreie noch heute im Ohr, etwas ganz Schlimmes musste passiert sein.

Chris M.: Tatsächlich konnte ich die groben Hölzer, die mich bewegungslos machten, ein paar Millimeter auseinanderschieben. Ich krabbelte über Holz- und Leichenberge. Unvermittelt begann der spitze Regen.

Ragnar der Große: Nachdem ich den Bagger in Bewegung gesetzt hatte und meine Nadelberge nach und nach in die Grube schaufelte, hörten Gebrüll und Geheul schlagartig auf.

Nele A.: Es wurde so still wie im Pazifik an der tiefsten Stelle des Marianengrabens.

Barbara »Babsi« B.: Als ich zurückkam, griff ich instinktiv zur Kamera. Natürlich hat mich der Vorfall berührt, das mit den Nadeln war schon heavy. Andererseits, helfen hätte ich nicht mehr können.

Chris M.: Millionen von Nadeln aller Art wurden von einem Bagger in die Grube geschaufelt. Wer noch lebte, lief Gefahr, sie schlucken zu müssen. Ich schwor, wenn ich gerettet würde, niemals mehr einen Kriminalroman zu schreiben.

Nele A.: Ich übernahm nun die Aufgabe, die mir zugedacht war.

Chris M.: Plötzlich schob sich eine Maschine heran, und aus einem dicken Rohr floss massig Klebrig-Flüssiges in die Grube. Klar, Nadeln waren sein Lieblingsmaterial, Beton die bevorzugte Methode der Mafia. Das machte Sinn, mit beiden Stoffen schuf er ein symbolisches Werk, an dem alle in der Grube wie angekündigt ihren Anteil hatten. Ich schloss endgültig mit dem Leben ab.

Nele A.: Ragnar taufte sein Werk »Das kleine Nadelgrab«. Große Kunst braucht keine Übertreibung.

Barbara »Babsi« B.: Nachdem die Grube vollgelaufen war, richteten beide ein riesiges Kreuz aus Nadeln auf, ich schätzte es sieben Meter in der Höhe, in der Breite vier. Ich trat näher heran, um bessere Perspektiven für die Fotos zu bekommen, da entdeckte mich Nele. Es war Zeit wegzulaufen. Über die Schulter blickend sah ich, wie sie aufgeregt auf mich zeigte, dann heftig mit Ragnar stritt, bis beide schließlich auf einem Motorrad wegfuhren. In sicherer Entfernung stieß ich auf die Bürgermeisterin, die mit dem Smartphone am Ohr nach Hilfe rief.

Ragnar der Große: Sie sind verendet wegen ihres leeren Scheins, ihrer Eitelkeit, ihres Verfalls. Ich habe der Welt mit meinem bedeutendsten Werk die Vergeblichkeit allen nichtigen Strebens, ihre Vanitas, vor Augen geführt. Ich werde in die Geschichte eingehen.

Bürgermeisterin: Das SYNDIKAT hat vierhundertelf Mitglieder verloren, die Kulturverwaltung ihre Mitarbeiterschaft. R.I.P. Zunächst war die Stadt geschockt, kurz darauf begann die Suche nach Schuldigen. Schließlich geriet ich in den Fokus. Da rächte sich jemand.

Chris M.: Einige Wochen nach der großen Betroffenheit stiegen die Mitgliedszahlen der Vereinigung langsam, aber stetig wieder an. Das mörderische Geschäft ist einfach nicht tot-zukriegen.

Bürgermeisterin: Barbara B.s Rache war so subtil wie unerbitt-lich. In immer wieder neuen Artikeln stellte sie Fragen wie: »Wer hat die Opfer auf dem Gewissen? Hätte der Massen-mord verhindert werden können? Wusste die Bürgermeiste-rin um die Gefährlichkeit des Barendorf-Künstlers? Wieso wusste sie nicht, dass er den Reichstag gestürmt hat? Hat die Bürgermeisterin einen Hang zu morbiden Totenköpfen? Warum hat die Bürgermeisterin eigentlich überlebt?« Die niederträchtigen Andeutungen wurden von anderen Medien übernommen. Ich fühlte mich gebrandmarkt und gedemü-tigt. Der Druck wurde zu groß, ich trat zurück.

Nele A.: Als unsere Bunkervorräte aufgebraucht waren, hal-luzinierte Ragnar im Hungerrausch, die durchziehenden Ameisenkolonien wären von Mao und Pol Pot geschickt, die, wiederauferstanden, sich mit Kim Jong-un und Donald Trump zusammengetan hätten. Das ging selbst mir zu weit, ich stellte mich. Meine Resozialisierungsaussichten sind gut, müssen sie auch, denn ich habe noch etwas zu erledigen.

Ragnar der Große: Verborgene Mächte haben ihre Hand-langer überall.

Barbara »Babsi« B.: Der riesige Erfolg meiner Reportagenserie und der Sturz der Bürgermeisterin brachten mir letztlich ein attraktives Angebot des Boulevards ein. So ein Luder wie mich könnten sie gut gebrauchen.

Nele A.: Ich schwöre, irgendwann wird sie dran glauben.

Bürgermeisterin: Ich schwöre auch. Vergeltung befreit die Seele. Ich weiß nur noch nicht, wie …

Chris M.: Um die Sache final abzurunden, sollte ich vielleicht noch kurz erzählen, wie ich letztlich überlebt habe. Von einer schwappenden Betonwelle wurde ich an den Grubenrand geschwemmt, bekam einen oben an der Wand hängen geblie-benen Balken der zerstörten Holzkonstruktion zu fassen. Ich schöpfte Hoffnung, wollte mich hochziehen, griff jedoch in einen rostigen Nagel, der meine Handfläche durchbohrte, spürte zugleich, wie der Zement um mich herum härter und härter wurde und meine Kraft im gleichen Maße nachließ. Ich kämpfte und kämpfte und rief – als ich mich ungeachtet schlimmster Pein langsam mit und an dem Drahtstift in meiner Hand hochzog – bereits nach meiner Mama ... als mich dann doch noch im allerallerletzten Moment, bevor ich in den breiigen Beton zurückzustürzen drohte, ein unbekannter Helfer zu fassen bekam und nach qualvoller Ewigkeit aus der Todesgrube zog. Blutüberströmt, jede Zelle meines Körpers hoffnungslos akupunktiert, meine Füße bereits einzementiert, brach ich zusammen.

Bürgermeisterin: Was für ein hanebüchener Unsinn! Andererseits: Wer hätte je geglaubt, dass ein Donald Trump Präsident der Vereinigten Staaten von Amerika werden könnte?

Chris M.: Weitere Details können in meinem superspannenden Book-on-Demand-Überlebensroman »Ich und mein Kampf gegen den Nadelbeton« nachgelesen werden (bei mir persönlich zu bestellen).

Ragnar der Große: Zu Unrecht lebenslänglich mit anschließender Sicherheitsverwahrung einsitzend, hoffe ich darauf, dass die QAnon-Bewegung weiteren Zulauf erhält, alle unsere Gegner mit Genickschuss hinrichtet und ich dann wieder frei bin.

Chris M.: Da das frühe Aufstehen fürs Zeitungsaustragen nichts für mich war, habe ich es mit Liebesromanen versucht, bin aber kläglich gescheitert. Liebe ist zu komplex, Mord dagegen einfach: Stich ins Herz und tot ist tot! Schwur hin, Schwur her: Ich schreibe jetzt weiter Krimis.

Schlussbemerkung des Autors: Auch wenn die Story eventuell, möglicherweise, gegebenenfalls, vielleicht und unter Umständen anderes vermuten lassen könnte:
Ich liebe das SYNDIKAT und alle Iserlohner.

Die Autorinnen und Autoren

Uli Aechtner

lebt seit vielen Jahren im Rhein-Main-Gebiet. Sie wuchs jedoch im Rheinland auf, und ihre Vorfahren sind ausnahmslos Sauer-länder. Nach dem Studium der Germanistik und Philosophie arbeitete sie als Journalistin für den französischen Fernsehsen-der TF1, später für den SWR und das ZDF. Ihre Romane und Kurzgeschichten erschienen bei Rotbuch, S. Fischer, Emons und zahlreichen anderen Verlagen, zuletzt »Leise rieselt der Tod« (2020) und »Banken, Bembel und Banditen« (2020). www.uli-aechtner.de

Raoul Biltgen

geboren 1974 in Luxemburg, lebt in Wien. Er ist Psychothe-rapeut und arbeitet bei der Männerberatung Wien, am Institut für forensische Therapie und in einer österreichischen Justiz-anstalt. Als Schriftsteller verfasst er vor allem Theaterstücke, aber auch Romane und Kurzgeschichten. Er war schon vier Mal für den Glauser nominiert (2014, 2017, 2020 Kurzkrimi), 2018 für »Schmidt ist tot« (Roman). Biltgen stand selbst schon unter Mordverdacht. www.raoulbiltgen.com

Katja Bohnet

Jahrgang 1971, studierte Filmwissenschaften und Philosophie. Jahrelang moderierte sie eine Livesendung in der ARD und schrieb für den WDR. Ihre Erzählungen veröffentlichte sie in Literaturzeitschriften und Anthologien sowie im Rahmen des MDR-Literaturwettbewerbs 2013. Ihre LKA-Ermittler Lopez und Saizew ermitteln zwischen Moskau und Berlin. Unter dem Pseudonym Hazel Frost erfand sie in »Last Shot« (2019) den Pulp-Thriller neu. Heute lebt sie mit Kindern, vielen Büchern und Schallplatten zwischen Frankfurt und Köln. Zuletzt erschienen »Fallen und Sterben« (2020) und »Krähentod« (2019). www.katjabohnet.de

Christiane Dieckerhoff
arbeitete in ihrem ersten Leben als Kinderkrankenschwester. Nach über dreißig Berufsjahren und ersten erfolgreichen Veröffentlichungen wagte sie 2016 den Sprung in die Freiberuflichkeit. In ihrem zweiten Leben schreibt sie Kriminalromane, erschienen im Aufbau Verlag und Ullstein Verlag. Dieckerhoff war nominiert für den Glauser, den Krimipreis des SYNDIKATs. Sie lebt mit ihrer Familie am nördlichen Rand des Ruhrgebiets. Letzte Veröffentlichungen: »Vermisst« (2020) und »Spreewölfe« (2019).
www.krimiane.de

Wulf Dorn
geboren 1969, war zwanzig Jahre in einer psychiatrischen Klinik tätig, ehe er sich ganz dem Schreiben widmete. Mit seinem 2009 erschienenen Debütroman »Trigger« gelang ihm ein internationaler Bestseller, dem weitere folgten. Seine Bücher sind in zahlreiche Sprachen übersetzt und begeistern eine weltweite Leserschaft. Für seine Storys und Romane erhielt er mehrfach Auszeichnungen, u. a. den französischen Prix Polar, den ELLE Readers Award und den Glauser-Preis. Letzte Veröffentlichungen: »21 – Dunkle Begleiter« (2019) und »Die Kinder« (2017).
www.wulfdorn.com

Marlies Ferber
geboren 1966, studierte Sinologie in Deutschland, China und den Niederlanden und arbeitete als Verlagslektorin, bevor sie sich ganz dem Schreiben und Übersetzen widmete. So gibt es ihre vierbändige »Null-Null-Siebzig«-Krimireihe um den britischen Agenten a. D. James Gerald und die Romane »Grün ist die Liebe« (2020) und »Wohin die Reise geht« (2021), erschienen

bei dtv. Marlies Ferber ist Dozentin für Kreatives Schreiben an der Bundesakademie Wolfenbüttel und lebt in Hagen. www.marliesferber.de

Peter Gerdes
geboren 1955, lebt in Leer (Ostfriesland). Studierte Germanistik und Anglistik, arbeitete als Journalist und Lehrer. Schreibt seit 1995 Krimis und betätigt sich als Herausgeber. Seit 1999 Leiter des Festivals »Ostfriesische Krimitage«. Mehrere seiner Krimis wie »Der Etappenmörder«, »Fürchte die Dunkelheit« und »Der siebte Schlüssel« wurden für den Literaturpreis »Das neue Buch« nominiert. Er betreibt mit seiner Frau Heike das »Tatort Taraxacum« (Krimi-Buchhandlung) in Leer und ist seit 2018 CRIMINALE-Festivalbeauftragter des SYNDIKATs. Letzte Veröffentlichungen: »Langeooger Dampfer« (2020) und »Hetzwerk« (2021). www.petergerdes.com

Brigitte Glaser
stammt aus dem Badischen, lebt aber seit vielen Jahren in Köln, seit 2011 als freie Schriftstellerin. Bevor sie zum Schreiben kam, war sie lange als Medienpädagogin tätig. Von 2001 bis 2008 hatte sie eine eigene Krimiserie, »Tatort Veedel«, im Kölner Stadt-Anzeiger. 2003 erschien der erste von inzwischen acht Kriminalromanen im Emons Verlag mit ihrer Detektivin wider Willen, der Köchin Katharina Schweitzer, zuletzt »Saus und Braus« (2017). Ihr Roman »Bühlerhöhe« stand 2016 wochenlang auf der Spiegel-Bestsellerliste, ebenso 2019 der Nachfolgeroman »Rheinblick«. Seit 2018 ist sie stellvertretende Vorsitzende des SYNDIKATs. www.brigitteglaser.de

Peter Godazgar
geboren 1967, wuchs in Hückelhoven (NRW) auf und besuchte u. a. die Henri-Nannen-Journalistenschule in Hamburg. Er lebt

in Halle (Saale) und arbeitet dort hauptberuflich als stellvertretender Pressesprecher der Stadt. Seine kriminellen Phantasien lebt er in Romanen und einer stetig wachsenden Zahl von Kurzgeschichten aus. Zwei davon wurden für den Friedrich-Glauser-Preis nominiert. Zuletzt erschien die Anthologie »Killer am Rande des Nervenzusammenbruchs« (2020).
www.peter-godazgar.de

Maren Graf
geboren 1984 in Schleswig, verbrachte ihre Kindheit an der Ostsee rund um Kiel. Seit 2011 unterrichtet sie Deutsch und Philosophie an einem Gymnasium und lebt mit ihrem Mann und drei Söhnen in Paderborn. Neben ihrer Lehrtätigkeit schreibt sie Kurzgeschichten, Krimis und Bücher für Kinder und Jugendliche. Ihr Debütroman »Todschreiber« erschien 2016 im Gmeiner Verlag. 2018 folgte die Krimi-Anthologie »Padermorde«.
www.maren-graf.de

Kathrin Heinrichs
1970 in einem sauerländischen Dörfchen geboren, studierte in Köln Germanistik und Anglistik und lebt heute in direkter Nachbarschaft zu Iserlohn – in Menden. Ihre Sauerlandkrimis um den Protagonisten Vincent Jakobs machten sie ebenso bekannt wie ihre Auftritte als Kabarettistin. Letzte Veröffentlichungen: »Aus dem Takt« (2019) und »Bis auf den Grund« (2018).
www.kathrin-heinrichs.de

Carsten Sebastian Henn
1973 in Köln geboren, besitzt einen Weinberg an der Mosel, hält Hühner und Bienen, studierte Weinbau, ist ausgebildeter Barista und einer der renommiertesten Restaurantkritiker Deutschlands. Seine Romane und Sachbücher haben eine Gesamtauflage von fast einer halben Million Exemplaren und wur-

den als Hörbücher von Stars wie Jürgen von der Lippe einge-
lesen. Letzte Veröffentlichungen: »Der Buchspazierer« (2020)
und »Der Gin des Lebens« (2020).
www.carstensebastianhenn.de

Herbert Knorr
lebt und arbeitet im Ruhrgebiet. Bankkaufmann, promovier-
ter Literaturwissenschaftler, Publizist und Autor, bis Frühjahr 2020 Leiter des Westfälischen Literaturbüros in Unna,
Ideengeber und einer der Festivalleiter von »Mord am Hell-
weg«, dem größten Krimifestival Europas. Zahlreiche Veröffentlichungen und Herausgebertätigkeiten, zuletzt erschien
der Kriminalroman »Pumpernickelblut« (2017). Auszeichnungen: Literaturtaler NRW (2016), Ehrenglauser des SYN-
DIKATs (2017), Ehrenpreis des Literaturpreises Ruhr (2020).
Letzte Veröffentlichungen: »Pumpernickelblut« (2017) und
»Schitt häppens« (2016).
www.herbert-knorr.de

Sandra Lüpkes
lebt und arbeitet als Schriftstellerin (u. a. »Die Schule am Meer«
und »Inselfrühling«) und Drehbuchautorin (u. a. »Wilsberg«)
in Berlin. Sie ist Sängerin der weltweit einzigen Rockband,
die nur aus KrimiautorInnen besteht und deren Name streng
geheim ist.
www.sandraluepkes.de

Sunil Mann
geboren im Berner Oberland (Schweiz) als Sohn indischer Ein-
wanderer. Studierte Psychologie und Germanistik, arbeitete
als Flugbegleiter bei Swiss International Airlines. Seit 2018
freischaffender Autor, vielfach ausgezeichnet, u. a. mit dem
Zürcher Krimipreis, zuletzt für den Schweizer Kinder- und
Jugendbuchpreis 2020 nominiert, erhielt im selben Jahr den
Friedrich-Glauser-Preis für die Kurzgeschichte »Der Wat-

schenmann« sowie den Literaturpreis des Kantons Bern für »Der Schwur«. Nach fünfundzwanzig Jahren in Zürich lebt er seit 2016 mit seinem Partner, einer stetig wachsenden Bibliothek und einer ebensolchen Gin-Sammlung in Aarau. Letzte Veröffentlichungen: »Der Schwur« (2020) und »Das Gebot« (2021).
www.sunilmann.ch

Rudi Müllenbach
geboren 1953, lebt in Iserlohn-Letmathe. Als ehemaliger Lehrer ist er jetzt bekennender Pensionär, Fan von Borussia Dortmund und der Iserlohn-Roosters-Tennisspieler, Sänger einer Rock-'n'-Roll-Band, freier Mitarbeiter bei Radio MK und natürlich Krimiautor. Sein Hauptkommissar Udo Bitze ermittelt in seinem vierten Fall »Grubenteufel« in der Blutige-Lippe-Edition beim Ventura Verlag Werne (2018). Letzte Veröffentlichung: »Tote Last« (2019).
www.rudimuellenbach.de

Elke Pistor
Autorin und Mediendozentin, lebt und arbeitet in Köln. Seit 2010 erschienen zehn Kriminalromane, zahlreiche Kurzgeschichten und Artikel in Fachzeitschriften. Für ihre Arbeiten wurde sie mehrfach ausgezeichnet. 2014 bis 2016 war sie geschäftsführende Sprecherin des SYNDIKATs. 2018 gründete sie die jährlich stattfindende genreübergreifende AutorInnentagung SKRIVA in Köln. Letzte Veröffentlichungen: »Lasst uns tot und munter sein« (2019) und »Das Portal« (2018).
www.elkepistor.de

Jutta Profijt
geboren 1967 in Ratingen, war Exportmanagerin und Unternehmerin, bevor sie zum Schreiben kam. Pascha, die rotzfreche Leiche aus den fünf skurrilen Krimis der Kühlfach-Reihe, brachte den internationalen Durchbruch. Ihr Kriminalroman

»Unter Fremden« wurde mit dem Friedrich-Glauser-Preis 2018 als bester Kriminalroman des Jahres ausgezeichnet. Neben Krimis schreibt sie heitere Romane. Viele ihrer Bücher wurden ins Englische übersetzt. Letzte Veröffentlichungen: »Alle für einen« (2018) und »Gerecht ist nur der Tod« (Pseudonym Judith Bergmann, 2020).
www.juttaprofijt.de

Klaus Stickelbroeck
geboren 1963 in Anrath, lebt in Kerken am Niederrhein und arbeitet als Polizeibeamter in Düsseldorf. Seinen ersten Kurzkrimi veröffentlichte er 2000. Der erste Kriminalroman »Fieses Foul« erschien 2007, »Fischfutter« (2010) wurde für den Friedrich-Glauser-Preis als bester Kriminalroman des Jahres nominiert. 2017 erschien mit »Haken dran!« eine Zusammenstellung seiner besten Kurzkrimis. Letzte Veröffentlichung: »Fesseltrick« (2020). Stickelbroeck ist einer der fünf »Krimi-Cops«, deren Kriminalromane, zuletzt »Goldrausch« (2018), ebenfalls im KBV Verlag erscheinen.
www.klausstickelbroeck.de – www.krimi-cops.de

Walter Wehner
geboren 1949 in Werdohl, aufgewachsen in Essen, lebt in Iserlohn. Germanist und Kunsthistoriker. Schreibt Gedichte, Prosa, Hörspiele und Theaterstücke sowie Fachliteratur. Gemeinsame Veröffentlichungen mit H.P. Karr von Krimis in allen Variationen. Auszeichnungen: Friedrich-Glauser-Preis (Roman 1996), Literaturpreis Ruhrgebiet (2000), Friedrich-Glauser-Preis (Krimi-Kurzgeschichte 2018). Letzte Veröffentlichungen in »Tod unterm Schwanz« (2020) und »Zechen, Zoff und Zuckerwerk« (2018).
www.karr-wehner.de

Peter Gerdes (Hrsg.)
MORD IM DREILÄNDERECK
Broschur, 256 Seiten
ISBN 978-3-7408-0537-1

Karl der Große, der Sachsenschlächter, hat Maßstäbe gesetzt – da lassen sich die Krimi-Könner vom SYNDIKAT nicht lumpen! Sie haben die Karlsstadt Aachen als Zentrum ihrer literarisch-kriminellen Aktivitäten auserkoren. Hier veranstalten sie 2019 die CRIMINALE, das größte Festival des deutschsprachigen Krimis. Aus diesem Anlass stöbern sie in einundzwanzig Kurzgeschichten das Verbrechen in all seinen Formen auf, sei es historisch oder aktuell, kulinarisch oder politisch, lokal oder grenzüberschreitend. Das kommt dabei heraus, wenn man Schreibtischtätern den Klenkes reicht!

www.emons-verlag.de